袁殿文 主编

山钢集团日照钢铁精品基地项目
施工技术

SHANGANG JITUAN RIZHAO GANGTIE JINGPIN
JIDI XIANGMU SHIGONGJISHU

·上海·

图书在版编目(CIP)数据

山钢集团日照钢铁精品基地项目施工技术 / 袁殿文主编. -- 上海：同济大学出版社，2022.11
　　ISBN 978-7-5765-0439-2

Ⅰ.①山… Ⅱ.①袁… Ⅲ.①轧钢厂－工程项目管理－经验－日照 Ⅳ.①F426.31

中国版本图书馆 CIP 数据核字(2022)第 210595 号

山钢集团日照钢铁精品基地项目施工技术
袁殿文　主编

责任编辑　马继兰　　**责任校对**　徐春莲　　**封面设计**　陈益平

出版发行	同济大学出版社　www.tongjipress.com.cn	
	(地址：上海市四平路1239号　邮编：200092　电话：021-65985622)	
经　销	全国各地新华书店	
制　作	南京月叶图文制作有限公司	
印　刷	浙江广育爱多印务有限公司	
开　本	889mm×1194mm　1/16	
印　张	12.75	
字　数	408 000	
版　次	2022年11月第1版	
印　次	2022年11月第1次印刷	
书　号	ISBN 978-7-5765-0439-2	
定　价	89.00元	

本书若有印装质量问题，请向本社发行部调换　　版权所有　侵权必究

审定委员会

主　任：樊金田
委　员：徐　立　秦夏强　巩俊松　王　君

本书编写委员会

主　编：袁殿文
副主编：马如建　许海岩　杨明珠　魏尚起
编　委：金德伟　齐　麟　孙　剑　钟沅延　康国良　李　钢
　　　　刘照国　宋瑞波　张立波　刘亚东　王　佳　蒋翱宇
　　　　吴晓星　葛　旭　张兴原　张志坤　刘　锐　雷　锦
　　　　郭靖知　贾　琼　蔡小畅　刘孝会　付天赐　李国康
　　　　杨　朔　郑维波　沈国文　郭东超　安　冬　张利军
　　　　齐　操　鲁玮元　马宇清　牛建荣　梁　阔　邵　丹

前　言

山钢集团日照钢铁精品基地项目是国家发改委核准的项目(以下简称"项目"),是山东省钢铁产业"突出沿海、优化内陆、精品与规模并重"战略规划,实施结构调整产业升级试点的核心项目。项目位于山东省日照市岚山工业园区,年产铁810万t、钢850万t、钢材790万t。

中国二十冶集团有限公司先后承建了2 050 mm热轧,2 030 mm冷轧,3 500 mm炉卷,以及一期二步综合管网的工程。主要产品为高品质的热轧薄板、冷轧薄板、镀层钢板、宽厚板等,产品覆盖海洋工程、高端制造业、新兴产业、建筑用钢等领域。工程总投资共80亿元,于2016年3月开工建设,2019年3月竣工,顺利实现了"达产、达标、达耗、达效"目标,连续生产运行平稳。实现了工业总产值400亿元,净利润43亿元,税费10.25亿元,创造了良好的社会效益和经济效益。

项目本着"绿色是生存发展之基、智能是转型升级之道、精品是做优做强之本"的发展理念,顺应全球钢铁减量化、精细化、高强度、节能型的发展趋势,依靠先进管理和技术创新,走"绿色、智能、精品、高效"发展之路,实施管理流程创造、信息化顶层设计、智能化远程控制的信息化管理技术,打造智能制造绿色梦工厂。

精品基地的三大主体项目不管是工艺设计先进性,节能、减排、环保和智能化方面的引领性,还是项目建设方面的示范性,都达到了全国乃至世界的技术的最高水平。

项目取得省部级科技奖8项(中施企协科技创新成果一等奖、上海市科学技术三等奖等);优秀设计奖3项(中施企协优秀设计成果一等奖1项,省部级优秀设计一等奖2项);创新工程奖1项("十三五"钢铁工业创新工程奖);国家级优质工程奖4项(钢结构金奖1项、中国安装之星2项、鲁班奖1项);省部级优质工程奖13项(金钢奖4项、申安杯4项、全国优秀焊接工程1项、全国冶金行业工程质量优秀成果奖4项);取得国家授权专利成果30项,QC成果4项,还荣获山东省冶金行业"五一劳动奖状",山东省总工会"工人先锋号"的荣誉,可谓硕果累累。

中国二十冶集团有限公司始终秉承"做冶金建设国家队、基本建设主力军、新兴产业领跑者,长期坚持走高技术、高质量发展之路"战略定位引领,持续开展企业技术质量管理提升工作,不断加强企业技术积累,对山钢集团日照钢铁精品基地项目建设过程中的实践经验和关键技术进行了提炼和总结,编撰成册,希望为综合性轧钢建造项目今后的发展提供一定的借鉴作用。

目 录

第1篇 管理篇

山钢日照 2 050 mm 热轧工程施工组织	袁殿文	/ 003
浅谈山钢日照 2 050 mm 热轧工程施工技术管理	李　钢	/ 006
山钢日照轧钢工程党建管理	袁殿文　贾　琼	/ 009
山钢日照轧钢工程安全管理	刘孝会	/ 013
浅谈山钢日照轧钢工程分包成本管控	郭靖知	/ 016
液压润滑管道施工精细化管理在工程造价中的应用	葛　旭	/ 018
冶金工程电气安装施工管理总结	鲁玮元	/ 021
农民工实名制管理推行中遇到的问题和对策	张立波	/ 024
甲供材管理注意事项	蔡小畅	/ 027
山钢日照轧钢工程设备管理	袁殿文　马宇清	/ 032
浅谈工程项目管理的常见问题与对策	张利军	/ 036
项目临时设施的布置与策划	雷　锦	/ 039

第2篇 创优篇

山钢日照 2 050 mm 热轧工程创"鲁班奖"策划	袁殿文	/ 045
山钢日照工程"鲁班奖"创优电气技术总结	刘照国	/ 051
山钢日照轧钢工程安装之星创优总结	孙　剑　康国良	/ 056
山钢日照轧钢工程创优深度电气接线技术	刘照国	/ 064

第3篇 技术篇

山钢日照轧钢工程测量控制网布设浅谈	蒋翱宇	/ 071
逆作法旋流井内衬墙施工技术	蒋翱宇	/ 076
山钢日照轧钢工程地下连续墙施工技术	李国康	/ 080
筏板基础在山钢日照 2 050 mm 热连轧工程中的应用	张兴原　李　钢	/ 085
钢管混凝土柱顶升施工技术总结	李国康	/ 089
现浇混凝土结构预埋构件处渗漏防与治	宋瑞波	/ 092

山钢日照 2 050 mm 热轧工程混凝土裂缝原因及预防 ………………………… 袁殿文 齐 操 / 097

山钢日照 3 500 mm 炉卷工程 60 m 长超大吊车梁吊装工艺探索与实践 ………… 张兴原 / 100

山钢日照 2 050 mm 热轧工程加热炉炉体上部钢结构安装技术 ………………………… 付天赐 / 110

山钢日照 2 030 mm 冷轧工程耐酸砖防腐施工技术 ……………………………………… 张志坤 / 113

轧钢板材定宽机机械调宽装置安装新方法 ………………………………………………… 张利军 / 118

浅谈山钢日照 2 030 mm 冷轧工程连轧机组换辊系统 ………………………… 郭东超 安 冬 / 121

山钢日照 3 500 mm 炉卷工程轧机牌坊液压顶升安装技术 ……………………………… 梁 阔 / 127

山钢日照 3 500 mm 炉卷工程卷曲炉设备安装技术 ……………………………………… 吴晓星 / 133

山钢日照 3 500 mm 炉卷工程液压润滑管道安装技术 …………………………………… 刘 锐 / 139

液压管道高效油冲洗技术 …………………………………………………………………… 魏尚起 / 143

山钢日照 2 050 mm 热轧工程高压水除鳞泵安装技术 …………………………………… 刘亚东 / 150

山钢日照 2 050 mm 热轧工程汽包液位测量偏差的研究与分析 ………………………… 牛建荣 / 155

山钢日照 3 500 mm 炉卷工程 35 kV 变电所系统差动试验分析 ……………… 杨 朔 郑维波 / 158

山钢日照 2 050 mm 热轧工程电磁流量计在轧钢工程中的安装和调试 ………………… 王 佳 / 163

山钢日照 3 500 mm 炉卷工程过热保护试验分析与操作流程 ………………… 沈国文 杨 朔 / 170

山钢日照 2 050 mm 热轧工程 10 kV 永磁电动机启动接地故障的分析与改进 ………… 牛建荣 / 176

山钢日照 2 050 mm 热轧工程超快冷系统调试技术与案例分析 ………………………… 安 冬 / 179

第1篇

管理篇

山钢日照 2 050 mm 热轧工程施工组织

中国二十冶集团有限公司工业工程公司　袁殿文

【摘要】 本文从项目具体特点和难点入手,对项目的整体施工组织情况进行了详细剖析,从区域分工和资源配置以及系统管理等各方面给出了具体的措施和意见,对类似工程组织有指导意义。

【关键词】 施工组织　技术创新　安全管理

1　工程概况

山钢日照 2 050 mm 热连轧工程设计年产约 500 万 t,其中冷轧卷原料 298.2 万 t,直发热轧卷 101.8 万 t,平整分卷 98 万 t。我公司承建的一标段主要内容有:原料区、加热区、粗轧区、精轧区、卷取区、部分托盘运输区、检查线区、轧辊间、旋流井及为之配套的电气室、制冷站、除尘等区域的土建结构、机电安装调试。合同金额 39 400 万元,厂房主体建筑面积 81 000 m²,合同工期 18 个月。

设计单位:山东冶金设计院。

监理单位:莱芜三控监理有限公司。

主体核心机械设备由德国的西马克公司和国内厂家合作制造,电气系统采用日本的 TEMIC 产品。

2　施工组织情况

2.1　2 050 mm 热轧项目的主要实物量

实物量如下:土方约为 28 万 m³,混凝土约为 168 000 m³,钢筋约为 17 000 t,钢结构约为 12 000 t,设备安装约为 22 000 t,管道约为 1 700 t,桥架约为 30 000 m,电缆约为 1 100 km,盘柜为 1 200 面。

山钢集团日照基地的 2 050 mm 热轧是采用高架式平台工艺,这不同于原来的深基坑的 BOX 基础类的热轧施工,虽然减少了 BOX 基础的施工难度,但是全部是高支模施工(-1.2～7 m 平台),工程量巨大,加大了施工安全的投入。

根据项目的具体情况,在项目开始进行了特别详细的项目管理策划:在项目管理策划中,除了传统的施工组织设计以外,对每个施工工序的施工组织,有周密的计划,详细到几个土建标段,如何分工,钢结构的制作安装如何衔接,在特殊施工阶段的具体措施如何精心组织等逐一提前部署。

2.2　区域实施分工的组织

经过认真讨论后,先确认整体施工区域组织分工:主体土建工程分为 4 个标段:板加区、高压水粗轧区域、飞剪精轧区、层流冷却卷曲区。全场土方降水一个专业分包,便于协调平衡管理。钢结构分为两个标段:板加区、主轧线。按照谁制作谁安装的原则,便于中间工序的交接协调。场外电气室由专业队伍实施,烟囱、地下连续墙、防水等都考虑采用专业分包。机电设备安装,分别由专业分公司组织实施。

2.3　整体资源配置的组织

确定完分工以后是项目资源配置的组织：首先明确钢材电缆主材为甲供材，但是混凝土等材料全部自采，严格按山钢集团公司要求全部集中采购。

钢结构加工现场采用工厂化制作和现场制作相结合的原则。考虑到厂房钢结构的复杂程度，为确保工期选了三块制作场地，场外两块，场内一块，确保整体施工工期。

大型吊车和配备：为管理方便，在分包合同中明确，属分包管理范畴。

所有的周转材料和地材，项目部统一出面协调相应的市场价格，由分包单位各自管理。

所有参建员工全部采用实名制考勤。

2.4　现场工程组织

严格执行周例会制度、月度例会制度以及重大节点相结合的进度管理制度。同时严格按施工组织设计的方案施工。

正是由于前期的准备非常充分，分工明确，热轧顺利实现了 $80\ m^3$ 最大油箱安装的预留洞，吊车梁正下方 43 t 高压蓄能器的安装，加热炉管道和烟囱一次成型吊装等细节难点的突破，极大地缩短了工期。同时由于安排周密，整个主轧线从第一块筏板基础到最后一次 7 m 高平台浇筑，取得只用了 218 个日历天数，实现 842 次浇筑混凝土 $148\ 000\ m^3$ 的成绩，最终提前合同工期 3 天进行热负荷试车。

在整体项目的施工组织中，按照整体网络进度计划，两个月完成全场的土方，3 个月完成筏板混凝土施工，土建开工两个月便开始安装钢结构，钢结构施工一个月后，开始安装行车，行车安装一个月后开始安装设备，管道安装 3 个月后开始油冲洗的良好施工组织态势。整个轧线钢结构的施工质量获上海市"金钢奖"，设备管道安装也荣获上海市"申安杯"。

同时本项目还获得冶金优质工程成果评价，上海市绿色工地，中国安装之星，中国建筑工程鲁班奖等荣誉。

3　技术创新

在本项目施工中，二十冶采用了多项新技术，主要包括：大体积筏板混凝土技术、BIM 技术的应用、通风管道工厂化预制、工艺钢结构拼装技术、物资管理二维码的应用、超深地下连续墙施工技术。

依据创新成果，项目部还申报了："沿海地区深厚砂质地基上厂房大型设备筏板基础的应用""沿海地区钢结构涂装技术""轧机牌坊双机抬吊 BIM 技术应用""异型地下连续墙在旋流池顺做法当中的应用"等四个科研项目。其中"异型地下连续墙在旋流池顺做法当中的应用"是目前集团施工中直径最大、入岩最复杂的地下连续墙。涉及全风化、强风化、中风化岩，项目部在现场实际施工中随时和勘察设计单位联系，根据实际的岩石状态，进行了 16 次实际勘察判岩，并根据制岩结果及时调整方案，终于攻克了这一难关。不断开展的施工工艺的创新与厚重的丰富施工经验底蕴相结合，确保了施工安全，项目施工顺利开展展现了中国二十冶集团作为冶金建设国家队的强大生命力。

3.1　大体积筏板混凝土技术

为减少建设方投资，本工程全场地采用强夯地基处理，在施工中，采用了大型设备基础的大体积混凝土技术，采用防渗、防裂施工技术和调仓法施工，确保了工程安全有序、质量好、成本可控。

3.2　BIM 施工技术

应用管道数字化工厂预制技术，通过对管线 BIM 三维建模设计、管道工厂化预制等关键工艺技术进行研究，实现设计、管理、制作、安装的"预制＋安装"施工新模式，从而达到提高施工效率、降低劳动强度的目的，确保工程的顺利进行。

3.3 物资管理二维码的应用

为加强项目现场的物资管理,将主要材料全部标识唯一的二维码,将材料的应用部位、数量、用户单位、材料的规格型号、材料的计划编号、图纸号等主要信息全部统一纳入,清晰明了,大大地提高了传统的管理功效。

3.4 超深地下连续墙施工技术

根据热轧旋流池的特点和相关的地质条件,对旋流池的整体支护,采用了超深地下连续墙技术,既保证了主体结构的安全,又优化成和主体结构公用墙体,节约了投资。

4 安全管理

在安全管理上,提出安全是责任,安全是文化,安全是综合管理水平的文化理念,同时全面推行一岗双责,网络全覆盖的安全管理模式。提出安全三无,争创无伤工程,力争零伤害的安全管理目标。在源头就做细,从而形成层层抓安全、人人管安全、事事要安全的安全文化。安全管理在项目管理中的地位非常重要。提出项目要:一岗双责,网格化全覆盖管理。坚持安全管理的目的性,有效地控制人的不安全行为和物的不安全状态。清除避免事故,达到保护劳动者的安全与健康的目的。坚持贯彻预防为主的方针。安全生产的方针是"安全第一、预防为主"。坚持"四全"动态管理,从开工到竣工交付的全部生产过程,安全生产活动中坚持全员、全进程、全方位、全天候动态安全管理。加强安全管理的控制,进行安全管理的目的是预防、消灭事故,消除事故伤害,保护劳动者的安全与健康。

5 系统管理

山钢集团日照基地2 050 mm热连轧是国内少有的高架平台热轧生产线,是中国二十冶集团公司在山钢日照基地的第一条轧钢生产线,在项目管理中提出了"团结务实,高效创新"的团队文化理念。在经营管理中提出了"经营、物资、财务、税务"为一体的大经营理念,同时提出经营管理过程中"合同是切入点,技术是支撑点,采购、分包是控制点,部门协作是关键点,预结算合同管理是基本点,领导思路是盈利点"的系统管理模式。在质量管理中推行"一次成优成本最低"的质量理念。工程管理中贯彻"纵向到底,横向到边"的系统思考的责任管理体系统,为集团同类型的项目管理积累了可借鉴的经验。

浅谈山钢日照 2 050 mm 热轧工程施工技术管理

中国二十冶集团有限公司工业工程公司　李　钢

【摘要】 2 050 mm 热连轧工程为山钢集团日照钢铁精品基地项目中的重点项目之一，其设计年生产热轧钢卷 500 万 t。本文总结了本热轧工程施工技术管理工作中需要注意的几个方面。

【关键词】 热轧　筏板基础　高架平台　旋流池　设备

1　工程概况

2 050 mm 热连轧工程为山钢集团日照钢铁精品基地项目中的重点项目之一，其设计年生产热轧钢卷 500 万 t，施工内容主要包括主车间及其辅助设施施工，热连轧主车间由原料区、加热区、主轧制生产线区、托盘运输区、检查线区、平整分卷区、成品区、轧辊间等组成；辅助设施主要包括变电站、电气室、水处理工程、制冷站、中央油库、电信设施、消防设施、除尘系统等。2 050 mm 热轧工程共计划分 2 个标段，热轧工程标段主要有：原料区、加热区、粗轧区、精轧区、卷取区、部分托盘运输区、检查线区、轧辊间、旋流井及为之配套的电气室、制冷站、除尘等区域或设备。除加热炉供货商负责的施工内容外，该区域内的所有厂房基础及设备基础、厂房钢结构及屋面墙体、辅助建筑结构、机电设备（含机械、三电、流体等）及管线的安装调试、其他配套公辅设施等施工内容均在本标段内。本工程主线机械设备由 SMS 设计，电气传动、自动化及控制系统由 TMEIC 设计，并由外方负责安装指导监督、调试，工厂设计院为山东省冶金设计院股份有限公司，监理单位为莱芜三控冶金建设监理事务所，施工由中国二十冶集团有限公司承担。

2 050 mm 热轧工程合同计划工期为绝对工期 18 个月，按当时工程现场的地基处理、强夯实际进展情况，业主最快能在 2016 年 3 月初将部分场地交给施工方开始进行土方施工，而按 2016 年 1 月 28 日与业主召开的会议，要求在 2016 年的 10 月 1 日开始轧机牌坊的吊装，2017 年 7 月 15 日出第一炉卷的时间不变，实际留给施工方的绝对工期只有 16.5 个月，施工工期非常紧。因此做好工程的施工准备是非常重要的，特别是前期的施工技术准备中各施工段的施工部署及施工方案的制定、优化尤为关键。

2　基础及钢结构施工部署

根据本工程施工特点，确定如下施工组织的总体部署："分区施工保节点，轧线、炉区为重点，深基开挖须支护，浅基平台闭口建，设备安装有重点，关键还是炉轧卷，主辅设备协调好，能源介质需提早。"施工技术准备应按总体施工部署进行，结合本工程实际情况以及以往工程施工经验，与以往热轧施工技术管理略有不同，其中需要注意如下几点：

（1）做好主线土建筏板基础及高架平台基础施工的技术管理工作。

（2）因本工程施工工期紧，因此各区段都需要同时开始施工，其中主厂房内从加热炉段、粗轧段、精轧段、层流卷取段施工中，应以加热炉段和精轧段的施工为重点。本工程与以往的热轧形式不太相同的地方在于：本工程的土建基础不是地下 BOX 基础形式，而是采用的是在强夯换填后的地基上（无桩基）

的大面积的筏板基础,基础上部为高架平台,±0.000 地面部分为各区域油库及管道系统,设备大部分布置于+7.5 m 的高架平台上部。筏板基础施工属于大体积混凝土施工,因此对于此部分的施工技术准备主要侧重于大体积混凝土施工方案的编制,做好各项保证施工质量的措施和施工前的技术交底工作,施工时采用分块跳仓法合理划分好施工区,混凝土浇筑时要充分考虑到混凝土供应及时、室外温度的影响、足够的振捣机具及人员配备,并及时做好养护工作,避免冷缝和基础表面裂缝的产生,确保混凝土施工质量。

(3) 除大体积的筏板基础施工外,粗轧机及精轧机本体基础采用的是大块钢筋混凝土基础,施工时要特别注意控制基础中心线偏差、标高及基础上预埋螺栓的定位、浇筑前螺栓的固定措施,确保后期轧机等设备安装的精度。

(4) 高架平台基础采用的是钢筋混凝土框架结构,高架平台基础的施工工期直接影响到整条轧线设备及油库管道安装进度,因此在施工前也应做好相应的施工技术方案,特别是要将平台高支模施工方案的编制、审批、论证等作为技术准备的重点工作,高架平台分段同时组织平行施工,要注意各段平台基础之间测量基准线的校核,为后续的设备安装做好基础工作,还有相邻部位施工缝、伸缩缝等的衔接,以避免接缝漏水。

(5) 做好旋流池的支护结构地下连续墙的施工和厂房钢结构制作、安装的前期技术准备工作。

(6) 依据施工部署中"深基开挖须支护,浅基平台闭口建"的原则,热轧工程最深的基础是旋流池及冲渣沟基础,因工期紧迫且旋流池支护及本体施工周期长,本工程开工初期即要在现场条件允许的情况下,及时展开旋流池及冲渣沟支护结构的施工。本工程旋流池地下支护结构采用的是地下连续墙,前期在审阅旋流池、冲渣沟的图纸或相关数据后,要依据图纸和相应的地勘报告等资料及时做好支护结构设计方案的编制、审批、专家论证、技术安全交底等工作,提前做好相应施工准备。

(7) 因工期紧迫,本工程钢结构厂房的安装工作要穿插到土建基础的施工中,而且钢结构的制作、安装进度也影响到后续设备安装的进度,因此钢结构的前期技术准备也相当重要。热轧厂房的钢结构量比较大,从制作到运输、安装需要较长的周期,因设计图纸出图较晚,加上还需进行详图转化,同时考虑到钢结构的材料采购、运输等因素所需要的时间,如果等图纸到了再做上述工作将严重影响现场的施工进度。所以本工程在施工准备阶段,施工方即要求设计院根据初步设计及以往工程经验,编制钢结构备料表。采购单位依据备料表进行采购,待材料到货后,施工方相应的准备工作也已完成,可以开始钢结构的制作了,这样大大节省了钢结构制作前期的准备时间,对整个工程的进展有利。

(8) 本工程的厂房屋面钢结构采用的是桁架式的,小构件及零散构件非常多,逐根安装对于施工进度极其不利,因此我公司采用的是用小吊车在地面进行单跨单坡的构件组对,组对成片后在用大吊车进行整体吊装,减少构件在空中的组对及焊接作业时间,于工程的工期、质量和安全都有很大的益处。

3 设备安装施工部署

在设备安装前做好加热炉区及轧机设备、油库管道安装的整体技术方案策划。

(1) "设备安装有重点,关键还是炉轧卷。"由于采用的是高架平台结构,因此本工程的设备、管道安装不能按以往热轧的安装顺序进行,即先进行地下油库设备及管道的安装,待管道出地面后,上部结构也已施工完成,可进行机体设备及管道的安装。本工程可先进行高架平台上部设备的安装,待平台支撑脚手架拆除后,平台上、下同时具备施工条件。由于作业面同时出来,因此对抢施工进度而言是有利的,施工设备及管道安装人员进场时间较晚,但需要组织充足的施工力量确保整个轧线设备和管道安装全面展开。由于高架平台整体相连,油库内的设备及大型管道只能从平台上预留孔洞吊装,由于平台上各区域预留孔洞相对较少,因此对于平台下油库设备的安装应考虑设备尺寸,依据图纸布置位置按顺序安装,避免下部空间狭小,设备无法安装到位。

(2) 加热炉设备及管道的安装进度是确保烘炉按时开始的关键。加热炉本体设备安装相对要求精度高,拼接、焊接工作量大,安装复杂,筑炉工程量大,因此对于安装前期的施工方案的编制及做好技术交底尤其重要。此外,加热炉的管道系统管道直径大,重量大,有些安装位置无法用车间内的行车吊装到位,因此需要提前预制管道,并做好笨力化吊装措施的准备,提前熟悉管道和炉体设备安装的先后顺序。加热炉区域的管道很多都属于压力管道,在施工过程中要对整个管道的施工流程进行全过程监控,确保施工质量,上述内容都要在前期的施工技术准备中充分考虑到位,做好相应的技术方案策划。

(3) 粗轧机、精轧机设备是热轧线的核心设备,本公司在轧机设备安装领域中有"轧机之秀"的美誉,在轧机设备安装方面有着一定的领先技术和优势,在此不赘述相关的技术管理工作。但有一点与以往热轧不一样的地方在于:本工程地基处理为强夯加碎石回填,基础下部无桩基,因此在轧机安装过程中,特别是在轧机牌坊安装后对于整个基础沉降的观测是重中之重。在基础的沉降趋于稳定后再进行附件和机体上管道的配制安装,这才能确保轧机设备安装的精度,有利于后续的生产。

山钢日照轧钢工程党建管理

中国二十冶集团有限公司工业工程公司　袁殿文　贾　琼

【摘要】 目前,对于施工方,项目的新特点是:工期越来越短,施工单价越来越低,对质量要求越来越高,安全责任越来越重,劳动力资源越来越贵,采购风险越来越大。中国二十冶集团精细化管理要求越来越严,集团内部对项目部技术支撑越来越弱。如何在不影响项目建设的同时,有效地开展党建工作,真正做到"两促进","两不误"是项目部面临的课题。

【主题词】 党建工作　"两促进"　"两不误"

山钢日照钢铁精品基地项目是国家和山东省结构调整产业升级项目,中国二十冶集团从承建 2 050 mm 热连轧项目开始就充分发挥党支部的作用,"两促进","两不误",以现场保市场先后中标 2 030 mm 冷轧、3 500 mm 炉卷工程,还有签订一期二步管网、原料码头电缆通廊、沿海路通廊、维修站、热轧热力管网、热轧电缆隧道、热轧加热炉、超快冷、高位水箱、一期二步管网酸洗、35 kV 变电站、炉卷加热炉、废油桶处理等项目,共有 13 个合同系列的后续工程。项目体量大,涉及专业多,战线长,参与工种复杂,员工思想管理难度大,如何干好项目的同时做好相应的党建工作也是摆在企业面前的难题。

1 以身作则,勇挑重担,树模范做表率

山钢日照项目部党支部在项目组建初期就成立了基层党支部,在党支部书记带领下,项目部全体党员和员工在干好 2 050 mm 热连轧、2 030 mm 冷轧、3 500 mm 炉卷三大主体工程项目同时,也投身镔鑫钢铁集团高速棒材工程的建设中。时间一转眼已经过了整整 5 年,在海边建起了一座钢铁之城。

山钢精品基地项目看似一块"大肥肉",而在冶金市场不景气的当时,中国十九冶、中国十七冶、中国五冶、中国二十二冶、中国二十冶等多家单位进驻现场,为了抢占市场,各单位都使出了浑身解数。拼技术、拼经营、拼管理、拼质量、拼进度……谁更优秀,谁才能在这里站住脚。

山钢日照 2 050 mm 热连轧工程年生产热轧钢卷 500 万 t(以卷取机出口计),是全国同等规模的第一条高架式热轧生产线,设备采用菜单式设备,其中东北大学研发的超快冷和首钢国际的电容运输小车都是首次应用于实践。直径达 38 m 的旋流池是目前企业施工直径最大的旋流池,并且经全风化、强风化、中风化等复杂岩层,施工难度极大。

2 050 mm 热连轧工程采用全新的施工方法,圆满地解决了难题,并申报了"沿海地区深厚砂质地基上厂房大型设备筏板基础的应用""沿海地区钢结构涂装技术""轧机牌坊双机抬吊 BIM 技术应用""异型地下连续墙在旋流池顺做法当中的应用"等四个科研项目。

山钢 2 030 mm 冷轧工程是多专业交叉作业的综合性工程,全自动的智能物流运输系统。在施工中积极推广沿海软土地基厂房内深基坑施工技术、大型设备基础深基坑综合施工技术、大型轧机设备安装施工新技术、冶金工程工厂级电力变压器串联谐振试验工法等 10 余项新技术和工法,大大地提高了施工效率,确保了工程施工质量。

山钢 2 030 mm 冷轧年产商品卷 280 万 t,冷轧连退车间是由两个在工艺上相互独立的连退机组生产工艺线组成的,由于"一跨双线"布置,施工作业面狭小,施工操作难度大。现场工艺钢结构为多层结构,安装精度控制难,且外方代表对钢结构安装精度要求高,所有验收现场外方代表全程参与,远高于国内钢结构安装标准精度要求。同时工程设备安装量大(重量数远高于一般冷轧的 20% 以上),工作辊数量多,大量设备采用国外进口设备,更增加了设备安装的难度。

山钢 3 500 mm 炉卷工程是中国二十冶集团所有承建炉卷工程中工期最短的一个项目。仅为 12 个月,期间需完成土建、钢结构、机电设备安装、调整等工作内容,施工工期非常紧,在春节这个阖家团圆的日子里,有那么一群可爱的人,他们用实际行动诠释"冶金建设者"的含义,用"舍"和"守"撑起施工重担,为早日热负荷试车,他们依旧在工作岗位上默默奉献,他们就是这样一支优秀共产党员的先锋队!

2 重视党史文化教育

党支部在抓好"三会一课"学习的同时开展丰富的各类主题党日活动和民主生活会。积极发展党员、规范党组织活动记录,使党建工作走上制度化、规范化的轨道。通过宣贯学习,全体党员从思想上进一步加强了对党组织性质、作用、意识的认识。支部也特别重视党风廉政建设,与公司党工委签订了党风廉政建设目标责任书,设立党员责任区、先锋岗、廉洁监督员等,切实把党的建设与各项业务工作融为一体,健全完善了党内工作制度。严格执行党风廉政建设责任制和报告制度;加强对项目管理人员各关键岗位工作人员的廉政教育,并签订了党风廉洁承诺书。筑牢思想防线,把全心全意办实事放在首位,并贯穿于施工项目建设的工作始终。要求党员增强四个意识,坚定四个自信,做到两个维护,纳入每个党员的日常思想行动中。履职尽责、奋发有为,敢于担当、重实干、务实功、办实事、求实效,努力创造经得起实践考验的优秀干部。使全体党员干部的拒腐防变能力得到提高,未发生任何违法违纪问题,收到了良好的社会效应。

党支部定期组织并开展一系列的学习活动,深入学习"四史"、《习近平谈治国理政第三卷》、全国两会精神、中央经济工作会议等重要会议精神;学习"党的十九届五中全会"精神。还组织开展学习五矿集团、中冶集团、二十冶集团文件,特别是国庆会议精神;发扬钉钉子精神,切实把工作干出成效来。要把雷厉风行和久久为功有机结合起来,以钉钉子精神做实做细做好各项工作。新时代,中国共产党人仍然要学习马克思主义,不断从中汲取科学智慧和理论力量,在统筹推进"五位一体"总体布局、协调推进"四个全面"战略布局中,更有定力、更有自信、更有智慧地坚持和发展新时代中国特色社会主义。项目部在承建项目过程中取得了可喜的成绩:

2016 年,山钢集团日照钢铁精品基地项目荣获山东省总工会"五一劳动奖状",山东省总工会"工人先锋号",上海安装协会"申安杯",上海金属结构协会"金钢奖"。

山钢集团日照钢铁精品基地项目部获山东钢铁集团日照有限公司"高效能杯"劳动竞赛二等功,获山钢集团和冶金质量总站山钢监督站质量月活动"优胜单位",山东钢铁集团日照有限公司"质量管理先进单位",中国二十冶集团有限公司"先进集体",中国二十冶工程总承包公司"总承包先进集体"。

2017 年,山钢集团日照钢铁精品基地项目部获山东省冶金工会委员会"标准化班组",获山钢集团和冶金工业工程质量监督总站"质量管理先进集体",中国工程建设标准化协会、施工安全专业委员会"中国工程建设安全质量标准化示范单位",获中国二十冶集团工程总承包公司"突出贡献奖"。

2018 年,山钢集团日照钢铁精品基地项目获山东省"优秀勘察设计一等奖",中国安装协会"中国安装之星",中国二十冶集团有限公司"青年文明号"。

山钢 3 500 炉卷工程班组获得中国二十冶工业工程公司"优秀班组"和中国二十冶集团工业工程公

司"新闻宣传先进单位";其党支部获中国二十冶集团有限公司委员会"先进党支部"称号。山钢集团日照钢铁精品基地2 050 mm热连轧、3 500 mm炉卷工程双双获得山东钢铁集团日照有限公司"廉洁共建先进单位"。

2016—2018年,山钢集团日照钢铁精品基地项目连续三年获山东钢铁集团日照有限公司安全施工优胜单位。

2019年,山钢集团日照钢铁精品基地项目轧钢(2 050 mm热轧、2 030 mm冷轧)工程荣获中国建设工程鲁班奖、中国安装工程优质奖(中国安装之星)。2 050 mm热连轧获中国工程建设焊接协会"优秀焊接工程",上海市安装行业协会"绿色安全工程",中国冶金协会"中国冶金工程优质评价"。

2020年,山钢集团日照钢铁精品基地项目获中国钢铁工业协会、中国金属学会、中国冶金建设协会"十三五"钢铁工业创新工程奖。

提升60 m吊车梁对接焊缝工程荣获全国冶金建设行业QC成果二等奖,山钢集团日照3 500 mm炉卷工程大型轧机吊装BIM技术应用获中国二十冶集团有限公司BIM大赛施工综合应用二等奖。

炉卷工程轧机牌坊吊装是采用中国二十冶集团有限公司自主研发的液压顶升装置,项目部连续奋战了25个日夜使轧机牌坊精准横移安装就位。中国二十冶集团有限公司作为"轧机之秀"是当之无愧的!

对"超大型行车梁制作与吊装的施工技术研究"专业科技研发课题进行了立项,在深度30.8 m的旋流池和冷床区60 m大吊车梁吊装过程中得到实践论证。

3 团队建设、培养后备力量

在做好项目的紧张之余,项目党支部经常找青年人谈心,谈感触、提建议,给项目部发展出谋划策。项目部在抓精神文明建设上,还组织了丰富的团建活动。在施工现场设立图书一角,丰富职工业余生活,提升职工专业技术水平;参加公司举办的线上跳绳比赛、摄影、征文等活动,使职工在轻松的活动中自我放松调节,以减缓繁忙工作带来的压力。哪个员工家里有困难,党支部都伸出援手帮忙解决,让家里人放心。

项目部党支部在工程建设施工同时"不忘初心,牢记使命",组织职工到红色教育基地参观、为"加油武汉"疫情防控捐款、"五矿集团爱心防贫"捐款活动;中央电视台送新春贺词等活动。项目部就是一个"大家庭",每月都安排为当月过生日的职工组织生日宴,支部都会送上温馨的生日祝福。在每一个新年项目党支部组织开展"迎春联欢晚会"让大家在新的一年来临之际总结过去,展望新年。

4 以项目为抓手,做好传帮带

山钢项目部党支部在项目建设中,为了更好地提升全体党员干部、广大干部职工的政治思想认识,提高道德修养、提升服务意识。组织党员带头,领导班子做表率,开展党员责任区、大干一百天劳动竞赛等活动。项目部每位党员还设立监督岗,接受广大群众的监督,争做合格党员。敢担当、敢负责、敢作为,在促进项目发展中做表率、当先锋。在工作、学习过程中相互交流,对年轻同志传、帮、带,把工作经验代代相传,少走弯路。项目部全员上下一条心,拧成一股绳,争创佳绩挑重担,弘扬正气树新风。

山钢日照项目部党支部在项目管理过程中也非常强调项目的文化建设和党组织的力量,提出了"团结务实,高效创新"的团队文化理念。

在加强廉洁党风建设中,项目部认真落实党风廉政建设责任制,强化监督工程招投标、物资设备采购等重点环节,确保工程优质高效、干部优秀廉洁。要求党员要增强四个意识,坚定四个自信,做到两个维护,纳入每个党员的日常思想行动中。履职尽责、奋发有为,敢于担当、重实干、务实功、办实事、求实效,努力创造经得起实践考验的优秀干部。

在工程管理中贯彻"纵向到底,横向到边"的系统责任管理模式。在质量管理中推行"一次成优成本最低"的质量理念。

在安全管理上,提出安全是责任,安全是文化,安全是综合管理水平的体现的文化理念,同时全面推行一岗双责,网络全覆盖的安全管理模式。结合集团公司和业主方的要求提出安全三无,争创无伤工程,力争零伤害的安全管理目标。

山钢日照项目部党支部就是这样一支高素质、高水平、高效率的卓越团队,不断在管理上提升,努力开创新市场,利用先进技术的管理模式做出绿色优质工程。在重大项目建设过程中,真正把党建工作做到了"两促进","两不误"。党徽在胸前闪耀,党旗在黄海之滨的精品钢铁基地飘扬!

山钢日照轧钢工程安全管理

中国二十冶集团有限公司工业工程公司　刘孝会

【摘要】"安全"是一个沉甸甸的词,它是一切成果价值体现的基础保障,没有安全,就没有国家安宁、社会稳定、人民幸福可言。安全涉及领域众多,本文从冶金轧钢项目建设角度,谈谈轧钢项目的安全管理。

【关键词】　企业重视　体系健全　诚信分包　持续改进

1　工程概况

山钢日照钢铁精品基地 2 050 mm 热轧工程、3 500 mm 炉卷建筑安装工程,合同造价共计近 8 亿元,属于施工总承包合同。总承包范围涉及土石方、土建基础厂房、设备安装、钢结构安装及墙体安装、辅助建筑结构、机电设备(含机械、三电、流体等)及管线的安装调试,其他配套公辅设施等。主要包括原料区、加热区、粗轧区、精轧区、卷取区、轧辊间、旋流井及配套的电气室、制氧站、除尘等结构工程,施工点多面广、涉及多专业交叉作业、作业工序活动变动频繁,流动性大。作业过程中,大量从业人员及大型机械设备进入有限的空间作业,存在诸多不稳定因素,受限于行业特点,工期紧,时间短。如何在新项目体制下,在保障安全质量的前提下,按照工期节点完成项目建设,是摆在我们面前的首要任务。

2　企业重视

目前,安全生产受到国家高度重视,不断修订完善、推出各类与安全生产相关的法律条文、政策。要将安全生产放在首要位置,企业发展的决不能以牺牲人的生命为代价,这是一条不可逾越的红线。企业作为安全生产的主体,对安全生产负有绝对的管理责任,落实企业安全生产主体责任,是安全生产的基础保障。

安全工作应切实落实"安全第一、预防为主、综合治理"的安全生产方针,且应付诸具体行动,不得仅仅停留在口头上。不安全事件带来的危害,人人都懂,但在日常工作中却往往被忽视,往往要等到事故发生造成损失才猛醒,麻痹心理、侥幸心理要不得。消除事故隐患,做好预防措施是保障安全生产的基础工作,提高对安全工作的重视程度,在体系建设、安全投入、安全管理队伍建设、制度完善等方面严格管理,安全管理制度落地,并对企业行为进行监督督查。不得不说,在经济利益面前,部分企业为了追求利益最大化,往往牺牲安全,一味追求高产能、高效益,导致发生严重的生产安全事故,既造成人员伤亡,对企业可持续发展也造成一定影响,企业因此可能被查封,负责人可能被刑事问责。

落实企业主体责任,安全教育培训是一项最基础也是最重要的责任。轧钢建设项目最显著的特点就是周期短、专业多、人员流动性大。往往存在教育不到位,不及时,教育形式单一,流于形式。如何做好安全教育培训工作,提高员工安全防范意识和安全操作技能,是一项艰巨的任务。而且安全教育培训往往只局限于现场一线作业人员,对管理人员的安全教育培训是缺失的,包括总包管理人员、分包管理人员,对这类人员的安全教育工作尤为重要,这也是落实安全管理"全员参与"的一项基础工作。很多管理人员由于法律意识淡漠,对安全工作漠不关心,认识高度不足,往往事故发生而追悔莫及。

安全管理工作要目标明确,狠抓落实。对重点工作必须坚持底线思维,红线意识。对存在高风险作业要制定严格的安全管控方案、措施,并将相关保障措施交底到每一个人,监督落实执行,加强过程管控,发现隐患要及时整改,重大隐患立即组织停工整改。分析薄弱环节,尤其对新进场人员、新设备、新项目施工,克服马虎思想,认为简单的事情往往应该更加重视,避免"就一下"心理。落实细节管理。"千里之堤、溃于蚁穴"的道理谁都明白,安全同样如此,只有对细节、小事的重视,才能杜绝重大事故的发生,轻易被忽视的细节,却是大事故的放大器。

3　体系健全

安全管理体系建设对企业来说,是一项系统性工作,从企业角度出发,要有一定高度站位,才能完善体系建设。从项目安全管理角度出发,建立健全项目"四大体系"尤为重要。四大体系包括技术支撑体系、施工执行体系、物资保证体系、安全监督体系。四大体系只有相互联动,无缝衔接,各负其责,不断提升才能更有效地保证安全生产。这也是我国安全生产方针所提出的"综合治理"的方针概念体现。

按照"管业务必须管安全、管生产必须管安全"的原则,将安全管理工作推动起来。技术部门出具制定有针对性的施工方案、安全技术措施,并对施工方案、安全技术措施等进行明确交底,在施工过程中进行技术指导,尤其对一些危大工程,更应该切实执行到位,施工人员对施工方案、安全技术措施进行认真分析,依据施工方案及现场实际情况,做好策划安排,全面掌握施工情况,推动施工方案、安全技术措施落实。安全监督、物资保证是四大体系中难度最大、推动最困难的两项,涉及人力、物力、资金等投入,考虑成本效益,一些单位往往大打折扣,在落实过程中,尽量能缩减就缩减,能节省就节省,导致很多设施不完善,质量不过关,安全不达标。而且,从安全投入方面过程管控看,企业也存在模棱两可的现象,虽有制度,但强制力执行有缺失,监管不到位,资金投入不清晰,致使安全监督大打折扣。安全管理监督体系作为安全生产最后一道关,扮演着非常重要的角色。俗话说"打铁还需自身硬"。如何做好安全监督监管工作,首先安全管理人员要有更加强大的安全意识、法律意识、红线意识,以及对生命的敬畏。在生产过程中,安全是每个人都需要认真对待的,但是安全管理人员,却往往被很多人视为"多余的人",由此造成很多负面影响。

如何发挥四大体系机制有效运行,对项目安全管理水平是一个很大的考验。"安全是责任、安全是文化、安全是管理水平的综合体现",这是项目经理袁殿文在项目策划之初提出的管理理念,以安全为前提,提高项目安全管理站位,用安全衡量项目管理水平,极大地促进了各体系工作的推进及管理人员对安全的重视程度,在体系建立过程中,注重人才及能力的体现,为项目管理体系有效运行奠定了基础。

4　诚信分包

作为央企,肩负着国家改革开放,民族伟大复兴的使命与责任;作为总承包,对社会,对业主,对工程建设队伍、人员负有主体责任。庞大的工程项目建设,需要多专业、多队伍共同协作完成,而项目安全管理往往最终通过分包单位、班组行为体现。如何有效、高效管理这么多专业队伍,发挥他们的优势,是管理过程中最难的一项工作。

从山钢日照项目这几年的工作经历中感受到,除了项目部自身存在的问题外,分包的管理难度是很大的,分包队伍入场前的管控是很重要的一项工作。一个项目的成败是多方面的,但一个诚信的协作队伍是加强安全管理,确保项目有序推进的重要保障。而在分包队伍的选择上,受限于公司体制平台,业主深度介入以及地方环境影响,致使外协队伍管理水平、专业能力良莠不齐。一旦队伍管理不善,体系不健全,势必导致管理天平倾斜至项目部,增大项目部管理压力,遇到困难或者利益受损时,不是从项目整体大局考虑,加强内部管理,全力以赴和项目部同舟共济解决困难,而是将曾经的"信誓旦旦"抛于脑后,置自己的"承诺"于不顾,导致项目整体不稳定,消极怠工等矛盾发生。从某种程度上,也就是"诚信"的缺失。"诚信"缺失,项目安全也造成脱节管理,项目的推进也会难上加难。

从业人员职业素养参差不齐,管理制度不完善。分包单位因管理模式相对不稳定,安全管理力量容易受到忽视,安全管理人员没有经过系统培训,安全管理主观思想意识薄弱,且部分单位并未给予安全管理人员足够的管理权限,在进度与安全冲突时,往往选择牺牲安全,冒险心理。甚至有些人明知风险存在,宁可牺牲安全也要争抢工期,强令他人冒险作业。

比如某某钢结构安装单位,作为专业施工队伍,保障项目就是建立健全安全管理机构或配置专职安全生产管理人员,在施工过程中,保障安全生产,制止违章行为。但实际情况是,安全生产机构人员配备不到位,相关单位抱着拖延、应付的态度,过一天算一天,或者随便安排人员上岗,对基本的安全生产法律法规、政策、安全生产知识都没有,即作为安全管理人员上岗,安全管理岗位形同虚设。甚至还有使用假证情况,视安全为儿戏。连这样的保障项目都做不到,可想而知,目前安全管理所遇到的境遇及行业前途,充满了挑战。

5 持续改进

影响安全的因素很多,而安全涉及方方面面。如何做好项目安全管理工作,实现安全管理目标,可以说,从项目立项,到项目组建,再到队伍选择入场,安全指标已经纳入考核范围之中了。

从体系层级来讲,地方政府、集团公司、业主方、监理方、项目部、施工队、班组、个人,其他相关方及社会机构,以横向到边、纵向到底介入安全管理,实现人人管安全的氛围。而从现代系统安全工程观点出发,安全是通过控制人、机、物、环,致使各环节和谐运作,消除或者控制潜在的各种事故风险和伤害因素,达到人机安全。

通过以上两项层面着手开展安全工作,必须做到责任明确,分工明确,各负其责。施工所工作的环境包括从地质勘探,土石方作业、土建作业、钢结构安装、机电设备安装调试、包括装饰装修,零星工艺,以及后期调试运行、试生产,涵盖了多专业、多种技能的工作。而这些工作,每一种都存在较大的风险隐患,如何做好庞大的安全基础工作,改进安全生产环境,绝非以一人之力或某一群人可以保证,需要的是所有参与的人员,按照职责划分不同层级,依照岗位分工发挥作用,保障安全生产。

如果说持续改进,笔者认为不如说"按部就班"。从目前的情况来看,施工企业连最基本的"按部就班"都没有做到。或者说在按部就班的前提下持续改进。以集团公司安全管理体系为基础,建设发展安全管理团队,改善安全管理环境,提高安全管理人员履职能力及安全知识实践。完善安全管理制度建设,改革安全管理体制,敢于突破,真正能够做到安全第一,发展决不能以牺牲安全为代价。

加强分包安全管理,真正落实制度管控。一个项目,少则由十几个分包单位,多则由二三十个单位完成。这么多的单位,如何有效管理,在项目部管理体系之下,发挥分包管理责任,难度很大。之前所讲,分包队伍多,管理模式体系各有不同,思想理念差距大,一个单位出问题,可能会影响整个项目的顺利推荐。所以,对分包的有效管理是项目安全管理过程中极为重要的一项工作。首先,完善分包管理体系,各职能人员必须健全到位,到岗履职工作。加强分包负责人行为约束,分包之所以不重视安全生产工作,面对利益诱惑,利益最大化,对能省则省的观念发挥到极致,应通过公司层面对分包进行管控,建立目标指标,签订责任清单,对分包安全生产投入不足或保障项目不履行职责,要从公司层面问责。仅仅依靠项目管理权限,很难约束其行为。

浅谈山钢日照轧钢工程分包成本管控

中国二十冶集团有限公司工业工程公司 郭靖知

【摘要】 本着提高管理水平、规范管理细节、降低不必要的工作负荷原则,从经营管理的各个阶段归纳一些感悟。
【关键词】 招标 施工 经营 管理

1 招标阶段

1.1 分包招标清单的编制

组成工程量清单的分部分项按照主合同结合项目本身的性质编制,如无特殊情况,与分包签订的工程量清单应对应主合同清单(包括工作内容、计量规则等),以此来规避单价风险。工程量清单各项便于内外部预算对比分析,在上报外部预算前,借助分包单位上报的预算来核查清单每一项是否有遗漏或错误。

1.2 清单的暂估量

在不考虑因工程量变动而调整单价的情况下,应在预计数基础上适当地扩大清单预计工程量,避免日后因不可预见因素导致工程量增加而反复签订补充协议,减少经营管理人员不必要的工作时间。可以参考已有类似工程的相关数据,结合项目自身的标段划分情况综合考量清单的暂估量。

1.3 合同文本

根据现有的标准合同文本模板,应特别注意合同文本中重要、有争议内容的约定,如哪些材料是甲供,哪些是分包自采,甲供材的约定损耗是多少;按照要求对工程材料进行一般鉴定,检(试)验由谁进行委托,费用由哪一方出;计日工单价的约定;分包需要上报的软件结算资料及上报的期限等内容。

1.4 管理制度

项目部应在集团公司、分公司发布的相关管理文件的基础上,结合项目特征编制一份便于实施的项目经营管理细则,包括签证管理、进度款申报与支付管理、结算书管理、甲供材匹配管理等,管理细则中应明确相关的流程、样表格式等,建立完善的管理制度。

2 施工阶段

2.1 施工图预算

施工图预算无疑是最重要的环节,是成本管控的基础。在施工阶段,施工图预算被作为材料管控、分包进度结算的重要依据。施工图预算是一切经营管理的基础,应作为项目经营人员的最关键的工作。越早做出预算,才能越早发现问题,把控风险,才能提前做好相应的应对措施。

2.2 资料管理

经营部应指定施工人员,及时收集、整理过程中相关的施工蓝图、设计变更、现场签证、材料代用、材料认质认价单等相应资料,并建立好台账,做到随时更新。

2.3 工程类合同

签订工程类合同后,将项目经营分包管理相关文件下发至分包人,明确管理制度,避免分包结算不及时或违反集团公司及工业工程公司分包结算规定,造成分包结算纠纷,导致成本提高。

2.4 服务类合同

需要严格把控服务类合同过程结算,例如材料检测、机械租赁合同。此类合同大多不以工程设计蓝图为计算依据,故应当在每一笔进度结算的时候,收集整理当期及累计的对应支持性资料,务必做到先有结算依据,后有结算单据。

(1) 服务类合同不存在最终结算,所有中间结算累计即为最终结算,故而每一次过程结算都需要有对应的结算支持性资料。如涉及费用分摊的情况,务必有费用承担方的签字。

(2) 服务类合同的付款比例一般为100%付款,如果过程中存在超批超付,那么最终也无法调整回来。所以针对此类合同,应严格审核每一次进度款,若存在需要向下分摊的,先让分包单位签字确认,形成结算资料。

2.5 进度结算

(1) 分包预算书。项目部应要求分包单位根据到图情况及时编制上报预算书,项目部收到后进行审核,并根据审核的结果控制进度款的批复,当期累计进度结算额不能超过累计确认的预算书金额。

(2) 甲供材匹配。分包进度报量审批时应有足额的甲供材来供应领料,进度审批对应子目工程量不应超过对应主材使用量。

(3) 自采主材发票。项目采用一般计税模式时,应要求分包人提供自采主材对应数量与金额的材料发票。

3 结语

分包成本管控需加强细节管理,从开始的目标成本、中间环节的把控层层递进,环环相扣,及时进行动态成本分析,做好结算工作。原则清晰明确,执行一丝不苟,方能为项目画上完美的句号。

液压润滑管道施工精细化管理在工程造价中的应用

中国二十冶集团有限公司　葛　旭

【摘要】 冶金建设工程的市场存在非常激烈的竞争,施工过程涵盖的范围广泛,整体建设期受到的影响因素非常多,工程造价逐渐偏离预定目标。现在施工一线造价人员短缺,专业技术不强,施工蓝图与现场实际情况存在局部误差,无形中的经济损失慢慢积累,过程成本纠偏无法跟上,主要在于技术资料、施工方案、纠偏措施等没有及时办理。工程造价是施工全周期管理,更重要的是经济指标是技术与造价相结合的。

【关键词】 液压润滑　精细化管理　工程预算　造价管理

1　引言

项目成立初期,通过建立设计概算,设置整体项目的利润目标,按照以往工程的项目特点及造价经验,制定项目管理策略,主要策划内容的初衷就是针对项目技术的延伸,通过施工技术来控制项目成本,稳定项目效益,最终达成目标利润。

施工企业追求经济指标的方式往往都是开源节流,施工过程管理以收定支,但在竣工结算时却表现出资料缺失,遗留补办等诸多问题,竣工结算难以有效按时完成,结算效果不佳,未能达到设定利润目标。施工阶段的工程造价全部门人员都要做到精细化管理,由经营牵头,安全、技术、物资、施工各部门有效协作,相互配合,及时处理过程中的问题,解决方案并细化到个人,逐步形成全员经营的思路。本文因为设计院出具的施工图与工程造价的实施存在某些细节不同,工程造价的计算又离不开施工图,也离不开现场施工方案及施工图纸的细化,因此精细化管理在冶金工程造价中尤为重要。

2　液压润滑管道工程的概况

在安装工程中,液压润滑管道的施工工艺是最为繁琐的,工艺管道安装技术复杂,由于液压设备厂家不同,制造的设备也不同,设备机体管道预留口位置无法确定,设计院出具的施工图无法在终端确定对接管口方位。液压管道系统分为液压站内主管道至阀台控制、阀台控制至设备用户点,液压管道的走向一般通过现场施工,结合实际土建预留孔洞、阀台位置、设备接口,才能安装到位。现场制作管道均采用冷弯,弯管的最小弯曲半径不应小于管道外径的百分之三十;采用压制弯头时,弯曲半径不应小于管道外径的百分之十。管道弯制后的最大外径与最小外径之差不应超过管径的8%。管道弯曲部位不宜有皱纹、起皮等缺陷,这对于计算液压管道图示尺寸会产生较大影响,施工图无法体现弯曲半径等详细数据。

3　液压润滑管道工程的计价方式

液压润滑管道工程在冶金工程造价中分为定额计价和综合单价计价,两种计价方式各有千秋,计算的方法不同,在工程造价中也会存在一定的偏差。定额计价方式有两种,为全国统一定额和冶金定额。

综合单价较为简单,也是目前主推的计价方式,争议内容较少。对于全国统一定额计价较为复杂,施工工序要熟悉并且了解,目前分为碳钢管道和不锈钢管道,技术逐渐转为不锈钢管道施工技术。首先,定额套取按照管道设计压力进行选取;其次,安装管道所选择的材质,管道确定的焊接方式及管道口径子项。按照液压润滑管道工序开始套取定额,工序按碳钢管道,为管道预酸洗,管道焊接方式为氩弧焊焊接,焊缝射线探伤检验,管道循环酸洗回路连接,制作安装临时管道连接冲洗油箱环路连接,管道在一次油冲洗达到初洗过滤颗粒并化验油样,管道二次油冲洗达到精洗的目的并化验油样,液压润滑管道系统压力试验,管道油漆涂装。组价完成后按照合同或造价管理部门发布的定额人工价、机械设备租赁价、材料预算价调整,以及各项费税计取后,确定总价。

全国统一定额计量按照管道延长米以米为单位进行计量,冶金定额按照管道延长米以吨为单位进行计量。由于施工工序复杂,制作精度高,工器具先进,液压润滑管道在工艺管道中的造价较为昂贵,也是冶金安装造价中重要组成部分。所以在工程造价编制预算时,一定要结合设计图纸进行图纸细化和BIM建模,施工方案制定详细,完成液压润滑管道可初步计算的方式。工程造价对业主来说是逐步接近项目最终投资的工作,对施工单位来说是逐步夯实合同收入的工作。

4 液压润滑管道工程设计优化形成

液压润滑管道需要达到最终计算结果,需要完善的技术方案,根据设计图纸要求在施工方案中,充分描述施工工序及施工做法,临时管道材料的使用及数量的确定,冲洗用油的品牌及数量等。按照施工图管道系统图走向,参照流程图绘制BIM建模,形成初步配管单线图,配管单线图标注管道详细尺寸及规格材质、冷弯角度、变径三通节点等详细数据。编制每根管道的编号便于区分,汇总统计管道编号表,精细至每一根管道有一套配管单线图,最终按照液压润滑管道施工蓝图进行划分归集。目前国外设计院的设计标准与国内设计标准不同,材料使用上也存在较大差别,国家标准的不同会影响材料选择,管道计算按照外径壁厚计算,我国的管道标准与外国管道标准存在外径壁厚的不同,设计图纸与实际采购材料无法达到一致,这会影响工程造价的计算及最终结果的形成,由于液压润滑管道的综合单价昂贵,材料采用不锈钢材质的情况时,细微情况不同造成工程造价的偏差会很大,图纸细化就会体现出它的优势,统一规格型号标准,统一图示尺寸,统一计算规则,液压润滑管道的工程造价就会完善,不容易造成收入流失,投资控制也较为准确。

5 液压润滑管道工程的材料管理

液压润滑管道的设计非常复杂,管道的材质要求也非常严格,目前国内设计院均采用不锈钢材质的管道,如316、06Cr17Ni12Mo2Ti、06Cr19Ni10等钢材质管道,规格型号按照国内标准进行集中采购供货。尤其是涉及外方设计的液压润滑管道,管道规格型号与国内的标准不统一,造成国内采购的材料无法达到相同标准,私自更改材料采购规格型号,以大代小、以不同不锈钢材质进行相互替代等诸多方式采购,这势必影响图纸设计规格型号与实际供货型号无法对应,材料采购金额无法控制,施工后期造成材料核销无法控制,材料理论重量与实际供货重量偏差较大,损失无法控制。解决方案应该以现场技术人员为主,及时对此类问题进行跟踪,提报材料计划时,必须按照外方图纸所要求的规格型号提报,如确实无法采购或标准无法对应,也应进行设计代用或者联系外方设计人员更改设计标准,结合国内设计标准进行修改后,提报材料计划进行集中采购,切实保证材料采购的统一性。

材料供应时现场材料管理人员依据采购清单规格及数量,针对管道进行物资验收,测量查验管道长度及厚度,查验合格证,计算管道理论重量与实际供货重量差额是否存在正负公差。及时解决正负公差所带来的重量偏差,出具相关证明材料,确保重量不流失,避免图纸细化后材料成本超出控制。减少物资供应资金风险,减少物资采购成本风险,减少物资材料核销的扣款风险。切实完善材料管理流程,达到精细管理最大化。

6　工程预算、结算编制管理

工程预算、结算编制是工作量大且相对复杂的系统化工作,结合施工合同、设计图纸、施工方案、BIM建模、计算规则、定额说明等文件资料,在不同阶段编制施工图预算,逐渐调整预算编制,直至竣工结算上报。液压润滑管道通过设计优化后,形成了可计量可计价的编制基础,工程预算编制要点,首先从合同约定的计算规则或定额说明开始,造价人员现场考察工程进度,从零散至整体了解后,才能快速计算,提高造价水平。

在工程造价过程中,针对液压润滑管道进行详细图纸工程量统计,编制工程量计算明细及台账,自行设计科学合理的计算表格,利于平时查询及筛选,提高工程造价预算编制的速度和准确度。工程造价人员要自检,检查计算表格的计算公式是否正确,检查计算表格整体工程量、金额汇总是否正确,检查计算内容与台账内容是否一致,等等。并且把相关计算依据分类归集,整理归档。最终进行竣工结算核对,保证资料完整对工程造价有效性的支持是关键。

7　结语

冶金工程行业体量逐年增长,企业实现可持续发展,必须充分发挥精细化管理在工程造价中的优势,培养高素质的工程造价人员,加大对现代化信息技术的应用,坚持施工期造价动态化管理,在保证内控成本的同时,做到外部收益增长,提高工程精细化管理,这是促使施工单位得到持之以恒的发展,推动工程造价管理迈上新台阶。

冶金工程电气安装施工管理总结

中国二十冶集团有限公司工业工程公司　鲁玮元

【摘要】 冶金工程项目一般具有投资额巨大、工期紧张、设备安装质量和精度要求高的特点，与开发项目不同，工程建设投资项目不允许存在丝毫施工质量的偏差和工程延期。对于电气安装工程是极大的考验，电气安装工程会直接影响整个冶金工程的安全生产及最终的达标能力，所以冶金工程电气安装过程中的质量监督管理是重中之重。电气安装工程贯穿冶金建设始终，也被形象地誉为"见缝插针"，跟随项目土建、结构、机械设备管道等专业进度穿插施工，因此准备工作是电气安装工程的要点。

【关键词】 冶金工程　工期　安装质量　要点

1 电气安装工程概述

由于工期紧张、工序复杂，冶金工程项目电气安装工程作为最后一道施工工序，具有"电气零工期"的美誉。因此电气安装施工组织尤为重要，合理高效地组织管理是电气安装工程以至整体工程项目的重点。电气安装工程主要分为四个阶段：施工准备阶段、隐蔽工程施工阶段、电气设备安装阶段、电缆敷设调试阶段。

2 施工准备阶段

施工准备阶段是为保证工程顺利、高效、高质完成的充分必要条件。

参加设计交底和图纸会审。收到施工图后及时进行图纸自审，审图是施工管理的前提和基础，管理是从长远出发，考虑工程总体、全局性等重大问题。记录审图过程中所发现的问题，组织相关单位进行技术交流和图纸会审，结合工艺要求及施工过程中可能出现的难点进行交流，讨论解决方案，对图纸深化设计。

编制施工组织设计及施工方案。根据现有施工图纸、相关技术文件，按照国家现行标准及验收规范、地方的法规相关文件编写施工组织设计及施工方案，报监理工程师审批，审批后方可施工。编制质量控制要点，对施工过程中发现的问题及时提出反馈并及时处理，不允许未经同意擅自变更设计。完善质量管理体系，对其质量责任进行落实，严格推行规范化施工程序，编制符合规范、工艺标准，具有可操作性的质量控制程序。施工前对施工人员进行方案交底、技术交底及安全技术交底。

对图纸的梳理完成后根据区域、施工内容等编写单位工程计划并报监理工程师审批，施工过程资料以分部、分项工程为检验批及时报审。根据项目整体工期节点编制施工网络进度计划，按照网络进度计划进行施工进度管控。

建立材料及设备台账，根据材料台账可以清晰直观地掌握施工工程量，设备安装后及时进行台账管理，无论从成本控制还是从施工方面对工程项目进行高效管控。

根据现场实际施工进度提前编写并提前报审材料需求计划，考虑材料采购周期，准备30～45天内的施工材料,避免因材料不够影响施工进度。部分设备存在生产周期长、运输周期不确定等因素,因此要提前设置储存仓库来存放这类设备。储存仓库要考虑防雨、防火、防盗等,安排专职人员管理仓库。

3　隐蔽工程施工阶段

电气安装工程前期以配合土建施工为主,没有独立施工作业区域。主要施工内容分为防雷接地隐蔽工程和预埋配管隐蔽工程,此阶段重点在于图纸自审,注意图纸交界位置,发现问题及时与设计方沟通解决。冶金工程中的土建工程以施工设备基础为主,基础形状及标高多样化,因此隐蔽工程尤为复杂,注意与土建专业及工程监理的配合,和相关人员及时沟通,避免某些隐蔽工程被遗漏,及时配合土建工程施工及验收工作。

材料、成品、半成品质量进场验收。检查是否符合国家现行技术标准,合格证是否齐全,型号、规格是否与提资的材料需求计划一致。特殊材料进场按照要求抽样送检,合格后方可投入使用。

施工质量验收。实时进行现场施工质量检验,隐蔽工程施工完成要及时进行自检,自检合格后通知监理单位及其他职能部门验收,验收合格后做好隐蔽工程验收记录,与土建专业工序交接完成后再进行下一道工序施工。

4　电气设备安装阶段

中期电气设备安装阶段象征着电气安装工程正式开始。主要体现在变电站或电气室等区域的主体完成,主要包含接地装置安装;照明装置安装;电缆桥架、支架安装;变压器安装;成套配电柜、配电箱安装;火灾报警设施、设备安装;仪表设备安装;起重设备安装等分部、分项工程。

中期阶段以电气室施工为主,其他为辅,按照主辅同步原则组织施工。完成电气室主体后督促土建专业进行电气室内部砌筑装修及门窗安装,及时梳理管路是否畅通、提前预埋暗装设备,土建施工完成后进行电气室验收交接,确保电气设备进场安装的必要条件。制定电气室管理制度、职责,设置全天专职门卫,施工、检查人员出入登记,避免因无关人员随意进出对设备产生的影响。其他施工即电缆通廊、电缆隧道、电缆沟等桥架支架安装;机组电气设备安装;厂房照明设备安装;行车动力设备安装等。机组电气设备定位是冶金工程中相对比较重要的环节。在施工过程中设备的定位及路径本着人性化的原则在设计图的基础上以业主单位意见为主。

电气设备安装质量是电气重点管控项目,施工过程中对其质量管控项目全实时检查,发现质量通病后及时、有效地采取调整措施,确保工程施工质量,按照国家相关施工规范进行控制;重点管控项目组织监理等单位全方位验收,验收合格后方可进行后续施工。

设备进场验收,开箱清点检查,其型号、规格是否与装箱清单及设计文件的要求一致,并且无残缺、无损坏。

5　电缆敷设调试阶段

电气安装工程后期主要以电缆施工及设备调试为主,冶金工程与开发项目相比不同的是不仅限于供配电设备,实现各种功能的成套设备层出不穷。随着经济技术不断发展,智能化已逐步取代了人力,而电缆、光缆是用电设备常用的能量传输载体。电缆的质量及施工的质量将影响设备最终的达标能力,因此电缆敷设及严谨的调试是冶金工程电气安装的关键。

调试前期应以供配电设备的调试为重点,为行车、照明等设备尽早投入正式电源创造条件;中后期调试以传动系统、自动化仪表系统、PLC系统为重点,以先主体试验后外围试验、先基础后综合为原则,为设备单体试车、联动试车打下坚实稳定的基础。

  作为施工管理人员应认识到：采用高效的管理方法是施工高效、高质完成的基础。建立电缆管线台账，可直观地掌握施工进度，建立电缆收发台账，对电缆进行全面计量管理，避免电缆被乱用对工程进度造成影响。完成电缆敷设后，严谨、不苟的调试工作是安全的保证。

农民工实名制管理推行中遇到的问题和对策

中国二十冶集团有限公司　张立波

【摘要】 在我国,农民工到城市务工的人员数量越来越多,务工的人员分布在经济建设的各个领域,是所有企业工人的重要组成部分,特别是对于建筑企业来说,农民工是整个建筑施工中的中坚力量,所以,让农民工能够及时得到应有的劳动报酬至关重要。但是,在对农民工发放工资的过程中,企业推行实名制往往会遇到各种困难,为了有效地解决这个问题,必须要对农民工实现实名制信息化管理。

【关键词】 农民工　实名制管理　问题和对策

1 农民工实名制信息化管理的背景

随着社会经济的不断发展,农民工权益保护工作变得越来越重要,国家也陆续出台了有关农民工权益保护的相关法律法规,充分说明了国家对城市中农民工权益保护的高度重视。对于建筑企业中的农民工来说,在进行实际的应用过程中经常会出现很多比较复杂的问题,为了使企业和农民工的合法权益得到有效保障,促进建筑企业的健康稳定发展,实行农民工实名制管理势在必行。

2 农民工实名制信息化管理的内容

实行农民工实名制信息化管理,在发放工资时,就能及时准确地把农民工的工资发放到本人手中。

(1) 基本信息实名制：所谓的基本信息实名制就是要求企业所聘用的农民工的所有基本信息都是真实的,例如：身份信息、住址、联络电话、家庭状况等。

(2) 从业信息实名制：所谓的从业信息实名制主要是指企业提供的工作岗位、与农民工签订的劳动合同等都是真实的,此外也包括农民工在本行业的工作履历、个人诚信、个人资质能力相关的信息。

(3) 实名制工资发放：借助实名制的信息收集与工作考勤,就可以制作出农民工的工资账单,然后企业把工资直接转入农民工工资专用账户,同时及时公布工资的真实发放状况。

3 农民工实名制信息化系统的建设方案思考

1.1 封闭式工地的实名制管理

对于封闭式施工现场来说,可以通过闸机来完成施工现场的有效封闭。闸机有不同种类,适合封闭施工现场的闸机主要有IC卡、指纹打卡和面部识别三种,通过闸机展开对相关人员的进出进行有效控制,可以避免非工作人员出入施工现场,真实的考勤可以预防劳资纠纷。对于公司的实际情况而言,封闭式管理是最大的难点。目前冶金行业趋于饱和,且企业做大做强,改建扩建项目多,大多数项目是厂中厂,空间狭小,不能设围墙,且一个项目分几个标段,不能形成单独的独立空间,四通八达的环境很难达到封闭管理。

1.2 开放式工地的实名制管理

对于开放的施工现场来说,通常可以使用智能安全帽和人脸认证两种方式展开对考勤的有效管理。智能安全帽可以实现对人员定位系统的操作与管理,特别有助于劳动安全管理。通过卫星定位人员位置,然后发送给智能安全帽,这时候智能安全帽就能够及时收到相关语音信息;等到相关工作人员接收到呼救信号以后,就会立刻组织展开救援工作,解决了救援不及时的问题,使得安全事故大大减少。然而由于智能安全帽的价格太高,并且很多的性能不稳定,因此,人脸认证的方式被广泛应用。人脸认证不仅能够实时进行考勤打卡,而且也可展开移动化管理。

1.3 移动端手机 App 实名制管理

手机 App 移动端考勤系统实质是应用手机 App 展开人脸认证的,配备相关的硬件设备局域网络就能够结合人脸图像构成云方案,从而有效地实现不同场景的考勤需要。人脸识别被广泛使用在门禁、考勤等方面,可以满足考勤管理的实际需要。

4 农民工实名制信息化推广可能面临的难题

(1) 就目前来说,农民工实名制管理依然用最传统的纸质填报方式,这种管理方式信息化程度比较低。只有很少的企业开始或者准备开始构建信息化管理平台。由于劳动部门对薪资要求纸质化痕迹,这造成档案资料量大,工作量也大。

(2) 尽管国家已经提出了实名制的管理要求,然而现在仅有住房与城乡建设领域在相关的房屋建筑和市政基础设施工程方面实现了信息化平台的构建,工业建设和扩建、改建项目中还没有开始进行相关设计,因此大大降低了企业的农民工信息化管理进程。

仅有很少的企业可以实现企业集中统一信息化管理,其他还是根据当地政府或者项目部自身管理,当下冶金行业农民工老龄化严重,并且很多农民工不会使用智能手机。

(3) 已有的信息化管理还不完善,出现了各自为政、管理分散的现象。目前软件供应商大部分是外部的民营企业,而且所有的数据分布于云平台之上,并没有把数据安排在企业的服务器上,因此特别容易引发企业信息泄露的问题。这给了企业不推行此项工作的借口。

(4) 实名制推行数据反映分包劳动力配置,有利于项目监管,中国二十冶集团有限公司工业工程公司开发企业监管平台与政府网站后台对接。但是每一个地区对于实名制信息化管理要求是不一样的,标准不统一,实行的时间有早晚,因此出现了平台不一样、对接工作错综复杂,研发软件费用高昂的实际问题,从而使企业统一实施信息化管理难度系数大大提高,阻碍了推行进度。

(5) 在进行具体的实施过程中,企业遇到的阻力也特别大,例如:相关领导重视力度不足,项目部专门的劳资员缺乏,对于工程量大的项目,每天分包有上千人,仅台账就有十几张表格,核查分包工人真实的工资数额就需要耗费大量的人力资源;每月政府劳动部门监管检查时,项目部无力应对,每每被督促整改,给企业信誉造成不良影响;农民工文化水平不高,缺乏强烈的维权意识,在索要欠薪时缺乏有效证据。

(6) 企业对于分包单位实行合同额结算,分包按照工程进度上报工程量,总包单位按照完工合同额一定比例支付合同款,人工成本偏高导致分包商劳动成本增加;公司经营部门审核分包商资质不严,资金实力不够雄厚的分包商可能存在资金不足,农民工讨薪风险被转嫁到总包企业。笔者经历多次围堵讨薪事件均是分包以项目亏损为借口,要求总包方支付工人工资的情况。

(7) 总包商与分包商的合同条款中未把材料成本和人工成本剥离,导致企业在通过农民工账户支付时,往往存在超比例付款行为。面对弱势群体的农民工,政府监管不到位,执行手段弱化,单方面让企业提升政治高度和社会担当,尤其国企单位,只能步步妥协,以求分包商和劳动者满意,这其实极大损害了企业利益。

（8）农民工专用账户开通周期长。农民工从事临时作业流动性大，在一些工业项目上分包商接手多个施工工地，造成农民工考勤穿插，数据不全，临时施工项目得不到农民工信任，银行代付工资制度无法满足工人随时走随时结算工资的需求。

5　实现农民工实名制信息化的措施建议

（1）国家层面规范项目审批，加强对项目分包商风险抵押制度，降低企业风险，从源头上管理，做到农民工工资专款账户资金充足，专款专用。自国家强行规定农民工工资专用账户发放以来，公司80%以上项目农民工工资通过该账户发放，这稳定了施工队的同时也减少了劳资纠纷和投诉案件。

（2）加强组织保障，明确管理职责。建立健全完善的管理架构，专兼职管理人员职责明确，有效划分各岗位责任，建立相关的管理标准，扎实做好月度考勤的基础工作，确保考勤的真实性。从合同签订入手，合理分配原材料和人工工资比例，对工程款和工资采用分账分册管理，杜绝分包商以工资名义超比例冒领工程款。

公司项目部均成立以党支部书记为组长，办公室为归口单位的工资清欠小组，设立举报箱，通过现场问询、调查等手段，发现有欠薪的，联合工程部调取用工记录，掌握施工分包的劳动投入成本，并通过经营部门核算其产值，剥离其人工成本，直接通过农民工工资专用账户发放到其工资卡中，保障农民工相关权益。

（3）加强监管与考核。农民工实名制信息化管理工作融入企业每一层级的考核之中，构建出科学合理的考核方法。结合考核的实际状况，建立联防机制，对于那些落实不到位、考核不及格的分包商，纳入征信系统，不允许其参与公司招投标工作。中国二十冶集团每年进行分包商评价，对于因欠薪给企业造成不良影响的，均被拉入分包商黑名单，今后不得进入中国二十冶集团招标平台参与招标，严厉打击并震慑了恶意欠薪、扰乱建筑施工行业的分包，从源头上肃清了欠薪隐患。

（4）加大监管力度，结合相关的政策宣传活动，加强对农民工的教育与有效引导，从而帮助农民工有效维护自身的合法权益。为文化程度不高、维权意识薄弱的农民工建立从业档案。

近年来，我国已经逐渐完成了建筑工人实名制管理的相关服务体系，相信不久的将来，共享建筑企业工人的信息就会变成现实。借助于先进大数据的信息技术，使管理服务变得更加科学合理。

参考文献

[1] 陆晓霞.浅析贵州省农民工实名制管理新举措[J].纳税,2019,13(34)：269-270.
[2] 陈志伟,刘雨.建筑工地农民工实名制管理制度办法探究[J].建材与装饰,2019(28)：177-178.
[3] 翟剑.苏州工会：让农民工实名制管理制度"实"起来[J].中国工运,2019(9)：51.
[4] 本刊综合.建筑业农民工实名制管理全面实行[J].致富天地,2019(4)：5.

甲供材管理注意事项

中国二十冶集团有限公司工业工程公司　蔡小畅

【摘要】 随着国民经济的快速发展,建筑市场逐渐成为我国重要的支柱产业之一。由于建筑市场竞争越来越激烈,对建筑行业的要求也越来越规范,企业要想在竞争中占有相对优势,细节是关键。精细化的管理可以降低企业的成本,促进企业更好地发展。本文从甲供材的选定、质量管理、造价管理等几个方面阐述建设工程中的甲供材管理,并结合工程实例进行甲供材管理,以期为同类项目施工单位材料管理提供借鉴。

【关键词】 建设工程　甲供材　质量管理　造价管理

1　引言

甲供材是指在建设工程实施过程中,由工程项目的建设单位(甲方,发包方)提供给工程项目的施工单位(乙方,承包方)用于该工程的材料设备等物资。它具有保证建设工程质量和有效控制工程造价的作用,因而,备受建设单位的重视,具体表现在:各建设单位在建设工程招标文件中往往指定主要材料或设备为甲供材,且占工程造价的 20%~40%。甲乙双方如何科学管理甲供材,直接反映出甲乙双方管理工程建设的能力和水平。

2　甲供材计划及供应

甲供材计划及供应包括建设工程施工前的初步计划和施工过程中的实施计划两个方面。前者是指建设单位材料供应部门(以下简称"供应部门")在建设工程施工前,根据招标文件指定的甲供材品种、规格、数量等要求及投标文件的施工进度计划编制的甲供材采购及供应计划;后者是指建设工程开工后,根据施工方报送的甲供材计划及供应方案,结合建设单位编制的初步计划,最终形成甲供材实施计划与供应方案。为了使工程建设顺利地进行,还应当形成建设工程甲供材采购及供应综合计划。供应部门按照甲供材采购及供应综合计划有组织、有计划地进行甲供材的招投标工作。

3　甲供材的选定

3.1　甲供材的适用性

依据工程项目当地环境合理确定甲供材。比如,在中国二十冶集团有限公司山西建龙 1# 高炉工程中,业主在工程前期论证考察时发现,山西建龙公司自己生产钢筋,对于甲方而言,厂内自产自销,性价比较高,而且能够保证质量,保证供货周期,招标时明确将钢筋列为甲供材,为以后保证土建质量以及造价控制打下基础。

依据工程特点确定甲供材。例如,在中国二十冶集团有限公司山钢日照 3 500 mm 炉卷项目、中国二十冶集团有限公司宝钢德盛新连铸(一步)项目中,电气工程中一般会将发电机、高低压环网柜等大型设备定为甲供材。由于这些设备金额所占总成本比重较大,标底预算编制时不能准确掌握设备造价,确定为甲供材后既可以保证设备质量,也能弥补设备预算造价与实际造价的差距。

3.2 甲供材的合理性

甲供材的选定不能随意而定,选定的甲供材要方便甲方购买,达到省心、省事、省时、省力、省钱的目的,主要还是能满足甲方的要求。譬如,某民用建设工程项目招标时将电线定为甲供材,但对于电线的采购,建设单位发现有如下弊端:甲方没有采购同类材料的经验;不能准确掌握市场定价,如要了解市场行情,需耗费大量时间,工期不允许;所需电线种类多,所占工程总价比重较少;每捆单位长度可能有误差,与施工单位交接电线数量时容易发生扯皮现象。建设单位测算研究后发现电线的采购与管理,不仅会耗费甲方大量人力、物力、财力,而且没有发挥甲供材应有的作用。为避免工作造成被动,最后将原甲供材电线改为由施工单位依据当地工程造价信息的价格自行采购。建设单位在工程招标确定甲供材品种时,一定要均衡利弊,选择合理的材料(设备)作为甲供材。

4 甲供材的质量管理

4.1 甲供材的质量验收

甲供材与施工单位自购材料一样必须经过检验合格后才能用于工程中,进场检验是甲供材到货后的第一道关,参加验收应包括业主方、监理方、施工建设方、材料供货方等有关各方的管理人员。材料进场检验的内容包括外观检查、清单与实物数量核对、检测报告与质量合格证书等,相关人员需签字确认。按规定有些材料还需取样进行第三方理化试验并检测合格后方能用于工程。材料抽样试验需全部检验批数量到工程现场后,按标准程序取样,施工单位及监理单位的工程师不能因为是甲供材就降低检查标准甚至不做进场检验,或因工期紧等原因,取样试验结果未出来就放任可能有问题的甲供材用于工程。譬如,某工程项目约3 000 m的电缆为甲供材,管理人员虽发现电缆及材质证明文件有问题,但考虑电缆是建设单位采购的还是通过了进场检验,未等现场取样试验报告数据出来就将电缆敷设埋地施工,后来取样试验报告显示电缆绝缘电阻指标项不合格,该批电缆被勒令全部退出施工现场,已经埋地的电缆被重新挖出并退回,此事给有关各方造成了一定影响。

4.2 甲供材质量提升

甲供材的采购没有经过施工单位这一中间环节,有利于对甲供材质量的掌控,有利于甲供材料的质量提升。《建筑工程质量管理条例》规定,在正常使用条件下,电气管线、给排水管道、设备安装保修期为两年,供热和供冷系统最低保修期限为两个采暖期或两个供冷期。而建设单位自行采购上述有关甲供材,可以要求供应商赋予材料(设备)技术参数保修期限等更高的要求。特别是延长设备保修期限将会降低设备的全寿命经济成本,提高设备整体质量。甲供材还有利于建设单位对设备的后期质量维护保养,建设单位在设备采购前,对市场上同类设备进行技术经济比对,采用性价比高的设备。建设单位还可以要求供应商对设备后期质量的维护保养提供必要的技术支持和人才培训。

5 甲供材的造价管理

5.1 甲供材降低工程造价

甲供材一般是建设单位直接从材料(设备)供应商购买,因此甲供材最主要的作用之一应是节约工程造价,在机电工程项目甲供材对节约工程造价尤为显著。例如,某医院工程项目总投资6 000万元,其中的消防设备项目为200万元的暂估价,并由施工单位组织招标采购,建设单位参与监督。但是由施工单位组织设备分包招标价格就要比建设单位了解的市场行情高出25%,此一项就大约多50万元。如果在招标时将此项定为甲供材,只需付给施工单位该批甲供材价款1%左右的保管费,将会为工程节省48万元。

5.2 甲供材结算

对于业主,甲供材的结算有两个方面,一是建设单位与供应商(厂家)的结算,一般比较简单,按照采购合同条款约定进行付款即可;二是建设单位与施工单位的甲供材结算,比较复杂些。下面就建设单位与施工单位的甲供材结算进行探讨。

施工合同专用条款需明确建设单位与施工单位的甲供材结算方式、工程量如何计取等。否则,工程结算时甲乙双方有可能会为甲供材结算数量产生异议。譬如,某给水管线安装工程,固定总价合同,给水管线材质为DN400球墨铸铁钢管定为甲供材,但没有明确结算方式。招投标的管路预算数量长6 000 m(含损耗量),建设单位累计供给施工单位球墨铸铁管7 000 m长。施工单位上报结算时,球墨铸铁管按7 000 m计入结算,建设单位仅同意按6 000 m计入工程结算,并直接从拨付施工单位的材料款中扣除球墨铸铁管7 000 m的材料费用。由于施工单位为方便施工,更改了部分给水管线路由,甲方仅对更改路由的方案认可,并未同意增加球墨铸铁管的结算工程量,且施工单位管理不善也造成球墨铸铁管的浪费。由于合同对甲供材工程量结算条款约定不明确及施工单位管理不善等原因,造成施工单位1 000 m球墨铸铁管材料费及安装费的损失。在工程实例中,常会出现甲供材实际使用数量比原招标预算工程量少的情况。施工合同条款应有针对施工单位因节余甲供材而降低了工程造价的奖励措施,如果建设单位在工程结算时按甲供材的实际数量计入结算,将施工单位节余的甲供材量差所对应的部分费用从合同造价中扣除,会导致施工单位并没有因节余甲供材而取得收益,也影响施工单位加强管理甲供材和降低其损耗率的积极性。

甲供材的管理与结算,无论是建设单位还是施工单位都要从施工合同签订时就要高度重视,明确甲供材的供应、验收、计量、结算等具体条款。在工程建设中,建设单位和施工单位应各自做好资料的交接、归档手续,为将来的工程维护提供完整齐全的有效资料,并为以后的工程竣工结算留存详细账目,维护双方应得的利益。

对于建设方,甲供材结算主要包括施工过程中的月结算和施工结束后的材料清算两个方面。对于前者,供料部门将本月各建设工程的领料单按不同建筑工程施工单位分类汇总,同时在其后面附上按工程项目施工单位归集的领料单送交财务部门,财务部门及时对领料单进行结算,做到甲供材每月一小结。对于后者,若施工时间较长,还可以半年一清理,工程结束后,务必最后一清算。避免由于时间过长造成材料与工程结算相脱节,同时妥善保管料单,甲供材结算时,供应部门需在结算单上签字。实际工作中,甲供材结算时应注意以下几方面的问题。第一,供应部门在给财务部门转料单时,将本月施工单位汇集按汇总数结转,其后面不附带按工程项目归集的材料清单,并且料单中工程项目的名称没有细化到单项工程的单位工程,这样很容易造成财务部门材料核算不准确;第二,料单从供应部门转到财务部门的时间间隔较长,料单往往滞后于工程结算,致使结算不可避免地出现暂估价款,导致材料找差与工程结算相脱节;第三,料单的转移环节容易发生丢失。若发生在供应部门,通常采取的补救措施是让施工单位重新补开领料单,材料计划人员和审查人员对料单真假难辨,造成采购和领料环节的失控。甲供材结算工作是一项较繁琐的工作,财务人员需要仔细核对材料供应清单中的材料定额含量的汇总材料定额单价和材料供应价格。

6 甲供材的档案管理

建设工程竣工后,人们往往十分重视建设工程的工程技术档案资料管理工作,以便保证工程建成后顺利地交付生产经营使用以及今后的维修和改建等方面,却淡化了甲供材档案资料管理,造成了保修责任划分不清。为此,有必要建立健全甲供材资料整理归档,并予以妥善保存。在甲供材资料整理和归档过程中,要求做到:(1)资料的有效性。凡是列入档案的资料必须真实地反映实际情况,不得擅自修改、伪造或事后补做。(2)资料的完整性。甲供材资料一般有计划单、采购及供应综合计划、进料单、采保人员验收单、领料单、招标公告、投标单位报名表、投标单位审核表、招标文件、投标文件、开标记录、购销合同、询价单、检测资料、结算资料等,这些资料都应尽可能完善。(3)资料的安全性。甲供材档案资料必须由专人管理,不得遗失损坏,管理人员变动要办理交接手续。甲供材资料档案保存完善,以利于将来维修及其他工程参考。

7 甲供材的优缺点

(1) 业主方承担了材料市场价格浮动的全部风险。甲供材料由业主选定,由于市场波动大,价格风险难以预测。当遇到价格上涨时,由此带来的损失将全部由业主承担。因此施工方避免了风险。

(2) 造成业主、设计方和施工方之间的扯皮、摩擦。施工方根据设计院要求提报甲供材需用计划,业主根据计划采购。期间三方大概率会产生设计变更、报错材料、来错材料及质量问题。

(3) 施工单位不积极优化施工组织设计。施工单位在工程施工过程中按合同中约定的工期安排施工进度,因为甲供材料部分对于施工单位而言基本没有市场风险,同时不用占用其资金,所以施工单位不会积极地通过优化施工组织设计来降低材料的价格风险,且以主材甲供为由要求降低对甲方的让利比例,同时,在质量出现问题时还可从甲方取得经济补偿。

(4) 在定额计价形式下,多付施工单位部分工程款,导致开发产值减少 税基降低,存在涉税风险。根据业主与施工单位签订的合同,基本上是按照施工单位完成产值的80%支付其工程进度款,并在工程款中扣回甲供材料费用。在采用定额计价形式的情况下,甲供材料的结算方式多采取按定额基价进行结算,如果按照定额基价结算甲供材料,会多付工程进度款。综上所述,用定额基价与施工单位结算甲供材料,建筑安装产值会减少,施工企业缴纳建筑安装营业税的税基也随着降低。根据《中华人民共和国税收征收管理法》《中华人民共和国营业税暂行条例》及其实施细则等法律法规,施工企业有涉嫌偷税的行为,而建设方有不可推卸的法律责任,存在涉税风险。而且,还会造成建设产值不实,影响会计信息披露,多付施工单位工程款等弊端。

(5) 甲供材料过多,有时反而降低工程质量。由于建筑市场竞争激烈,竞标过程中施工单位往往以低价中标,甲供材料过多,致使施工单位无利可图。为确保施工企业人员工资或弥补利润,个别施工单位铤而走险,偷工减料甚至变更设计,造成工程质量下降,一旦出现质量问题也难以分清甲乙双方的责任。若甲供材料未能按时按质按量供应,也会引起项目停工、窝工、延误工期等现象,成为索赔的诱因。

8 对甲供材的建议

对于业主而言,甲供物资材料在一定程度上确实降低了材料的成本,但随之出现的问题也不容忽视,结合工作实践,提出以下建议:

(1) 根据具体情况,确定施工材料是甲供材还是由施工单位自行采购。一般而言,大型设备和重要材料应由甲方招标供应,供货方、业主、施工单位、监理方共同验货。对于工程材料,如果甲方没有专业管理队伍且在近期没有重复性建设的,应由施工单位采购管理。这样做一方面可巩固施工企业的物资管理队伍,另一方面可以明确责任,确保质量,同时使材料的使用具有灵活性。

(2) 确定经济采购量。确定经济采购量的目的,就是使材料的订货成本、储存成本、购买成本的总和达到最低。根据建设项目的一般情况,由于订货成本和储存成本相对较小,重点要考虑购买成本和缺货成本之和的最小化,最终得出一定期间的经济采购量。

（3）确定合理采购时间。工程材料受存放场地、施工周期、资金等因素的限制,不能同时进场,这就要求材料采购时需制定材料进场计划、现场施工实际需要量、场地堆放,更重要的是把握市场动态,对材料的市场价格进行分析预测。例如:钢材、水泥、电缆等,它们在工程中的用量大,其价格波动会直接影响工程成本。因此,在采购计划编制的过程中,应考虑价格波动,确定合适的采购时间,控制采购成本。

（4）建立计算机管理系统,加强材料的管理。建设单位物资管理部门应建立供应商档案管理系统,收集各类建筑材料供应商的相关信息,整理归档,以备查询。结合建筑行业的特点,供应商选择主要应考虑以下因素:经济实力、交货期、供货质量、服务水平、价格成本等,通过采购小组的统一评分选择最优的材料采购商。

（5）建设单位应提高认识,加强领导,健全材料管理机构。负责项目工程的领导必须重视基建的材料管理,建立以分管材料的负责人为首并由财务、材料采购、施工技术等有关人员组成的审查小组,把握好材料的采购供应、质量验收、用量控制、价格结算,做到事前预测分析,事中检查落实,事后评改总结,及时发现和解决可能出现的问题,尽量避免材料资金的损失和浪费。采购人员不仅要掌握特有的采购技巧和策略,还要掌握一定的工程、预算、合约、法律方面的相关知识,以及其他关于产品、市场等很多方面的综合知识,具有全局的眼光、敬业的精神和熟练的专业技能,充分应用现代物流管理技术完成建筑材料的全过程管理。

9 结语

建设单位在工程招投标时就应从工程建设实际出发选定甲供材,工程建设中加强对甲供材的质量、造价的管控,抓住重点,有的放矢,明确责权利。施工单位对甲供材管理也不能掉以轻心,应指派专人专项负责管理。甲乙双方从合同签订、建立台账到竣工结算等对每一个涉及甲供材的环节都要重视,充分考虑各种因素,达成一致意见,在工程建设中实现共赢。

建筑行业已经度过了"黄金十年"期,开始过渡到"白银时代",这个时代不再像以前那样,建筑企业可以躺着挣钱,企业将会面临很大的竞争压力,甚至倒闭,企业要做的就是精益求精。面对这种巨大的压力,企业的利润率不断下降,纷纷要求采用先进的生产技术、先进的管理理念来进一步降低生产成本,寻找新的利润源泉,提高企业的市场竞争力。

参考文献

[1] 卜海涛.建筑工程物资管理中存在问题及措施[J].科技致富向导,2012(9):150.
[2] 谭志贵.探究建筑设计技术管理中存在的问题及解决措施[J].江西建材,2015(9):19-20.
[3] 李红园.试论工程现场签证价款的存在问题及处理措施[J].广东土木与建筑,2001(8):56-58.

山钢日照轧钢工程设备管理

中国二十冶集团有限公司工业工程公司　袁殿文　马宇清

【摘要】 本文通过对山钢热轧主轧线工程甲供设备的管理实践,详细介绍了该工程设备管理组织与管理的全过程,从设备到货及开箱验收做了全面阐述,并且以实例作为支撑,说明了在实际管理过程当中一些细节问题处理的方法,为甲供设备进一步精细化管理奠定了基础。

【关键词】 设备管理　开箱　到货

1　工程概况

山钢轧钢工程安装设备为甲供设备。机械设备包括粗轧区域(入口辊道及出口辊道、立辊轧机、粗轧机、中间辊道、热卷箱等)、精轧区域(精轧除鳞箱、切头飞剪、F1-F7 精轧机等)、卷取区域(热输出辊道、高位水箱、1~2 号卷取机、检查线等)、地下站房及外围设施(中央油库补油站、精粗轧补油站等)、磨辊间设备(磨床、辊子存放架、轴承座拆卸机等);电气设备主要有盘柜、变压器以及起重运输设备。

全线甲供设备厂家以西门子、西马克为主,其余设备厂家还包括上海重型矿山机器股份有限公司、重庆水泵厂等多家单位,由他们共同完成设备供货。

2　工程特点

2.1　复杂性

全线甲供设备由业主方采购,业主方现场设备管理人员专业复杂,对接的专业负责人众多(机械、电气、自动化、仪表等各个不同区域各落实了专业负责人),若没有一个固定对口的设备管理人员进行沟通、协调,可能在管理方面会存在一定的困难。

2.2　无序性

业主方采购的设备,不能按照施工方的安装进度及到货需求及时到货;并且到货前也缺乏到货通知及详细清单,任何一个环节异常对施工单位设备保管、存放问题和施工安装进度都有极大的影响(供货方没有提供中转库房,现场卸车位置有限,安全问题存在着很大的隐患),后者对于协调行车卸货和卸车人员的配置准备有着一定的突发性和困难性。

2.3　特殊性

由于客观条件的制约,本工程没有设立临时设备存放仓库,所有设备到货后只能交叉存放到施工现场,在设备供货高峰期,现场设备存放位置饱和时,还要协调存放到其他施工单位场地。为增加设备存放量,有时设备还需要堆高放置,使用时需要重新放置。不仅加大了施工现场安保的范围,还增加了倒运设备的工作量,也对于设备的安全保管和外观质量带来巨大的隐患。

3 甲供设备的管理

3.1 甲供设备管理的重要性

为了加强项目部对甲供设备进行有效管理,确保设备到货情况与工程进度、工期节点互相协调一致,规范设备管理工作流程,项目部特派专人负责甲供设备的管理工作,从设备到货的前期工作、设备卸车到设备的开箱及保管等一系列工作的筹划、组织、执行各个过程都进行了详细的计划部署,为本工程设备安装施工的顺利推进提供了必要条件。

3.2 甲供设备的管理组织

系统的目标决定了系统的组织,而系统的组织是目标能否实现的决定性因素,本项目设备管理的目标是确保甲供设备不影响设备安装进度。相对于自采设备(材料),甲供设备管理存在着一定的独特性,本项目设备管理没有设立专门的部门部室,而是直接放在工程部进行协调、指挥,项目部结合现场实际情况,制定了相应甲供设备的管理制度及相关的工作流程图,为设备管理目标的实现奠定了基础。

甲供设备管理组织工作任务如下:

(1) 项目部设备管理员的主要任务是主要负责全线甲供设备各项管理工作的协调和配合。

(2) 技术员的主要任务是主要负责全线甲供设备各项管理工作的筹备和主办。

(3) 施工队伍的主要任务是主要负责全线甲供设备各项管理工作的实施和协办。

3.3 甲供设备管理的内容

3.3.1 甲供设备到货

1. 甲供设备到货前准备内容

(1) 督促技术员提供每月的设备需求计划,尽可能使设备需求计划与安装计划协调一致。特殊情况下急需的设备应当提供书面报告,及时上报相关单位,共同协商解决。

(2) 设备到货前积极主动地与订货方沟通,取得设备的具体到货清单,把设备到货计划精细到每一天,并将具体设备到货情况告知各家施工单位,以便提前做好卸车准备。

2. 甲供设备到货时管理内容

(1) 及时通知各家施工单位,确定卸车区域,将货车带入指定卸车位置。

(2) 卸货时,应该由业主方、监理方、供货方、施工单位四方共同在场,确认外观包装质量、数量,在没有异议情况下共同签字确认并且照相留底。如果设备存在外观质量等其他方面的问题,必须当场拍照确认并在设备接收单上说明标注,由订货方及时联系厂家协商解决,避免影响设备安装的进度。

(3) 将实际到货设备从设备到货计划中逐条销号,定期进行实际到货量与计划需求量的对比,针对设备到货情况进行动态控制。

3. 甲供设备到货后管理内容

(1) 将设备进行合理摆放,尽可能将安装设备摆放在安装区域。

(2) 对于现场特殊设备或者贵重设备,项目部安保部以及各级施工单位安全员、白天夜间保卫人员应该特别重视,保障设备在安装前存放安全。

3.3.2 甲供设备的开箱

1. 甲供设备开箱前准备内容

(1) 各单位技术员及设备管理员应提前通知项目部设备管理员安装所需的设备及基本内容(订货方、设备厂家、设备箱号、用途),然后项目部组织订货方、设备厂家、监理共同到场为做开箱准备。

(2) 提前准备设备开箱记录表以及设备具体详细的装箱清单。

(3) 项目部提前通知专业开箱人员做好开箱准备。

2. 甲供设备开箱时内容

(1) 开箱时,必须有订货方、设备厂家、监理、施工单位四方共同在场,点件时要以具体实物为准,如果有与装箱清单不符的地方,不论多件或者少件,必须在装箱清单上和设备开箱记录表上详细表明,并由四方共同签字确认。

(2) 根据合同文件和具体分工文件,将设备分配给各个施工单位,如果有特殊情况,及时上报相关领导解决。

(3) 将随设备带来的合格证明文件,当时交给各家单位,确保设备/材料进场报验的同步进行;若合格证明文件缺失或有异议,与厂家沟通并及时解决。

3. 甲供设备开箱后内容

(1) 各专业项目部开箱后,将小件特殊设备或者贵重设备收到库房保管,防止设备由于自身原因丢失或损坏造成不必要的损失。

(2) 设备开箱后,受现场实际情况的影响有些设备无法收库管理,所以现场相关安全人员应该对开箱后没有收库的设备要特别关注,必要的情况下还要重新封箱,避免设备丢失。

3.4 甲供设备管理中存在的问题

3.4.1 缺乏管理经验

本项目在实际操作过程中具有一定的特殊性,没有相类似的设备管理经验借鉴,管理经验不足,处理问题的方法不是很科学、合理,直接导致管理中出现漏洞,致使后期的管理很被动。

3.4.2 跟踪管理不到位

首先对于各家施工单位有关设备问题的外部工作联系单,相关的急需设备和设备本体质量等问题没有进行跟踪管理,只是将联系单转发给总包方,具体怎么解决、什么时候解决没有一个计划,只是起到一个转达的作用,没有真正起到实质性作用。

3.4.3 没有临时仓库

负责施工的主轧线工程实体结构在设备大批量进场之前已基本完成,由于没有设备存放临时库,所以只能在现场设备基础顶板上交叉存放设备,而且与土建、钢结构施工冲突的情况下,设备要进行二次倒运,这对于安装存在着一定影响,也势必造成人工费的增加。

4 在设备管理过程当中有借鉴意义的实例

4.1 进口打捆机设备开箱

(1) 问题的提出:由施工企业负责安装的卷取区域打捆机,由于是国外进口设备,通过海关检查后设备到达现场时只有塑料布包装,没有外包装箱,施工单位卸货后,按照一体型组装件设备进行签收,后期在安装过程中由于打捆机被认为是一体型组装设备,所以直接开箱进行安装,并未通知相关各方进行开箱(按惯例一体型组装件设备可直接进行安装,除非有外观质量问题需要各方到场确认),设备本体落位后,电气专业准备接线,发现从打捆机操作台至电气室的电缆缺失,而从设备本体到操作台与设备一体为组装件,厂家认定施工单位私自开箱,造成电缆丢失,并且声明设备电缆是随设备一起被带来了。

(2) 需要反思的问题:在此过程中,施工单位有两个地方没有考虑周全。其一,到货时没有具体的到货清单,只有托运凭证,而是由订货方进行现场清点,现场制作到货清单,到货设备均按"套"接受,设备到货时没有一套设备内的具体装箱清单,施工单位单一认为全部为组装件,并没有考虑到设备的特殊性。这种主观行为直接导致后期设备的私自开箱。其二,安装设备时没有组织各方开箱,按照固有的思路,套件设备为组装件,如无外观质量问题,可直接进行安装,并没有认识设备到货时的特殊性,安装开箱时也应该特殊对待。

4.2 粗轧机 R2 压下装置电磁离合器

(1) 问题的说明:设备的开箱应该是由业主、总包、监理、施工单位共同签字确认。在组织开 R2 压下装置的设备箱子时,各方人员共同在场,将设备装箱清单上的设备全部点清后,发现有设备在装箱清单上缺失,而设备为进口设备,全部为英文标注,在场的人没人能说明设备名称以及安装位置,当时施工单位专业人员说明此设备非施工单位安装设备,所以施工单位没有签收。由于没有专人接管造成丢失。到后期业主需要此设备时,并声明当时此设备是归装箱清单上的另外成套设备。

(2) 需要反思的问题:在此过程中,施工单位有两个地方没有考虑周全。其一,对于开箱时有异议的设备,应当在装箱清单上特别说明,避免造成事后说不清的麻烦;其二,设备有不知道该谁保管的问题,应该由几家单位当场确认,必须有解决方案,而不是仅仅收管好自己单位的设备,导致最后谁也没有收管设备,造成丢失。

5 如何更好地管理甲供设备

5.1 设备管理制度的完善

针对本项目实际管理过程中的薄弱环节和主要问题的体现,要求管理人员在实践中不断提炼、不断总结,进一步健全和完善设备管理制度,完善过程中的程序,切实加强和细化设备管理工作,把设备管理制度作为现场施工过程中的一个指导性文件,确保管理制度在实际过程中长期发挥作用,为甲供设备管理提供强有力的保障。

5.2 树立和加强管理人员责任心

责任心对一个人是否能够干好工作起着决定性作用,我们谁也不会主观上就想让自己成为"不负责任、没有责任感的人",所以责任心是做好本职工作的前提,一个具有强烈责任心的人必会拥有自信心和使命感,不断进取,对工作投入极大的热情,从而激发潜能,这样才能使工作保质保量地完成。

5.3 要有管理创新理念

没有创新就缺乏竞争力,没有创新也就没有价值的提升。管理的创新若不是从解决实际问题出发去创新,而是为创新而创新,就要摆脱这种固有的管理模式。管理的创新就是要大胆地探索,在项目中发现与其本身相适应的管理方式、方法,这样才能更好地促进项目的各项工作的落实,进一步提升工作水平,在竞争激烈的环境中立于不败之地。如在最后一个子单元 3 500 mm 炉卷工程的设备管理中,局部采用了二维码技术,大大地提高了设备的安装效率,解决了设备管理中存在的争议问题,得到了业主和外方专家的认可。

浅谈工程项目管理的常见问题与对策

中国二十冶集团有限公司工业工程公司　张利军

【摘要】 一个工程能不能被理想地完成，管理是基础条件。建设工程管理对于施工单位而言就是通过施工单位的管理使进度目标、质量目标、成本目标得以实现。管理的精髓是提前发现和规避施工过程中的各种不良问题。管理的执行者是人，执行的是规章制度、各种法规和规范。总的概括为：通过管理使每个工程项目的参与者都遵循规章制度、各种法规和规范，从而使工程总目标得以实现，通过管理为工程项目建设增值。

【关键词】 提前发现　规避　管理

1　概述

随着我国工业建设的快速发展，工业建设行业获得了巨大的进步与发展。现如今除了大型国有施工单位外，私营中小型施工企业如"雨后春笋"般涌现出来，这促进了工业建筑整体的繁荣。但随着市场经济及市场规则的更深入改革，当前整个工业建筑行业面临新的困难与挑战：一方面工业工程施工单位要面临日益增长的市场压力，另一方面随着人工、材料价格的不断增长还要面临降低施工成本和管理成本、提高经济效益的挑战。施工过程中还要在符合质量要求的前提下确保少增加或不增加成本的框架内保证工期要求。因此在工业工程施工中各种问题频出，本文就是介绍在符合法律法规的前提下面对施工可能面临的各种问题的预判预防以及在施工中发生问题的应对与弥补。

2　工程施工人员常见问题

2.1　工程技术人员少、任务繁重、常规管理无法满足工程需求

随着工程施工单位和工程建设项目日益增多，人员流动大等因素使项目的工程技术人员紧缺，工程技术人员常常工程、技术、质量兼顾，同时还要参与安全管理。因此需要在工程项目管理期间通过彻夜加班来满足工程建设需求，同时因为"身兼数职"工作可能会有"纰漏"的地方。

对策1：在工程建设前，提前规划工程项目管理人员要求，当企业内专业技术人员数量无法满足需求时可从社会招聘。

对策2：对内部工程管理人员可采用"主、配"管理模式，即专业间穿插管理。具体如下：当工程刚开始土建、钢结构专业施工高峰时机械、管道、电气在做本专业准备工作的同时可选择一个专业作为"学徒"去学习和配合土建、钢结构专业工作。当机电施工高峰期时可让已过施工高峰期的土建、钢结构专业去配合机电专业工作。这样经过两三个工程项目训练后，专业技术人员会成为综合技术人员，这样做的优点是：既解决了工程技术人员不足的问题，又提高了技术人员的综合素质

2.2　工程项目施工作业人员缺少无法满足工程进度要求

随着社会和网络发展及人们生活方式的改变，越来越多的从业人员脱离工程施工现场改行到新兴行

业,比如送外卖、收发快递。因工程建设从业人员缺口增大、从业人员数量反而减少造成从业人员收入增长快速而变化频繁。由此加速了工程从业人员流动性大。从业人员短缺、人工成本高成了工程进度目标的绊脚石。

对策1:公司尽量选用有实力的分包公司,在公司与项目间建立从业人员与进度动态表,使各项目之间实现"从业人员共享"。

对策2:本工程项目中协调各专业分包建立从业人员与进度动态表,实现人员动态管理。比如说A施工队刚好完成钢筋绑扎工作,B施工队刚需要钢筋绑扎作业人员,为保进度可协调从A施工队把钢筋工调往B施工队。各不同专业间普工、焊工、司索起重工之间可实现"从业人员共享"。

对策3:可由工程技术人员提出新工艺、新方法提高工作效率,以此来弥补作业人员不足。例如:山钢新基地轧钢项目设备基础部分已完成,大量设备即将进场,设备安装施工队人员不足。按照常规施工无法满足进度需求,工程技术人员在满足规范的前提下优化坐浆数量同时大胆改进传统坐浆方法,制作改进坐浆工具由传统手工捣实坐浆变为电动凿实坐浆,在提高施工质量的前提下比传统的施工方法效率高8倍,弥补了从业人员不足的困境。

2.3 工程技术人员要抓住施工进度与质量的关键点

部分工程技术人员对工业工程项目经验不足或者只通晓本专业的知识,只从本专业考虑问题的方向是不能满足工业综合项目技术管理的。例如有的土建专业一般只重点考虑与基础强度、钢筋绑扎而忽略预埋件、预埋地脚螺栓的相对位置尺寸,而造成结果就是设备安装调整时因地脚偏差过大不得不对设备底座进行扩孔处理。埋件位置偏差过大或预埋板锚固钢筋焊接不牢造成已安装的管道支架脱落时有发生。

对策1:工程开工前对所有工程技术人员进行施工工艺与生产工艺介绍与技术交底,使工程技术人员在真正意义上理解领悟到自己负责的每一块工程成品的作用是什么。例如:通过工艺介绍了解到山钢项目产品有一部分是做液压缸和汽车车轴的材料,棒材产品常见问题为直线度大于2/1 000的"波浪弯"及棒材表面划痕。那么工程技术人员在质量控制计划时会自行提高冷床精度(精度不能按照生产螺纹钢的冷床来制定)。棒材表面有划痕的措施为把导槽的接触面打磨光滑(设计措施为在导槽处设置一根自由辊改"滑动为滚动")。再者只有让土建工程技术人员理解设备安装工艺后,才会更主动地控制设备基础的标高与地脚螺栓的埋设质量。

对策2:项目开工前编制质量通病手册和质量控制措施,重点是将工序间的质量控制措施落地执行。

3 工程技术管理对成本及工程进度的影响

工程技术管理对工程进度及成本的影响主要体现在施工技术方案、材料计划技术准备工作。

施工前制定低成本高效的施工技术方案(或施工组织设计),例如施工前确定工作面最广的位置布置塔吊,在塔吊选型上选择利用率最高、成本最低的型号。当土建专业施工结束后,安装钢结构屋架时也能够被使用。这将大大节约钢结构安装时机械台班的成本。

在编制材料计划时可采用在质量不受影响低成本的材料,同时选择合适的材料规格型号可大大降低成本。例如:在设备锚栓设计为化学锚栓时可与设计沟通在生产环境允许的情况下,可采用强度相等或高一标号的植筋药剂(植筋胶)代替成品药剂。相同强度的植筋药剂和成品化学螺栓药剂强度相等,用途一致但价格相差很大(同等数量的情况下植筋胶价格低廉)。在钢结构制作中提前排板放样作为编制材料计划时的参考,编制材料计划时要求材料定尺到货,要求可大大降低材料损耗。

编制施工方案时要在进行施工作业时不拖泥带水,工程进度推进的同时尾项也及时消除。做到主体工程结束时能马上进入竣工验收阶段,例如钢结构安装时焊点及时补漆、装饰装修时能及时处理缺陷,管道安装时及时涂装涂刷材料,等等。

4　通过工程技术现场管理增加效益

除了常规的管理外还应该注重对现场签证的管理,开工前由经营负责人对工程技术人员进行对外合同和对内合同的交底。交底除了对合同内容介绍外还应对合同更深的解读与剖析。使工程技术人员真正理解合同,只有这样才能提高现场签证的有效率。

常见的现场签证有:合同以外的工作、因图纸错误造成的工作、图纸变更的工作、业主或监理要求额外的工作、施工位置发生变化的、工程施工中人为障碍引起的增减工程量的、各种额外的试验和检查费用的偿付、工程质量要求的变更引起的索赔、非自身原因引起的窝工等。

办理现场签证要求:理由合理、签证及时,证据充分等。

5　结语

工程项目管理的水平与成效关乎着工程项目的最终成败,同时也体现出施工企业的核心竞争力,是保障施工企业长远发展的关键,因此需要施工企业不断改进发展工程项目管理水平,提高施工企业的竞争力。

项目临时设施的布置与策划

中国二十冶集团有限公司工业工程公司　雷　锦

【摘要】 建筑在向工厂产业化转型,临时设施也需要转型,由于装配式建筑的兴起,临时设施同时也达到快速、环保、重复利用、节约资金的目的。

【关键词】 临时设施　快速　环保　重复利用　节省资金

施工人员的劳动效率与现场的空间和布局是密切相关的。在项目的施工现场,有不同的分包商在同一个区域内进行施工。每一个建设单位都需要特定的工作空间、操作设备的空间、材料的储存空间、交通和运输路径,以及相应的安全保护区域。

1 项目常见的临时设施

施工现场临时设施包括临时性建筑物如项目办公室、塔吊、脚手架、围挡、大型机械、临水临电与配套设施等。项目管理者需要确定每一个临时设施的位置以及需搭建使用的空间,以保证项目的正常进行。

2 临时设施的作用

如果施工现场的区域过于拥挤,则会引起施工人员劳动效率的降低。不同分包商的施工现场空间布局规划是否会出现空间方面的冲突,会直接影响施工的整体工作流以及施工的效率。施工现场空间和布局规划是否合理,决定了施工现场的秩序性以及施工人员是否相互干扰,从而影响施工工序的效率、项目的工期等。因此,由于现代工程项目对加快工程进度和缩短工期方面的要求越来越高,建设工程项目本身又具有复杂性和动态性的特点,施工现场的临时设施空间布局以及相关工作空间的优化,将直接影响施工人员的劳动效率,并成为影响项目正常进行的重要制约性因素。

因此,施工现场临时设施的空间布局对项目的经济效益、工期和安全性等方面都有重要的影响。尤其是对于大型工程项目,由于施工现场涉及的临时设施数量巨大、类型繁多,进行有效合理的临时设施空间布局和优化对项目的顺利完成具有重要的意义。随着项目管理技术的进步,工程管理和规划人员开始根据现场临时设施的特点,对现场的空间布局进行合理设计、优化和决策,实现有效的空间规划。为了进行有效的工程项目空间规划,在项目的计划和执行过程中,可以从执行工序的直接执行者和管理层面的项目管理者等不同角度,对施工的不同空间进行合理有效规划。

2.1 项目执行者与临时设施

在工程施工过程中,施工人员是否具有足够的、有效的工作空间对于施工劳动效率、施工的安全性以及建设成本都有重要的影响。为了保证项目的正常进行并提高资源的利用率,需要在项目现场为施工人员提供足够的工作空间。建设工程项目是由数量巨大的不同类型工序所组成,各种类型的工序所需的工作空间也不尽相同。对不同工序的工作空间进行合理计划、安排和协调,不仅增加了建设项目空间计划的管理难度,也耗费了大量的计划时间。因此,在实际的建设工程项目计划中,应采用合理、有效的方法对施工人员的工作空间进行计划和优化。

2.2 项目管理者与临时设施

项目管理人员需要合理计划的项目资源不仅包括材料、人工和施工设备等，还需要在实际施工过程中对施工现场的空间资源进行有效管理。施工现场的空间主要包括施工人员的工序操作空间、材料储物空间、设备放置空间以及其他基础设施空间等。现场如果很多施工人员共同使用同一个工作空间，或多个施工人员执行工序所占用的工作空间有交叉重叠，都会引起相应工作空间的拥挤，从而导致建设项目整体劳动生产效率下降。不适当的工作空间计划管理会导致分包商之间、施工人员之间的互相干扰和影响，引起生产效率下降。因此，工程项目临时设施的空间布局和规划对于提高项目的整体施工劳动效率、项目工期和项目安全性等有重要的影响。项目临时设施的空间布局规划主要包括对项目所需临时设施进行类型和数量的识别、大小尺寸的确定以及空间位置的确定。但由于临时设施的布局、规划问题涉及种类繁多的工序以及许多不同的空间约束条件等，对该问题进行解决和优化是一个复杂的系统性过程。因此，工程项目临时设施的管理和工作空间优化问题是工程管理领域的重要研究课题，对工程项目进行合理有效的临时设施空间优化对于提高项目的施工劳动效率具有重要意义，有必要对建设项目临时设施的空间规划和工作空间优化问题展开深入研究。

2.3 项目成本与临时设施

对工程项目现场临时设施进行合理管理和优化，与项目是否能够成功及项目的成本直接相关。工程项目的成本通常由直接成本和间接成本组成，其间接成本通常占项目总成本的20%～40%。

在工程项目的间接成本中，对施工起辅助作用的临时设施如塔吊、脚手架等的租赁成本和使用成本是其重要的组成部分。因此，对施工现场不同建设工程项目脚手架等临时设施及工作空间优化，并对临时设施进行有效、合理的规划，对项目的成本有重要影响。此外，当施工现场受到空间大小方面的限制时，如何对临时设施进行空间布置规划，在项目计划中尤为重要。相关的项目空间布置规划主要包括以下方面：对临时设施进行类别和数量的识别，尺寸形状的确定及空间位置的优化等。需要合理规划的施工现场临时设施主要包括：

（1）工程施工辅助设施，如脚手架、支护结构等。

（2）临时建筑物，如临时厂房、车间、仓库、项目办公室等。

（3）施工设备，如塔吊、吊车等。

3 临时设施的布置与策划

考虑到不同的施工人员可能会在同一个约束空间和区域内同时工作，而且每一个施工人员都需要必要的工作空间、设备空间、材料储存空间、交通路径通道以及完成工序所需的必要保护空间等，管理人员必须对项目的现场进行合理的空间规划。临时设施空间布局规划除了需要考虑基本的安全要求以外，还需要考虑工程资源的约束、施工人员和施工设备在施工现场的工作成本以及劳动效率等。通过有效的临时设施规划，可以对临时设施的类型、所需的数量和放置的空间位置进行定义，并提高施工的劳动效率、保证项目的成本和工期。目前，工程项目的临时设施空间规划研究主要集中在：现场临时设施的拓扑空间规划、临时设备的空间位置优化、脚手架等具体临时设施的空间规划等。

在目前的项目管理方法中，网络计划方法和施工进度管理方法都难以对工序施工过程中所需的工作空间或进行有效的计划和优化。施工过程中，任何施工操作或工序的执行，都需要特定的、具体的工作空间。这类需求也可以定义为工序的工作空间需求，工作空间需求是由支持工序完成的相关资源所决定的，因此工序的工作空间需求也等同于相关资源所需的必要空间。当实际施工空间不能满足某工序的工作空间需求,或施工现场能提供的工作空间有限时,施工人员的工序操作、施工设备的运行以及材料的搬运都会出现困难,导致该工序或施工任务不能有效执行。在相对拥挤的环境中,施工人员也只能以较低的劳动效率完成该工序的操作。因此,对工作空间进行合理的计划在项目管理中是非常必要的。

4 临时设施布置与策划中的问题

研究内容虽然与临时设施空间管理问题相关,相关的研究已经采用了许多创新方法及技术手段。但是在临时设施空间管理优化这一研究领域,目前仍然存在一些问题。

(1) 缺少较为全面的建设工程项目现场临时设施布局的多指标评价体系来辅助空间布局规划。针对此问题,可对影响临时设施布局规划的因素进行分析,构建影响临时设施空间布局的多指标评价体系,确定相关影响因素的相对重要性和指标排序,并将临时设施的空间布局问题转化为多指标数学优化问题进行求解。然而,目前该领域的相关研究中较少能够同时关注施工劳动效率、成本、安全等因素对空间布局规划的综合影响。

(2) 缺少关于具体工序的工作空间需求识别研究,以及将工作空间需求与临时设施空间规划相联系的优化研究。目前较少有研究关注具体工序的工作空间需求识别,尚未将项目最基层工序的工作空间需求与现场临时设施的整体空间优化相结合。对于此问题,可以识别出工序的工作空间需求,结合空间推理关系,确定工序工作空间需求与临时设施之间的空间关系,为提升施工人员劳动效率规划出更合理的工作空间环境,进而实现工作输出的最大化。

(3) 对于直接工作产出和间接工作中劳动力成本投入的权衡分析问题,缺少利用计算机系统进行辅助决策的方法和手段。在现场工作空间的管理中,在考虑直接工作产出的同时,还应该考虑搭设脚手架系统的过程所需要耗费的人力成本。然而,对于此类问题,仍缺少相应的深入研究。而相关问题的解决将在脚手架搭设方案的决策中发挥关键性的作用。

5 临时设施布置与策划中的建议

5.1 塔吊

根据塔吊的性能及特点来选用塔吊的机型,有的塔吊一机管两墩,有的塔吊一机管三墩,从而提高了塔吊利用率,降低了机械使用费,节约了工程成本。

5.2 脚手架

脚手架系统作为施工现场重要的临时设施,可以为施工人员提供工作空间以支持工序操作。目前,现场脚手架的搭建主要依靠过去的施工经验,其施工规划方案缺乏科学指导。不合理的脚手架布置方案可能会在实际施工中造成施工人员的工作空间不充足、操作姿势不舒适、劳动效率低的问题。现场施工中,关于脚手架系统和工序之间与空间关系的研究依然存在不足,未能提供有效的脚手架空间优化方法。

5.3 大临集装箱

作为建筑行业工地上主要的临时设施,集装箱式临时用房优点:①板式结构、节约运输和存储空间;②工厂预装配,尽量减少现场的工作量,节约施工成本;③标准化,易于维修维护;④可持续性,实现资源可持续利用发展战略;⑤安装方便、搬运迅速、搬家方便、可随工地的发展而流动。作为现场施工工程管理,为了更好地服务现场工程,理应在距离现场工地内建立现场办公室,提供沟通效率、工作效率,而集装箱应该作为第一选择。

6 可重复的临时设施

使用可重复的临时设施保障实施绿色可重复使用的建筑理念。可重复使用的绿色设施体现在施工建设过程中的前期计划、现场实际使用、后续拆除、再次使用等各个环节方面,都能够使得"可重复使用"这一理念的得以实施和体现。只有在建筑项目具体实施的过程之前,在项目规划中融入绿色和可重复使用的理念,并通过实际建筑实施和后续验证来证明其实际可行。如果在实际建筑施工过程中,还有建筑资源大量消耗、对周围环境影响过大、无法重复利用等问题的存在,就是和原本的绿色可重复使用的理念相违背,就应该及时更改项目的规划和设计过程,提前止损。

(1)洗车台。每个洗车台配备一台水泵和水带,洗车台旁边设置沉淀池、过滤池以及蓄水池。利用天然雨水流入蓄水池,然后用水泵将过滤后的水抽入洗车台,这样既可以达到环保效果又可以利用天然水循环实现节能目的,实现水资源可持续利用。

(2)大临集装箱。每个工程在组建项目部初期,应采用集装箱作为办公室,这样每一个项目完成后,集装箱可随工程搬去下一工程,实现资源的可持续利用。

7 结语

在相关的建筑项目工程的施工过程中,各个步骤的实际操作过程的成果如何,除了明确的政策和标准的指导外,还要对施工现场可重复使用的临时设施的实际结果进行验收,建筑工程项目过程中的施工现场可重复使用的临时设施的好坏,直接影响着实际的建筑工程的实际成果和使用过程中的具体应用。在建筑项目工程相关的企业,除了对相关环节的具体负责的部门和人员有明确要求外,还要进行实际的监督和成果验收,例如对各个环节中的开始点、见证点、停止点等关键点进行成果验收,特别是对于"施工现场可重复使用的临时设施"的实际设计理念和实施过程以及材料的使用等方面,加强建筑过程的验收,并且要提高对各个建筑环节的质量和使用的有关环保和重复使用的情况进行验收,确保施工现场可重复使用的临时设施的有效实施。

第 2 篇

创优篇

山钢日照 2 050 mm 热轧工程创"鲁班奖"策划

中国二十冶集团有限公司工业工程公司　袁殿文

【摘要】 山钢集团日照钢铁精品基地项目 2 050 mm 热连轧工程从项目建设开始,就进行了详细的创优策划,并按计划严格执行。该项目荣获中国冶金优质成果评价、"上海市绿色安装工地""中国安装之星""全国优秀焊接工程",投产后,顺利实现了"四达"。并最终荣获了"鲁班奖"。

【关键词】 创优策划　"鲁班奖"

1　项目概况

工程名称:山钢集团日照钢铁精品基地项目 2 050 mm 热连轧工程建安施工(一标段)。

建设单位:山东钢铁集团日照有限公司。

设计单位:山东省冶金设计院股份有限公司。

监理单位:莱芜三控冶金建设监理事务所。

工程总承包单位:中国二十冶集团有限公司。

工程承包范围为原料区、加热区、粗轧区、精轧区、卷取区、部分托盘运输区、检查线区、轧辊间、旋流井以及配套的电气室、制冷站、除尘等区域或设备。除加热炉供货商负责的施工内容外,该区域内的所有厂房基础及设备基础、厂房钢结构及屋面墙体、辅助建筑结构、机电设备(含机械、三电、流体等)及管线的安装调试。

建筑用地面积 164 352 m^2,工程主厂房采用钢框排架结构,厂房柱基础采用现浇钢筋混凝土独立基础;加热区和主轧跨均设置了高架钢筋混凝土平台,采用厂房柱、设备平台柱与设备基础连成一体的筏板基础;相关的液压润滑站室主要布置在主厂房内高架平台下,配套电气室均采用钢筋混凝土框架结构构建。

2　策划及目标分解

工程高起点规划、高水准设计、高标准要求。体量大、工期紧,工程总体质量"鲁班奖"目标高。整个施工期间项目部以严谨的科学组织管理为中枢,以科学求实的组织设计为先导,以精细化、信息化的管理程序为抓手,以"超越自我、追求卓越"的精神为动力。严格执行岗位职责考核、强化质量责任制,以"选择二十冶就是选择放心"的责任理念,打造一流工程。

2.1　策划

在工程开工之初,依据《中国二十冶集团有限公司项目管理策划管理办法》及《中国二十冶集团有限公司工程创优管理办法》,结合工程的特点、难点,项目经理组织分别编制了《项目管理策划》《项目创优策划》《项目管理计划》等,作为项目管理工作程序和作业手册,用于指导整个工程的推进与实施。

同时项目部编制了技术质量管理制度、混凝土管理实施细则、成品保护实施细则,计量器具管理实施细则,BIM 管理实施细则,质量通病防治措施等多项管理文件,下发到所有管理人员和参建队伍,从源头上保障项目的质量水平。

2.2 目标分解

(1) 围绕"鲁班奖"这一终极目标,编制了 2 050 mm 热连轧项目申报"中国建设工程鲁班奖"工作计划,分别成立了以中国二十冶集团公司总工程师为组长的领导小组,以副总工程师为组长的工作小组,确定了申报工程范围,明确了各个阶段工作任务、责任单位、责任人以及完成时间,并对项目进展情况按月上报集团公司。

(2) 针对创优目标,制定质量控制标准(表1)。

表1 项目质量控制标准

目标	标准内容
创优目标分解	进场材料、成品、半成品合格率100%,检查验收率100%
	进场原材料按规定时间检验,试验率100%
	计量、检测、试验等设备、器具的送验、检定率和合格率100%
	分部、分项、检验批质量检验、评定、报验合格率100%
	各项施工记录、工程技术资料等按部位、施工进度收集及时、准确、完整,归档率、合格率100%
	焊工、起重工等特种作业人员持证上岗率100%

2.3 团队组建

项目团队的组建对于工程项目建设来说非常重要,组建高品质、高效率团队成为项目管理的关键。经过项目经理的挑选,本项目团队由具有凝聚力和协调能力的袁殿文同志为项目经理,单独设置了机械安装经理,并有电气设备安装公司参与。设定了项目团队的共同愿景,通过规范团队制度,最终打造出一支执行力高、凝聚力强的团队,为工程建设的目标实现奠定了坚实的基础。

3 项目技术和质量管理情况

3.1 技术管理

3.1.1 图纸管理

组织图纸会审,解决图纸本身的缺陷、节点遗漏以及与平面、立面、剖面图不符等问题,重点核查:是否满足强制性标准的要求;是否影响使用功能。

施工前对原图纸进行深化设计,绘制各阶段施工协调综合图纸,解决设计图和使用功能需求之间的关系,以及设计深度不能满足精细化施工要求的问题。

(1) 在结构施工阶段,应绘制各专业预留预埋管线、箱、盒等综合布置图,协调土建与安装专业预留预埋的关系,做到位置准确,不错不漏,不影响结构安全。

(2) 在设备安装阶段,绘制各专业管线安装综合布置图以及管线交叉布置节点详图。根据节点详图,统筹考虑各管线的标高、走向、交叉、支吊架的做法,确定各专业对交叉部位的安装方法,明确管线布置等。

3.1.2 方案管理

在工程开工之初,工程技术人员整理出本工程危险性较大的和超过一定规模的危险性较大的分部分项工程清单,并报监理和业主审批。

在编制施工组织设计和重大的施工方案时,组织项目部工程技术人员、安全管理人员以及设计人员一起讨论，集思广益，从理论计算到实际操作，从安全到进度质量都力求完善。并对超过一定规模的危险性较大的分部分项安全专项施工方案组织专家论证会来论证。

3.1.3 技术交底

采用将BIM三维模型投放于大屏幕的方式进行技术交底，BIM三维模型可以可视化预演施工中的重点、难点和工艺复杂的施工区域，多角度、全方位地查看模型，一目了然，解决施工操作过程中容易出现的质量通病问题。

3.2 质量管理

3.2.1 搞好前期策划，实行质量预控标准化管理

项目开工前，编制质量计划、质量责任制度、质量管理计划、质量考核制度、质量奖惩制度等一系列计划和制度，并明确以下几点内容。

（1）质量目标：鲁班奖。

（2）明确检查制度。实行"三检"制度、不定期专项检查制度和领导带班检查制度，并严格落实检查制度。关键和特殊过程采用跟踪旁站检验制度，隐蔽工程联合检验制度，检验批、分项工程都要进行质量评定，中间交工采用核验制度。

领导带班检查由项目经理或总工牵头，要对整个施工区域进行检查，对查出的问题形成书面文件，要求施工单位限期整改。除明确检查制度外，项目部每周要组织质量专题会，要对现场发现的施工亮点公开表扬，并对质量缺陷进行曝光，对会议的结果形成会议纪要，下发至各施工队。

（3）质量考评和奖惩。质量部应每月对参建各分包单位进行质量考评，对当月内该分包的质量管理体系、现场质量情况和软件资料等进行考核并打分，汇总后进行评比，排名靠前的给予奖励，排名落后的有相应处罚。

（4）挂牌确认制度。项目部会同监理，将已施工完成的区域进行签字挂牌确认，对其实测实量和验收结果进行公示，其目的是项目部和监理单位对此区域施工成果的确认和验收，也是提醒其他专业注意成品保护。

（5）焊接实名制。坚持焊工实名制度，现场每条焊缝焊接时，都要求工人持证实名焊接作业，确保了焊接质量的可追溯性。

3.2.2 强化现场管理，实行施工现场质量标准化管理

（1）建立材料设备样品库，封样存放材料设备样品，建设单位在施工现场建立专用的建筑材料设备样品库，对确认的建筑材料设备样品封样存放，并在每件样品对应部位粘贴展板，说明材料名称、规格、批次、产地、供货单位、使用部位、使用数量、确认意见等，作为大批量材料设备进场验收的依据。

（2）加强成品保护，确保一次成优。加强成品保护，最大限度地消除和避免成品在施工过程中的污染和损坏，降低成本，确保一次成优。

4 新技术应用及创新

（1）工程建设过程中积极推广应用了"建筑业十项新技术"中的9个大项、25个子项（表2）。

表2 新技术列示

项目编号	项目内容	应用部位
1	地基基础和地下空间工程技术	
1.1	综合管廊施工技术	车间地下管廊、电缆隧道

(续表)

项目编号	项目内容	应用部位
1.2	逆作法施工技术	热轧旋流池
2	钢筋与混凝土技术	
2.1	高耐久性混凝土	混凝土基础
2.2	自密实混凝土技术	钢管混凝土结构
2.3	混凝土裂缝控制技术	混凝土设备基础
2.4	高强钢筋应用技术	混凝土工程
2.5	高强钢筋直螺纹连接技术	混凝土结构工程
3	模板脚手架技术	
3.1	大吨位长行程油缸整体顶升模板技术	烟囱、安全水塔
4	钢结构技术	
4.1	钢与混凝土组合结构应用技术	厂房钢管混凝土柱
4.2	钢结构深化设计与物联网应用技术	车间钢结构详图深化设计
4.3	钢结构高效焊接技术	车间吊车梁、钢柱焊接
5	机电安装工程技术	
5.1	基于BIM的管线综合技术	车间能介管道、桥架等BIM布置
5.2	机电管线及设备工厂化预制技术	车间能水管、液压管、压缩空气等能介管道工厂预制
5.3	金属风管预制安装施工技术	车间厂房、电气室通风与空调管制作安装
5.4	建筑机电系统全过程调试技术	车间设备调试
6	绿色施工技术	
6.1	基坑施工封闭降水技术	旋流池基坑
6.2	建筑垃圾减量化与资源化利用技术	车间钢筋、钢板回收与利用
6.3	工具式定型化临时设施技术	现场工具式定型临边防护
7	防水技术与围护结构节能	
7.1	高效外墙自保温技术	车间电气室蒸压加气块施工、车间外墙、屋顶保温棉施工
8	抗震、加固与监测技术	
8.1	结构无损性拆除技术	混凝土小房水钻开孔、混凝土基础金刚石绳锯开孔
8.2	深基坑施工监测技术	深基坑开挖边坡监测
9	信息化技术	
9.1	基于BIM的现场施工管理信息技术	施工管理
9.2	基于云计算的电子商务采购技术	物资采购
9.3	基于互联网的项目多方协同管理技术	项目管理
9.4	基于大数据的项目成本分析与控制信息技术	财务管理

(续表)

（2）荣获的奖项见表3。

表3　工程先后荣获科学技术、进步奖8项

序号	科技成果名称	鉴定水平	鉴定组织(机构)
1	基于运营性能提升的轧钢主传动系统关键建造技术	国内先进	上海市人民政府
2	液压管道高效节能环保油冲洗成套新技术研究与应用	国内先进	上海市人民政府
3	高压供配电系统回路测试方法	国内领先	国家知识产权局
4	液压、润滑管道气液混合冲洗方法	国内领先	国家知识产权局
5	轧线主传动电机施工新技术	国内先进	中国安装协会
6	液压管道高效节能环保油冲洗成套新技术研究与应用	国内先进	中国钢铁工业协会、中国金属协会
7	基于运营性能提升的轧钢主传动系统关键建造技术	国内先进	上海市安装行业协会
8	现代工业管道数字化预制技术研究与应用	国内先进	中国施工企业管理协会

（3）项目应用发明专利5件，应用实用新型专利21件（表4）。

表4　项目新型专利

项目编号	专利名称	专利类型
1	受限环境下大型盘柜成套施工装置及其使用方法	发明专利
2	粗轧机机架吊装装置及使用方法	发明专利
3	带有预留孔的电缆盘箱及其使用方法	发明专利
4	高精度轧机基础沉降的观测方法	发明专利
5	发明专利——轧机安装控制测量网的放置方法	发明专利
6	一种脚手架外架连墙件	实用新型专利
7	一种预留钢筋保护装置	实用新型专利
8	二次油冲洗电磁阀的方向控制装置	实用新型专利
9	管道、精密仪器的自动调节平衡吊装装置	实用新型专利
10	盘柜安装顶升装置	实用新型专利
11	盘柜运输底座防护装置	实用新型专利
12	移动式手动弯管器	实用新型专利
13	防尘打孔装置及设备	实用新型专利
14	钢琴线拉紧校正装置	实用新型专利
15	管道旋转辅助装置	实用新型专利
16	简易盘柜安装就位装置	实用新型专利
17	盘箱吊装工具	实用新型专利
18	输送装置	实用新型专利
19	双筒柱下柱的辅助起吊装置	实用新型专利
20	推车	实用新型专利
21	屋面梁与连接板连接的定位片	实用新型专利
22	小型管道组对工装	实用新型专利
23	一种行车轨道梁吊装装置	实用新型专利
24	用于步进梁过跨安装的可移动吊装工具	实用新型专利
25	用于电缆敷设的简易托架	实用新型专利
26	用于管道冲洗的分配器	实用新型专利

5 结语

山钢日照 2 050 mm 热连轧工程是中国二十冶集团有限公司改制后的第一个冶金项目，意义重大。高起点规划、高标准要求。难度大、工期紧，"鲁班奖"工程总体质量目标高。在中国二十冶集团有限公司领导的关心指导和各部门的大力支持下，在工业工程公司的周密谋划与全力推动下，在山钢有关部门的大力协助下，项目部发扬"一天也不耽误，一天也不懈怠"朴实厚重的中冶精神，整个施工期间项目部以严谨的科学组织管理为中枢，以科学求实的组织设计为先导，以精细化、信息化的管理程序为抓手，以"超越自我、追求卓越"的精神为动力，严格执行岗位职责考核、强化质量责任制，以"选择二十冶就是选择放心"的责任理念，项目部顺利地完成了既定的各项目标。自投入使用以来，各系统运行良好，运营单位非常满意。我们将以此为契机，继续追寻"诚信社会为本、客户满意为荣"的经营理念，为创更多的精品工程做贡献。

山钢日照工程"鲁班奖"创优电气技术总结

中国二十冶集团有限公司工业工程公司　刘照国

【摘要】 本文以两个典型轧钢项目——山钢日照 2 050 mm 热轧工程和山钢日照 2 030 mm 冷轧工程被评选为 2019—2020 年度国家建设工程"鲁班奖"为例,阐述电气专业在工程施工过程中的技术创优策划与控制方法,创优策划与控制不仅提升了工程质量管理中的应用价值,保证了建筑工程施工顺利进行,还提升了建筑工程整体质量和使用寿命。

【关键词】 "鲁班奖"　创优策划　质量管理　电气专业

中国作为一个基建强国,未来很长一段时间仍将在建设行业投入大量的资金。冶金行业面临市场饱和、新旧动能转换的局面,最后一批冶金建设项目市场竞争激烈,要求也越来越苛刻,企业在工程中获得的奖项作为施工业绩来提高市场竞争力将成为必要的手段。山钢日照 2 050 mm 热轧工程和山钢日照 2 030 mm 冷轧工程于 2020 年被评选为 2019—2020 年度国家建设工程"鲁班奖",这为企业后续的订单起到了关键助推作用,这也为二期工程做好了铺垫。项目的成功评奖离不开每个专业的创优策划与控制。对于电气专业而言,创优策划与控制,主要是指对项目全寿命周期的施工实体及软件资料的创优策划和过程控制。

1　项目前期的创奖策划

创奖策划依据的几个原则:安全适用、美观,技术进步与创新,绿色文明施工、工程质量管理合理、综合效益好。

(1) 合同分析,明确质量目标,创优工程主体工程质量要求一次验收合格率 100%,甚至争创"鲁班奖"等,进而明确电气专业质量创优目标。根据目标,对项目创优进行策划,工程实体质量亮点策划,项目创优团队策划,创优的技术、经济保证措施策划,以及配套软件交工资料编制计划策划。

(2) 根据目标针对实体亮点策划,组织多专业联合策划并明确实体重点区域,根据项目重点区域细化细部创优亮点;重点区域就是主体工程各个专业均有施工的公共区域,细部亮点是指在一个专业施工区域内突出展示本专业细部施工做法。例如,明确热轧工程电气专业重点区域为主轧线、粗精轧机组,细化到主电机跨、精轧电气室,冷轧则是酸轧线,细化到轧机机组、轧机电气室。

如电气专业针对电气室做内部分项工程创优策划。电气专业根据项目整体安排,配合土建专业,对建筑电气及电气设备安装等分部分项(如:防雷接地、桥架支架、盘柜安装、照明装置、电缆敷设、配线接线等)进行创优亮点策划及技术保证措施策划,编制分项工程亮点施工引路样板,成立质量创优管理领导小组,施工材料质量管理小组,并编制确保质量的亮点策划实施措施。

(3) 技术进步与创新策划,主要是针对项目特点及难点进行策划,利用 BIM 技术、信息技术、新工艺新方法,提升管道制作安装的质量;避免受土建和设备安装条件的限制,提高施工效率,缩短施工工期;减少高空作业和高空作业辅助设施的架设工作,有效地降低施工安全风险。

比如,机电安装常用的基于BIM的管线综合技术,车间能介管道、桥架等BIM排布技术;机电管线及设备工厂化预制技术,车间介质管道、穿线管道等管道工厂化预制技术,金属风管预制安装施工技术,厂房、电气室通风与空调管制作安装,建筑机电系统全过程调试技术,车间设备调试技术。

信息技术,基于BIM的现场施工管理信息技术,基于云计算的电子商务采购技术,基于互联网的项目多方协同管理技术,基于大数据的项目成本分析与控制信息技术,基于移动设备二维码识别信息追踪技术等。新工艺新方法,项目部针对专用设备安装或者大型机电设备安装的研发新工艺,或者利用新机具更换新方法的创新推广应用策划。

(4)绿色文明施工策划。施工过程中建立雨水及地下工程降水回收系统,或者地下工程降水回收利用系统,用于施工场地降尘、洗车台用水、绿化灌溉、卫生间用水等;采用装配式彩钢办公用房、可周转围挡等节能措施,可实现材料重复利用,达到节能的效果。针对工程基础深度高低不一,孔洞、临时道路多,在施工过程中临边防护点多的问题,项目采用工具式定性栏杆,做到及时对临边孔洞及时防护,采用工具式定性栏杆,拆除、安装方便且可重复利用,保证了临边防护的统一性,美观实用,既保证文明施工又做到了绿色施工。

(5)针对细化后创优策划增加相应的技术、经济保证措施,结合现场施工情况进行设计联络或者使用新技术、新工艺降低成本以达到绿色工程来满足创优策划。换言之,创优并不意味着直接增加成本,可以通过优化设计将创优需求及时与设计沟通变相增加到施工图中,也可以利用新方法、新工艺优化施工方法,进而间接节约创优成本。

比如,电气图纸未设计保护接地相关材料,审图后进行设计联络,根据规范要求提醒设计人员增加相应材料;遇到设计电气室照明灯具采用吊杆式或吊链式时,很明显安装影响美观,设计联络修改为吊顶配嵌入式灯具,也可以直接改为线槽式安装方式;遇到施工图未给出足够电缆,导致敷设弧度不统一,可以通过规范要求电缆弯曲半径与设计联络增加电缆,通过技术交底要求保证施工美观一致。对于盘柜安装,提前通过业主或者设计联系到厂家,了解盘柜底座的详细尺寸,以确保施工后盘柜底座与盘柜完美契合。有的电气室没有设计防鼠板,我们可以通知设计增加,也可建议业主采购成品防鼠板。以上所有创优用到多余材料和物资均可以转化为正常施工图中施工材料,而不需要为创奖单独购置,有些项目也可以通过策划采用成本很低的各类标识牌细节处理,如接地标识、电缆标识,网络二维码信息追踪管理标识等,既节能又达到创优目的,等等。

(6)项目实施前质量监督管理。对项目前期策划阶段的质量监督管理,编制质量管理制度,明确质量责任分工,成立质量领导小组,编制质量管理奖惩办法,宣传质量创优目标,展示质量施工样板,对入场材料严格把控,对入场施工队伍进行质量专项交底、质量目标交底,方案交底、策划交底、管理办法交底,并对施工过程进行监督检查。

2 施工过程的质量控制

(1)项目质量管理团队策划,成立工程质量管理组织机构、建立六部一室的质量保证体系,编制质量控制制度。

① 编制施工过程控制制度:实施施工过程控制制度,即严格按照"三检查、二坚持、一过硬"(即自检、专检、交接检;坚持按图施工,坚持按规范施工;产品过硬)。

② 严格工程报验和材料报验制度:工程报验和材料报验严格按照先自检后专检再报检的程序进行,报验时相关的质保资料、评定资料齐全。

③ 持证上岗操作制度:特殊工种在上岗前进行考核,考核不合格者不得上岗。

④ 建立质量技术例会制度：项目部定期召开质量技术例会，对于重要问题或针对性较强的问题召开专题会讨论。

⑤ 严格分级技术和质量交底制度：分级技术交底，即单项工程开工前要进行技术交底，各工序及关键、特殊过程要进行专项质量技术交底，技术人员要对施工班组进行班组技术交底。

例如，现场施工过程质量控制往往与施工进度发生冲突，项目管理人员也会出现意见不统一的情况，所以有些项目就很难推进，甚至为了进度，降低质量标准。先保进度，再慢慢修缮，绝对是不负责任的说辞。因为对于电气工程而言，一旦投产，想改也没有机会，最后只能空留遗憾！所以，建设过程中定期召开安全质量责任制度宣贯会，强化全员安全、质量意识。项目在建设过程中，安全质量保障体系健全、运行有效，安全质量策划针对性、可操作性强，过程中严把材料进场关、质量验收关、安全检查关，施工过程安全质量可得到有效控制，整个施工期间，不能发生任何安全质量事故，不能出现违反强制性条文现象。软件资料管理：项目质量验收资料与工程进度同步，内容齐全，编制规范，符合验收评定和归档要求。

（2）有了组织机构质量体系和质量管理制度，当然也不能少了控制质量管理的方法。直接有效方法还是样板引路，可视化技术交底和方案交底。通过将类似的工程照片或者规范要求实际施工效果照片做成样板展示，再细化交底，使每一名工人心中都有同一个标准；这样才能将交底落到实处。针对电气分项工程内容差异分解不同阶段需要开展的工作，逐步深化交底，逐步控制，确保亮点策划实施到位。例如，防雷接地分项工程，从项目开始到项目结束一直伴随项目进展施工，所以我们需要将防雷接地分为配合阶段和主动施工阶段，配合阶段即隐蔽工程阶段，分别交底，逐步控制。

例如，电气施工盘柜配线工作，也是重要施工环节，受进度影响，质量难控制。没有经过策划或控制的项目，即便配线满足规范要求接线也不统一不美观。因为配线工作常常还会遇到一个盘柜的进出线敷设与接线不同步，甚至一个盘柜不是由同一家队伍施工的情况；还有的盘柜配线好看，但盘柜下方电缆绑扎却很混乱。

为了确保盘柜配线亮点，我们必须将电缆敷设和配线、接线进行深度可视化一对一技术交底（规定电缆封口方式，规定电缆标签大小，规定电缆绑扎方式，定制号码管长度，规定电缆线芯号定义，等等）；通过技术管理手段优先完成需要接线盘柜电缆敷设，达85%以上方可进行配线工作。配线人员必须按照策划交底同电缆敷设人员相互配合，将电缆在盘柜下方按大致接线区域分类后整理成统一弧度后进行绑扎固定，若由多人完成同一盘柜，执行分工约定，分工尽量避免多人共同连接同一面盘柜，如果确实需要，必须按照技术交底同一标准执行。另外，为了防止设计后期增补电缆，在盘柜进行防火封堵时建议预留PVC管，以便在不破坏封堵和原有配线的情况下增加电缆。

（3）施工质量过程控制方法，重复的检查与整改，按照质量控制的PDCA循环质量管理。所谓PDCA循环质量管理就是，策划（Plan）创优具体部位施工方法并编制质量管理制度，实施（Do）现场施工执行策划和管理制度，检查（Check）施工质量情况，找出不足、整改（Act）纠偏。

针对每一个质量控制点如此，针对整个项目也是如此循环往复的管理。一般检查周期为一周一次为宜，当日也有日巡检，如果前期控制得好，检查问题少，整改问题就少，因此就能做到管理轻松。举个反例，由于一个策划交底没有到位，桥架与拖臂连接规范要求采用螺栓连接，结果工人为了方便，将一个电气室桥架全部采用电焊连接，如果不及时发现，整改量可想而知，即便花一周或更久整改完了，最终工期必将受到影响。

3 项目软件资料归档收集与申报

3.1 项目软件资料归档

项目软件资料交竣工归档需同步完整，资料的策划收集归档属于创优策划控制的一部分。资料收集归档完整齐全,不缺不漏,真实有效,且创优工程需收集更多资料,根据资料性质将其主要分为以下几类来收集：

(1) 项目基本建设手续文件。项目立项、用地、设计阶段、工程招投标阶段、工程开工审批阶段、工程竣工阶段的文件,该部分文件原件一般由建设单位收集归档。

(2) 项目工程施工管理文件。包括工程施工准备阶段和工程施工阶段的文件。该部分文件主要有：施工单位资质证书,开工报告,企业质量管理文件,工程项目质量管理文件,图纸会审记录、设计变更通知单,施工技术交底记录,技术进步与创新文件,绿色文明施工文件,施工日志,监理通知单及回复等,该部分文件主要由施工单位收集并归档。

(3) 项目工程施工技术文件。该部分文件主要有原材料质量证明文件和进场复验报告、施工试验记录、方案、隐蔽记录、竣工验收记录,施工图纸等归档资料。

3.2 针对软件资料的第二、三类常规资料归档与整理要点、重点控制

(1) 施工技术交底记录。交底内容应有针对性地详细记录,包括工程的施工图及有关技术要求,操作方法和保证质量、安全措施,绿色施工要求,新工艺、新材料的工艺标准和质量要求,材料送检记录和施工程序及工艺参数等。重点和大型工程施工组织设计交底应由施工企业或分公司的技术负责人对项目主要管理人员进行交底,一般工程施工组织设计交底应由项目技术负责人进行。专项施工方案应由项目专业技术负责人向专业工长交底。专业工长必须按分项工程向参与施工的工人班组交底,各项交底应有文字记录,交底双方签认资料齐全。

(2) 施工日志。从开工起至工程竣工止,施工人员应及时、准确逐日记录施工日志并签字,应保证内容的真实性、连续性和完整性。施工日志可单独成册,每册封面应标明工程名称、册号、记录时间段及建设、设计、监理、施工单位名称,并由项目经理签认。当日施工情况应记录施工单位、施工班组、施工内容、作业的详细部位、质量检查情况、班组负责人,生产、安全、质量存在的问题如何进行处理的。

(3) 原材料质量证明文件和进场复验报告。包括产品合格证书、质量合格证书、性能检测报告、产品生产许可证和质量保修书等。收集整理供应单位和加工制造单位提供的质量证明文件,并在质量证明文件上注明进场数量,应有经办人签名并签署日期。如质量证明文件为复印件,复印件应字迹清楚,与原件内容一致,并加盖原件存放单位公章,注明原件存放处。凡涉及安全、功能的材料或产品必须按相应工程质量验收规范的规定进行复验,并应经监理工程师检查认可。进场后需要进行复验的材料种类及项目应符合现行规范要求。如合同另有约定,应按合同执行。

(4) 施工试验记录。工程在施工过程中,按照设计要求和施工质量验收规范的规定进行施工试验、检测、测试、调试和检验,记录施工数据和计算结果并得出结论的资料。见证取样试验检测,检测委托单中见证人应签字,检测报告中应有见证人姓名。电气设备在正式投入使用前,应按有关标准、规范、技术文件要求,对设备进行相应的调整、试验,并记录调整试验结果,填写施工试验记录。检测机构应具有相应的资质,专业检测人员应有在有效期内的岗位证书。试验记录由检测机构专业人员填写。试验意见和试验结论由检测机构负责人填写。试验记录需经专业(总)监理工程师或建设单位项目专业(技术)负责人签字确认并加盖项目机构公章。

3.3 创奖条件与申报

不论申报中国施工企业管理协会的"国优金奖"还是中国建筑业协会的"鲁班奖",都需要多个专业基础奖项支撑,一般都需要项目经过一段时间的实体运行考察,以观察项目整体质量情况、运行情况以及项目综合效益情况,考察发现工程项目综合效益好、社会效益好、工艺技术指标居全国同行业同类型工程领先水平。条件都具备,经省部级建筑业协会、有关行业建设协会或有关单位择优推荐后进行评选,申报单

位可以将该项目作为该奖申报参评。

3.4　申报成功到实体复查

由于工程已投产运行,难免有些陈旧,对于一些即便不影响评奖的项目,在不影响生产的情况下,要按照当初创优策划情况适当美化,环境卫生清理,重新制作当初管理宣传标识牌及标语,保持良好形象去迎接复查。

4　结语

冶金工程不论创"国优金奖"还是创"鲁班奖"都是一个系统工程,需要同时满足项目安全适用、美观,技术进步与创新,绿色文明施工,工程质量管理合理,综合效益好的原则。而电气专业只是其中一个小分支。也不光电气专业,项目所有专业从项目伊始便需要经过系统的组织管理和详细的策划以及严格的过程控制,真正实现"一次成优成本最低"的理念,最终达到多专业联合创奖的目的。

山钢日照轧钢工程安装之星创优总结

中国二十冶集团有限公司工业工程公司　孙　剑　康国良

【摘要】 中国安装工程优质奖(中国安装之星)是我国安装行业的最高工程质量奖。山钢 2 030 mm冷轧、2 050 mm 热轧、3 500 mm 炉卷三个项目均获得此奖项。本文从项目开工之初的创优目标确定、创优策划、过程执行、后期申报、复查及评审,对中国安装之星创优的全流程进行了论述。

【关键词】 安装之星　创优　总结

图1　山钢集团日照钢铁精品基地项目全貌

1　概述

中国二十冶集团有限公司承担了山钢集团日照钢铁精品基地中的核心生产单元,其中包括推拉式酸洗机组生产线1条、2 030 mm 酸连轧生产线1条、2 050 mm 热连轧机生产线1条、3 500 mm 炉卷生产线1条及其配套辅助设施。

工程创优目标：冷轧争创鲁班奖、热轧争创国家优质工程奖、炉卷争创中国安装之星。

中国安装工程优质奖(中国安装之星)是我国安装行业的最高工程质量奖,获奖工程质量水平应达到国内先进。安装之星评选数额按评审数量 90%～95% 优选,程序包括申报推荐、网上申报、现场复查评审、公示表彰,周期为两年。为及时、准确反映工程实际,保证获奖工程质量水平,每年进行一次申报推荐、复查评审和公示,每两年集中对获奖工程进行表彰。并对入选工程创优做法入选当年中国安装协会主编的《精品安装工程专辑》。

2　编制创优策划

项目建设之初,项目经理部贯彻集团公司坚持"系统策划、一次成优"的原则,实施工程创优全覆盖,全力提升企业市场竞争力。针对高定位明确的质量创优目标编制详细可执行的创优策划,并由工业公司进行审核并完善后报集团公司备案。工程创优策划包括以下内容:编写说明、编写依据、工程概况、工程特点、难点及重点、创优管理目标、创优管理组织机构与职责、专业策划(细部策划)、工程质量特色及亮点策划、科技进步与创新及新技术推广应用策划、绿色施工策划、工程技术资料策划、工程影像资料及申报资料策划、保证措施等。

3　建立健全创优组织体系

为确保顺利地完成工程创优目标的实现,建立了完善的创优组织体系,成立了以集团公司总工程师为组长的领导小组,以工业公司总经理为组长的工作小组,实行领导小组与工作小组的两级联动,集团公司、工业公司、项目经理部的三级管控。

4　工程创优亮点策划及实施

工程亮点策划主要从机械设备安装、管道安装以及电气安装三个专业进行重点策划,策划包括:施工部位、实施效果展示及质量操作要点。开工前对重点部位机电安装专业的策划编制成策划交底书,采用书面＋口头的方式进行可视化交底,对重点部位的施工队伍及施工人员进行交底和宣贯,并在每个施工过程开始后实行首件制,首件验收合格后方可开展后续施工,首件验收可邀请业主、设计及监理单位负责人共同认定验收,以此作为后续施工的样板,并在每道工序施工过程做好监控,施工完成后做好验收。部分亮点做法如表1所示。

表1　设备安装工序施工过程及质量操作要点

序号	名称	实施效果	质量操作要点
设备安装			
1	中心标板安装		中心标板可采用铜材、不锈钢材,在采用普通钢材时应有防腐措施,要按图纸设计的位置安放牢固并予以保护,可采用防护罩、围栏、醒目的标记等
2	坐浆垫板施工		坐浆坑的长度、宽度应比垫铁大 60～80 mm,深度不小于30 mm,浆墩的厚度不小于50 mm,坐浆坑用空气吹或用水洁净,不得有油污或杂物,清水浸润约 30 min,坐浆前涂刷一薄层灰浆,坐浆时要分层,每层厚度宜为40～50 mm,连续振捣直到混凝土浆浮在表层,混凝土表面形状应呈现中间高四周低的弧状,混凝土表面应低于垫铁面 2～5 mm

(续表)

序号	名称	实施效果	质量操作要点
		工业管道安装	
1	管道支架安装		管道支架焊接牢固、焊接部位及时进行焊渣处理并涂装
2	管道安装		管道安装间距保持一致,管卡安装到位,色标色环清晰,美观
3	管道防腐		管道除锈采取酸洗除锈或机械除锈并保证除锈等级,除锈后及时进行油漆涂装并保证涂装质量
4	管道保温		管道保温按照规范要求进行,确保保护层不受外力破坏,保证保护层的清洁及外观美观

(续表)

序号	名称	实施效果	质量操作要点
液压管道安装			
1	管道支架制作		管道支架采用机械切割,局部区域根据需要可进行倒角处理
2	管道安装		管道安装保证管道间距一致、管道水平度及垂直度在规范范围内;管道走向及排布合理美观
3	管道焊接		管道焊接采用充惰性气体保护,保证管道内壁成形;焊口组对间距要符合要求
4	管道酸洗	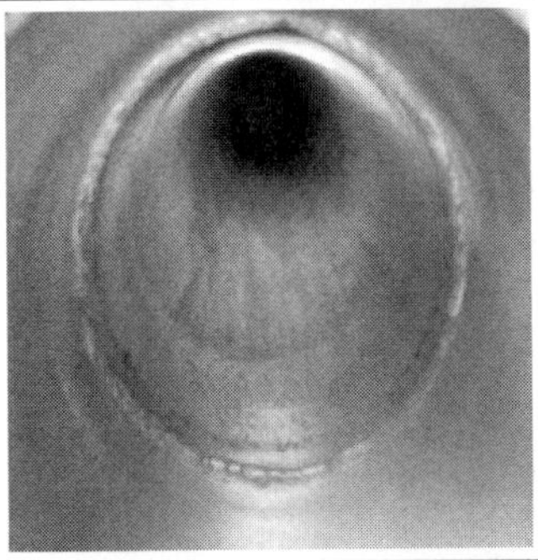	管道酸洗确保管道酸洗到位,露出表面金属光泽;不过酸,酸洗完成后及时对关口进行有效封堵,确保管道内的洁净度
5	管道油冲洗		管道油冲洗时保证冲洗温度及压力,可采用在油样在线检测仪进行检测,合格后送第三方检测机构检测

(续表)

(续表)

序号	名称	实施效果	质量操作要点
电气设备安装			
1	电缆桥架布置		桥架布置合理，必要通道及出入口处距地高度应不低于1.5 m安全通道，且端部设置人性化的防撞警示软垫
2	电气线缆固定		电缆使用绑扎带固定时绑扎方向要一致，绑扎带多余部分及时清理，大截面的电缆上线采用"Ω"形铝合金卡进行固定
3	成列盘柜安装		成列盘柜与基础型钢间连接紧密，固定牢固，盘柜之间连接顺直平整，盘柜间连接紧密，无高低差，安装垂直度允许偏差为1.5‰，相互间接缝≤2 mm，成列盘面偏差≤5 mm
4	柜内线缆整理		盘柜内电缆上线要整齐一致，应按垂直或水平有规律地配置，不得任意歪斜交叉连接，动力、控制电缆要分开绑扎，绑扎弧度要一致、牢固，绑扎带固定位置要均匀，绑扎方向要一致且绑带多余部分去掉

5 申报条件

申报工程应是我国境内已经建成使用或投入生产一年以上三年以内新建、扩建、改建项目，是通过竣工验收的民用建设项目和工业生产、交通运输建设项目中的机电安装工程。机电安装工程指能够形成使用功能或发挥生产效能的设备、电气、装置、输送管线或系统等安装工程。

主要涉及领域为：民用建筑安装工程、电力工程、石油化工工程、冶金工程、城市轨道交通配套的机电工程、交通工程(公路工程、铁路工程、港口与航道工程)、配套的机电工程、水利水电工程配套的机电工程、市政公用工程、矿山工程、通信工程、钢结构工程、地下综合管廊配套的机电工程、环保工程配套的机电工程、轻工配套的机电工程、境外的机电工程。

冶金安装工程包括冶金、有色、建材工业除主体工程以外的配套机电安装工程及生产辅助附属机电安装工程。包括选矿、焦化、烧结、炼铁、炼钢、轧机、液压润滑和气动系统、冶金电气设备工程和工艺钢结构安装工程等,含工业安装工程七个分部中的五个及以上分部的冶金工业安装工程。申报工程具备规模如表2所示。

表2　申报工程的规模

序号	项目规模	备注
1	30万吨/年及以上的炼钢或连铸工程	
2	30万吨/年及以上的轧钢工程	
3	1 000立方米及以上的炼铁高炉工程	
4	90平方米及以上的烧结工程	
5	碳化室高度7米及以上的焦炉炼焦工程	
6	6 000立方米/小时及以上的制氧工程	
7	50万吨/年及以上的氧化铝加工工程	
8	10万吨/年及以上的铜或铝、铅、锌、镍等有色金属冶炼或电解工程	
9	3万吨/年及以上的有色金属加工或生产2 500吨及以上金属箔材工程	
10	2 000吨/日及以上的水泥生产线工程	
11	2 000吨/日及以上的新型干法水泥生产线预热器系统或水泥烧成系统工程	
12	日熔量400吨及以上的浮法玻璃工程或年产60万吨及以上水泥工程	
13	日处理100吨及以上的金精矿冶炼工程	
14	其他大型冶炼机电安装工程	

6　申报流程

6.1　预申报

由施工单位(中国二十冶集团有限公司)申报至地方安装行业协会(上海市安装行业协会),上海市安装行业协会应依据《中国安装工程优质奖(中国安装之星)评选办法》对申报资料进行审查,审查同意的,在安装之星申报表相关栏内签署对申报工程的质量评价及是否推荐意见,加盖印章,以文件形式向中国安装协会推荐。

6.2　正式申报

正式申报分为网上在线上传申报和纸质版报送两部分。

6.2.1　申报资料内容

(1)《中国安装工程优质奖(中国安装之星)申报表》。

(2)施工许可证或立项审批,工程承包合同、竣工验收报告、专项验收报告、工程质量获奖资料,工业项目的环评批复及验收报告等。

(3)能反映工程概貌和主要部位的工程彩色数码照片10张以上及15分钟工程PPT汇报材料或5分钟工程DVD录像。

6.2.2 申报要求

(1) 申报单位凭中国安装协会授权推荐单位发放的网上申报卡,登录"中国安装协会网(www.azxh.cn)"中国安装之星网上申报端口进行申报,按照申报要求,在规定时间内上传申报资料,通过在线审核后,提供中国安装工程优质奖(中国安装之星)申报表原件2份和电子版材料U盘1只。

(2) 申报资料中的文件、证明材料和印章应准确、清晰,容易辨认。

(3) 申报资料要真实、可信,如有工程名称、工程规模、竣工时间等与要求不符,应有相应的文字说明和变更文件。

(4) 工程PPT汇报材料或DVD录像的内容包括工程概况、施工特点难点亮点、施工关键技术措施、施工过程管控、新技术推广应用、工程质量获奖等情况,要充分反映工程质量前期策划、过程控制、细部做法和隐蔽工程的检验情况等。

7 复查迎检

申报完成后,每年定期召开现场复查准备会,进行复查专家培训、检查分组及检查计划行程安排。复查计划会提前发至各申报单位,申报单位根据下发的复查计划提前与专家组联系确认好行程和接送等相关事宜,确保复查行程顺利。

现场复查主要分为两个部分:现场工程实体复查及工程软件资料检查。

工程实体复查根据创优策划及亮点策划做好专家现场复查行走路线及上车点、下车点的接待工作。行走路线上重点介绍整个工程的生产工艺及工艺先进性、施工特点、难点及施工新技术、节能环保新设备及新技术以及整个工程的社会效益及经济效益,积极与专家进行互动交流并回答专家的各种问询。现场复查全程由专人进行拍摄照片,重点是复查专家现场检查时的照片和专家与项目经理交流的照片,最终作为工作影像资料提交给复查专家组。

工程软件资料检查根据申报的机电安装单位工程做好所有资料的目录索引,便于进行各类资料的快速准确查找。并按照机械设备、管道、电气专业进行分类分盒摆放,由机械管道及电气安装专业技术人员全程陪同检查。陪同人员应熟悉各类资料的摆放位置及各类技术资料的大概页码,以便能够快速准确地查找到专家需要的资料。检查过程中积极准确地回答专家的问询,并由专人拍摄专家检查资料过程的照片,会同现场复查专家工作照片一同提交给复查专家组。

8 复查及评审

(1) 听取申报单位对工程施工和质量的情况介绍(PPT或DVD)。

(2) 听取建设、使用、设计、监理等单位对工程质量的评价意见(受检单位人员应当回避)。

(3) 查阅申报工程的前期文件、施工管理、工程技术、竣工验收等资料。

(4) 实地抽查工程实体质量状况。复查组要求查看的工程部位和内容应予满足,不得以任何理由回避或拒绝。

(5) 复查组撰写工程复查报告。

9 公布和表彰

评审结果在中国安装协会网站或有关媒体公示,公示期限为7个自然日。任何单位或个人均可对公示项目中存在的问题提出意见和异议。公示期满无异议后,中国安装协会对通过评审的工程项目进行公布。

中国安装协会每两年召开一次颁奖大会,向获得安装之星的主要承建单位颁发奖杯、奖牌和荣誉证书;向获得安装之星的参建单位颁发奖牌和荣誉证书;向在创优活动中做出突出成绩的企业和人员颁发荣誉证书,并通报表彰。

颁奖结束后根据协会的通知及要求编制《创精品安装工程经验汇编》,其目的是为了交流和推广安装之星创优经验,促进安装工程质量水平的提高,发挥评优活动示范效应,推动安装行业整体质量水平的提高和技术进步。

10　结语

中国安装之星作为安装行业最高奖,承建工程能够获得此奖项是对安装人及安装工程最大程度地认可和肯定。本文从项目最初的质量目标确定、创优策划及过程执行、后期申报及迎检复查全流程进行叙述,并重点强调了关键环节,希望对今后其他项目申报此奖项起到一定的借鉴作用。

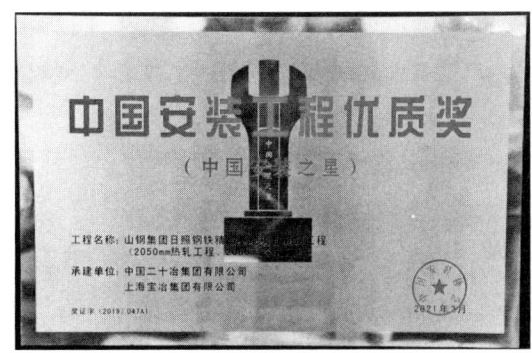
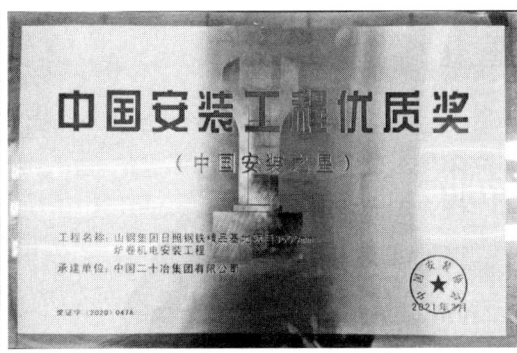

图 2　中国安装之星奖

山钢日照轧钢工程创优深度电气接线技术

中国二十冶集团有限公司工业工程公司　刘照国

【摘要】 针对轧钢工程项目大,电气专业通常由多支施工队共同完成同一条线的同一区域同一盘柜,可能出现接线不一致、不统一,导致接线质量差,错误率高等问题;本文以两个典型轧钢项目——宝钢湛江2 250 mm热轧主体工程(被评为2018—2019年度"国家冶金优质工程金奖")和山钢日照2 030 mm冷轧工程(最终被评为2019—2020年度国家建设工程"鲁班奖")为例。旨在通过创奖成功项目阐述电气专业在工程施工过程中的电气接线技术创优策划与控制方法,制定统一接线施工标准,深度交底给每一名接线工人并监督其执行过程,以达到优质工程目的,本施工技术具备同类项目可推广性。

【关键词】 轧钢工程　电气创优　接线技术

1　工程概况

宝钢湛江2 250 mm热轧工程设计生产规模为年产热轧钢卷550万t,其中电气专业包含高压供配电系统、传动供配电系统、低压动力系统、PLC控制系统、工业电视及电信系统、加热炉仪表系统,全场11套智能检测系统等。电气专业设计电缆总量2 484 km,总根数约25 600根。电气项目由9个施工队施工,项目电气接线配线工作是本项目的施工技术质量管理的重点,也是难点。通过前期技术策划及深度过程管理,经历两次冶金质量大检查均获好评,该项目提前108天投产。

2　施工程序

电缆接线技术包含了电缆敷设以后配合配线工作,上道工序配合到位是保证质量的前提条件,只有电缆敷设、配线、接线相互配合才能使配线工作顺利开展。

电缆接线工作流程图见图1。

3　接线技术

3.1　不同区域电缆敷设接线原则

通常电缆敷设分工采用取电制,电缆接线按照谁敷设谁接线的原则,所以必须统一接线方法,以确保接线手法一致、美观。

3.2　高低压动力电缆配线接线

熟悉高低压动力电缆接线技术要点,高压电缆需要预留接线防

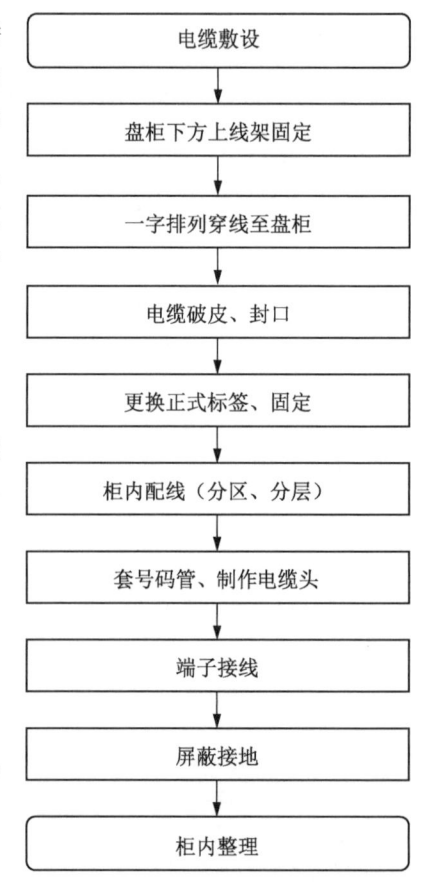

图1　电缆接线工作流程图

潮段,盘柜下预留上线弧度要保持一致,增加上线架,保证盘柜上端不受力;三相单芯电缆按"品"字形摆放固定,高压电缆头严禁使用低压胶带,接线铜端子与电缆连接处压接三道,确保压接牢固。高压柜内接地点在零序电流互感器以上时,屏蔽接地线应穿过零序电流互感器接地,即需要将电缆屏蔽线延长反穿回CT再接地。低压多拼动力电缆接线需要根据柜内接线空间合理分配三相间距,铜端子接线口平齐,做好相序标识,统一弧度,做到安全美观,确保相间安全距离大于2 cm,如果不能满足安全距离则需要增加电缆端头绝缘防护。

3.3 高压及低压动力电缆颜色及线芯对应原则

高压动力电缆常见规格有3芯,3芯+1芯,3芯+3芯,低压动力电缆常见规格有3芯,4芯,5芯,3芯+1芯,3芯+3芯。电缆的颜色和线芯及功能对应关系见表1。

表1 高压及低压动力电缆颜色及线芯功能对应表

传动柜	变压器、电机	动力柜	配电箱	线芯号	电缆颜色
R	U	A	L1	1	黄
S	V	B	L2	2	绿
T	W	C	L3	3	红
E(PE)	N(PE)	N(PE)	N(PE)	4(5)/+3	蓝(黄绿)/+3

3.4 控制电缆盘柜配线原则

盘柜配线按要求一字平铺摆放固定,如果电缆数量超过盘柜总长可摆双层,但需要每四根一组,在电缆标签下方统一方向,打把固定,电缆进盘柜在同一高度正向粘贴电缆标签,同一高度绑扎,同一高度破皮,要统一美观。注意事项,必须保证将来防火封堵不会影响查看电缆标签。

3.5 控制电缆盘柜接线原则

控制电缆进盘柜前,在地下室先用电缆上线架固定电缆,避免盘柜接线端子受力,电缆接线端子严禁采用叉式端子,电缆与端子接口处破口要平齐,采用热缩或者黑胶带封口。电缆码管长度要求22~32 mm;号码管打印原则为功能号+端子序号,同一盘柜排端子号码管长度必须一致,配线弧度一致,所有备用芯固定在盘柜最高处线槽内,按照备用芯所在电缆编号,用带有电缆编号的号码管标识。

3.6 电缆屏蔽接线原则

电缆屏蔽的作用是将电磁场噪声源与敏感设备隔离,切断噪声源的传播路径,动力电缆屏蔽属于主动屏蔽,控制电缆屏蔽属于被动屏蔽。对于电场、磁场屏蔽层的接地方式不同。可采用不接地、单端接地或双端接地。

原则上设计图纸有要求的情况下严格按照设计图的要求做,设计没有要求的情况按照规范要求做。

按照电缆屏蔽单端接地的原则操作,高压电缆屏蔽线在盘柜侧接地,变压器、电机侧不接地;普通屏蔽控制电缆及数字量传感器控制电缆屏蔽线,电气室盘柜内接地,现场侧不接。仪表类模拟量信号电缆,信号收集盘柜侧单端接地,并且要求电缆进盘柜到模块前100 mm处开始破皮,屏蔽线需压接端子接线,而不是一进盘柜就破皮与其他屏蔽一起缠绕接地。特殊情况的,如高压柜内有CT的,且电缆已经穿过CT的,电缆两端端部接地线与电缆金属保护层、大地形成的闭合回路不得与零序CT匝链(穿过),以确保屏蔽层感应电流不会干扰零序CT的判断;即当电缆接地点在零序CT以下时,接地线应直接接地;接地点在零序电流互感器以上时,接地线应穿过零序电流互感器再接地,即需要将电缆屏蔽线延长反穿回CT再接地。

电缆屏蔽两端接地的原则多用于主动屏蔽系统,高低压变频设备供电系统是干扰源头,变频电缆屏蔽线要求在盘柜、开关柜、电机侧电缆两端屏蔽均接地。

3.7 控制及信号电缆颜色及线芯对应原则

控制及信号电缆规格常见有 2~14 芯和 14 芯以上,计算机及编码器多为成对线,4 芯传感器自带线。通常线芯均有线芯号,但外方型号及部分国内供货电缆没有线芯号,因为线芯均用颜色标识,为了解决一根电缆两端接线不一致出现接线错误问题,给线芯颜色定义统一规则如下:

(1) 多芯电缆若是有线芯号,接线时按照线芯号连接即可,若无线芯号,则根据线芯颜色区分,本项目区域接线统一把线芯颜色定义见表 2。

表 2 控制及信号电缆颜色及线芯对应表

线芯	1	2	3	4	5	6	7	8	9	10	11
颜色	黄	绿	红	蓝	黑	白	棕	灰	紫	粉	其他
英文	YE	GN	RD	BU	BK	WH	BR	GY	VL	PK	
功能					S	GND	VCC				

① 若是颜色没有表 2 中的某一种颜色,则用相近颜色代替;若还有更多颜色,则按深色、浅色分组,深色排前,浅色排后。

例如:电缆 KVVRP-500(6×1.5)线芯颜色为:红、绿、蓝、白、黑、透明;则定义线芯 1—6 为:1 透明(代替黄)、2 绿、3 红、4 蓝、5 黑、6 白。

② 若是为多芯缠绕电缆,线芯号重复,则定义如下:

按照从外到内的接线顺序:内圈线重复的芯值则为外圈总数加上内圈线芯数值作为内圈的实际线芯值。例如:KVVRP-500(28×1.5)外圈为 1—14 号,内圈为 1—14 号,则定义内圈线芯值 1—14 号为 15—28 号线芯。

③ 若是五芯以下电缆中无以上颜色线芯,例如 KVVR-500(4×1.5)线芯为:棕、蓝、灰、青;定义如下:1—4 线芯分别为:棕、蓝、灰(或黑)、青。

④ 若控制电缆出现对线,对线中只有一根有色标则定义为有色标为 1,3,5(奇数),无色标为 2,4,6(偶数)。例如 ZR-DJYPVPR 6×2×1.5 线芯颜色为:黄、绿、红、蓝、灰、白六对,则定义 1—12 顺序为:黄、黄对、绿、绿对、红、红对、蓝、蓝对、灰、灰对、白、白对。

(2) 网线、电话线、光纤颜色定义见表 3。

(3) 特殊电缆,极少数特殊电缆不具备共性,需根据现场实际情况临时确定。

表 3 通信电缆线芯与颜色对照表

线芯	1	2	3	4	5	6	7	8	9	10	11	12
网线	白橙	橙	白绿	蓝	白蓝	绿	白棕	棕				
光纤	蓝	橙	绿	棕	灰	白	红	黑	黄	紫	粉	青
电话线	白蓝	白桔	白绿	白棕	白灰	红蓝	红橘	红绿	红棕	红灰	黑蓝	……
	白	红	黑	黄	紫	(左位)						
	(右位)					蓝	桔	绿	棕	灰		

4 结语

本施工技术已成功应用于宝钢湛江 2 250 mm 热轧工程、山钢日照 2 030 mm 冷轧工程等多个项目,实践证明本施工技术可行高效。在轧钢工程电气施工中电缆接线是一个非常重要的分项工程,接线质量的好坏直接影响了调试的效率,也反映整个单位的施工水平。只有了解了接线规则并提前进行策划和交底,加强过程管控才能提高施工质量,创优质工程。

5 配线效果展示

1. 高压电缆上线固定

2. 单芯动力电缆"品"字摆放

3. 高压变频电缆冷缩头配线

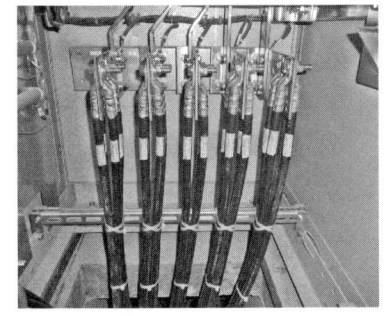
4. 单芯动力电缆配线

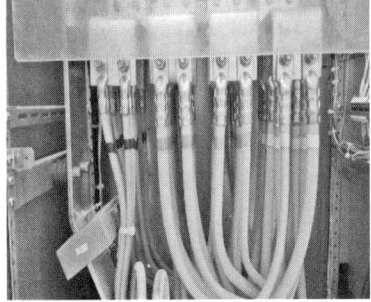
5. 普通低压动力电缆配线

6. 变压器低压侧配线

7. 冷轧PLC柜配线接线

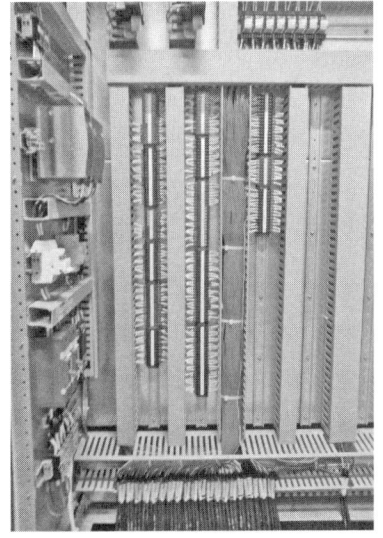
8. 热轧PLC柜配线接线

9. 控制电缆盘柜多层配线

第 3 篇

技术篇

山钢日照轧钢工程测量控制网布设浅谈

中国十二冶集团有限公司工业工程分公司　蒋翱宇

【摘要】　本文结合山钢日照2 050 mm热连轧工程土建施工阶段控制网的建立施测实践并进行总结,以此为同类工程提供参考。

【关键词】　热轧工程　控制网　平面位置　高程　施工坐标

1　工程概况

山钢日照2 050 mm热连轧工程位于山东日照岚山区山钢集团有限公司精品基地项目内部,山钢日照2 050 mm热连轧工程中整条轧线全长639.825 m。板加区、粗轧区、精轧区、卷取区等多区域同时施工,施工现场工况复杂,且伴随着桩基工程及降水工程施工,对测量控制点的点位选择及维护工作造成较大的影响。

2　控制点的复核及验算

对测量成果的复核包括平面位置和标高两部分,下面以山钢日照2 050 mm热连轧工程为例,介绍如何对已知点进行复核。

2.1　平面位置复核

首先需要对已知点的平面位置关系进行复核,业主移交给项目部的控制点包括:I085(7 228.560,3 488.810),I086(7 426.363,3 487.712),I087(7 580.226,3 488.511)(图1)。

根据已知数据计算点I085与点I086、点I086与点I087的理论距离以及它们的理论夹角$\beta_{理论}$:

$S_{理论I086-I085}=197.806$;$S_{理论I087-I086}=153.865$;

$\beta_{理论}=\alpha_{I086\sim I087}-\alpha_{I086\sim I085}=0°17'51''-179°40'53''+360°0'0''$

$=180°36'58''$。

再根据现场实测得到点I085与点I086、点I086与点I087的实测距离以及它们的理论夹角$\beta_{实测}$:

$S_{实测I086-I085}=197.808$;$S_{理论I087-I086}=153.864$;

$\beta_{实测}=180°36'57''$。

由此计算:

$S_{较差(I086-I085)}=S_{实测(I086-I085)}-S_{理论(I086-I085)}=2$ mm;

$S_{较差(I087-I086)}=S_{实测(I087-I086)}-S_{理论(I087-I086)}=-1$ mm。

其测距中误差m小于规范要求的12 mm;其测距相对中误差:

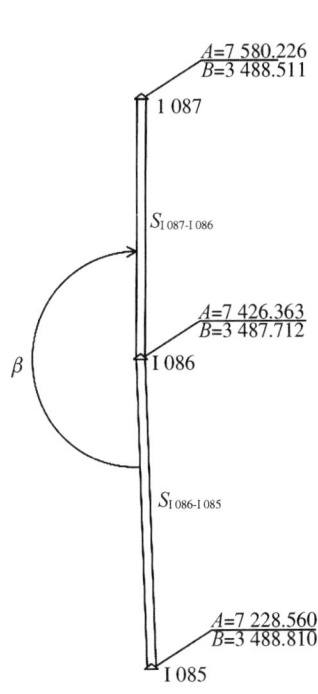

图1　已知点位置关系示意图

$$m_S = |S_{较差}|/S_{理论}$$

根据公式计算结果分别为

$m_{S(I086-I085)} = 0.00001$；$m_{S(I087-I086)} = 0.000006$，

均小于规范要求的 1/20 000 即 0.000 5；

测角较差 $m_\beta = \beta_{实测} - \beta_{理论} = -1''$，小于规范要求的测角中误差 8″。因此业主移交的测量成果点 I085、点 I086、点 I087 经复核后满足规范及现场施工要求，可作为施工控制网的起算数据。

2.2 高程复核

在对业主移交测量成果的平面位置进行复核以后，还需要对它的标高进行复核，确保其点与点之间的高差数值正确。水准路线的布置形式包括支水准路线、闭合水准路线及附合水准路线，对测量成果进行复核，我们一般选用闭合水准路线或附合水准路线，下面以在 2 050 mm 热连轧项目施工过程中的一次实测数据来介绍如何对控制点的标高进行复核（表1）。

表1 水准测量记录表

序号	点名	后视/mm	前视/mm	高差/mm	改正数/mm	高程/mm	备注
1	RZ2	1 161	—	—		5 058	RZ2
2		1 411	3 947	−2 786	+0.3	2 272.3	
3		1 626	0 314	+1 097	+0.3	3 369.6	
4	KZ1	0 790	0 638	+0 988	+0.3	4 357.9	KZ1
5		1 055	1 294	−0 504	+0.3	3 854.2	
6		1 244	1 194	−0 139	+0.3	3 715.5	
7	KZ2	1 197	1 450	−0 206	+0.3	3 509.8	KZ2
8		1 723	1 283	−0 086	+0.3	3 424.1	
9		1 226	0 166	+1 557	+0.3	4 981.4	
10		1 379	1 290	−0 064	+0.3	4 917.7	
11	RZ2	—	1 239	+0 140	+0.3	5 058	RZ2
辅助计算	闭合差：$f_h = -3$ mm 允许误差：$f_{h允} = \pm 20\sqrt{1} = \pm 20$ mm $|f_h| < |f_{h允}|$ 满足精度要求						

已知点 RZ2 的标高为 5.058 m，KZ1 标高为 4.358 m，KZ2 标高为 3.510 m，以 RZ2 点为起始点开始测量，经 KZ1 和 KZ2，最终返回点 RZ2。计算高差闭合差 $f_h = -3$ mm，f_h 小于规范允许误差 $f_{h允}$，因此本次测量的数据有效。将高差闭合差的相反数按照测站数平均分配，得到高差改正数，最终计算出：

$KZ_{1实测} = 4.3579$ m（取 4.358 m）

$KZ_{2实测} = 3.5098$ m（取 3.510 m）

实测数据与理论数据一致，点 RZ_2，KZ_1，KZ_2 的高程数据可用。

通过以上两个步骤，对测量成果的平面位置及标高进行验算复核并符合要求后，我们就能以此为依据建立项目的测量控制网。若现场实测数据与理论数据相差较大，则需要及时沟通业主及监理。

3 建立施工坐标系

本工程业主移交的测量成果是大地坐标，工程轴网与大地坐标系存在夹角，从而导致在施工过程中测量定位时需要进行大量的内业计算。而现在我们可以应用CAD的坐标标注插件帮我们快速完成大地坐标到施工坐标的转换,转换完成后再到现场进行测量放线工作时只需要根据轴线进行简单的加减计算便能计算出所需点位的坐标。以2050 mm热连轧板坯库为例来介绍。

(1)确定板坯库与控制点的位置关系:

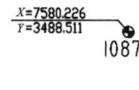

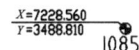

图2 板坯库轴线与控制点位置示意图

利用CAD软件,找出控制点I085,I086,I087的位置,并确定其与板坯库轴线的位置关系(图2)。

(2)建立施工坐标系,反推控制点的施工坐标:

以板坯库1-A轴与1-1轴的交点为原点O,设原点O的施工坐标为(0,0),1-A轴与1-22轴的交点P与原点O的距离为305 m,则点P的坐标为(0,305)(图3)。

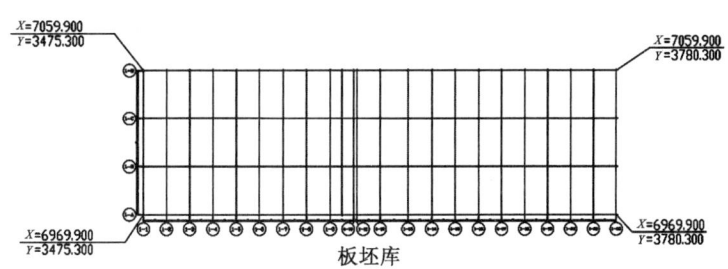

图3 板坯库轴线大地坐标及施工坐标

利用CAD软件中坐标标注插件将施工坐标(0,0)和(0,305)分别赋予点O和点P,施工坐标系建立完成。用CAD直接标记出已知点I085,I086,I087的坐标,此坐标即为已知点对应的施工坐标(图4)。

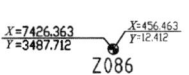

图4 控制点的大地坐标及施工坐标

4 控制网选点、布设及计算

4.1 控制网选点及埋设

在施工坐标系建立完成后,可根据施工总平面布置图以及现场建(构)筑物施工的先后顺序,在平面布置图上选择控制点的位置,选点的原则是要求相邻点之间通视良好、视野开阔,同时要求点与点之间距离大致相等,用CAD相应软件标记出相应的坐标。

再根据内业计算的相应坐标,到现场进行实地放样,确定控制点的位置并埋设临时或永久控制点标识。

4.2 控制网点的内业计算

导线测量其导线的布设包括三种形式:闭合导线、附合导线及支导线。对于精度要求较高的工程,一般选择闭合导线或附合导线布设形式。以2 050 mm热连轧为例介绍测量成果的内业计算。

利用导线测量方法,以I085号点为起始点,逐站测量转折角与距离,最后再测至I085号点,形成闭环。根据公式计算闭合导线的角度闭合差,并对角度进行调整。

多边形内角之和理论值:

$$\sum \beta_{理} = (n-2) \cdot 180°$$

角度闭合差:

$$f_\beta = \sum \beta_{测} - \sum \beta_{理}$$

经计算角度闭合差 $f_\beta = -36''$,满足限差要求。因此将角度闭合差 f_β 按"反其符号,平均分配"的原则,分配到各转折角,对转折角进行改正。

在各转折角经过调整后,用以计算各边的方位角,按照方位角和边长计算各边的坐标增量,计算各边坐标增量之和,并最终计算出导线全长闭合差:

$$f = \sqrt{f_{x^2} + f_{y^2}}$$

导线相对闭合差在限差内,将导线坐标增量闭合差按照"反其符号,按各边长为比例分配"的原则,对各边的坐标增量进行改正,得到坐标增量改正值,最后按坐标增量改正值计算出各控制点的坐标(表2)。

表2 闭合导线计算

点号	转折角	改正后转折角	方向角	边长	坐标增量		改正后增量		坐标		点号
I086			179°40′55″	197.808	−197.804	1.098	−197.804	1.098	456.463	12.412	I086
I085	157°10′18″	157°10′21″	156°51′16″	209.019	−192.195	82.159	−192.197	82.159	258.659	13.51	I085
KZ_1	61°21′56″	61°22′00″	38°13′16″	76.409	60.029	47.274	60.038	47.281	66.462	95.669	KZ_1
KZ_2	118°7′5″	118°7′8″	336°20′24″	161.312	147.753	−64.736	147.756	−64.737	126.5	142.95	KZ_2
KZ_3	215°35′5″	215°35′9″	11°55′33″	107.469	105.149	22.208	105.150	22.208	274.256	78.213	KZ_3
KZ_4	168°4′22″	168°4′25″	359°59′58″	63.749	63.749	0.000	63.750	0.000	379.406	100.421	KZ_4
KZ_5	180°9′20″	180°9′23″	0°9′21″	76.504	76.504	0.208	76.505	0.208	443.156	100.421	KZ_5
KZ_6	216°26′30″	216°26′33″	36°35′54″	116.288	93.360	69.331	93.362	69.332	519.661	100.629	KZ_6
KZ_7	102°8′30″	102°8′33″	318°44′27″	134.539	101.138	−88.724	101.141	−88.726	613.023	169.961	KZ_7
KZ_8	74°29′13″	74°29′16″	213°13′43″	124.132	−103.835	−68.022	−103.838	−68.024	714.164	81.235	KZ_8
I087	147°4′5″	147°4′8″	180°17′51″	153.864	−153.862	00.799	0153.863	−0.799	610.326	13.211	I087
I086	179°23′0″	179°23′4″	179°40′55″						456.463	12.412	I086
I085											
∑	1 619°59′24″	1 620°00′00″			−0.014	−0.003	0.000	0.000			

5 利用控制点进行测量及控制网的维护

5.1 施工测量过程中的注意事项

在完成控制网的布设之后,就可以依靠控制网中的控制点在现场进行测量放线工作。为了保证测量精度,在测量的过程中有几点注意事项需要遵守:

(1) 在测量时观测人员要固定;观测设备要固定;观测时的环境条件基本一致;观测镜位和方法要固定,在客观上尽量减少观测误差的不定性,使测量成果具有统一的趋向性。

(2) 合理选择控制点,测量放线是一定要用长边控制短边,减少距离和方向对放样点的影响。

(3) 加强复测,减少错误发生。复测工作在工程测量中是必不可少的重要环节,可以通过复测来减少误差,避免错误。

5.2 控制网的维护

由于轧钢项目施工周期长,作业队伍多,施工场地狭小,精度要求高。为了保证测量工作的顺利进行,必须对控制网进行必要的维护。

在施工轧钢项目时,往往现场条件很狭小,控制点离道路非常近,而且施工现场的大型机械较多,容易对控制点造成破坏。在控制网建立时,一般要在控制点周围搭设钢管围栏,设置醒目的标志,用以提醒施工人员,注意保护测量控制点。

如果施工现场有打桩、强夯、降水等施工作业任务时,也会对控制点造成位移或沉降。为了保证施工测量的精度,必须定期对控制网进行复测,对有位移或沉降的控制点,重新观测并计算新的坐标数据。复测周期可根据现场实际情况而定,可以每月一次,或者两月一次。同时,随着施工的进行,有的控制点可能会被破坏或者遗弃,因此在控制网复测时,可以根据现场的实际需要,对控制点进行必要的增减。

6 结语

在热连轧工程中测量控制网的布设至关重要,能有效地保证土建工程的施工精度,从而减少后期设备安装工程的难度,为设备精确安装提供可靠的依据。

逆作法旋流井内衬墙施工技术

中国二十冶集团有限公司工业工程分公司　蒋翱宇

【摘要】　旋流井在工业项目中非常普遍,它的支护形式包括地下连续墙、沉井、排桩等,目前主流的还是采用地下连续墙和沉井作为其支护结构。本文结合在山钢集团项目工程和山西建龙项目旋流井工程,详细阐述以地下连续墙为支护逆作法施工的旋流井内衬墙施工技术。

【关键词】　逆作法　旋流井　内衬墙

旋流井在冶金项目中经常被用到,它的支护结构形式主要依据施工现场的场地大小、周围环境的保护要求、水文地质情况等进行选择。在山钢集团热轧项目、炉卷项目以及山西建龙项目中均采用的是地下连续墙作为旋流井的支护结构。旋流井的本体结构施工是在支护结构养护至强度满足规范要求后才开始施工。

旋流井内衬墙的施工流程：打设降水井→土方挖方→回填沙→凿除地下连续墙钢筋保护层→钢筋安装及对拉螺杆焊接→止水带安装→浇筑垫层→模板支撑体系安装及加固→浇筑混凝土→后续各段内衬墙施工。

1　降水井的设计及施工方案确认

在地下连续墙施工完成后,就可以依据地勘报告,确认地下水位高度、土体的渗透系数,同时根据地下连续墙在施工过程中的顺利程度,有无薄弱环节,来选择降水井的形式、降水井的深度以及降水井的数量。以山西建龙项目130万吨棒材旋流井为例,其±0.000 m相当于绝对高程484.5 m,其地下水位标高为-8.2 m;同时旋流井-15.0 m以下土体为粉质黏土,粉质黏土的渗透系数较低,如果打设降水管井,其降水效果甚微;再结合山西建龙二炼钢旋流井的施工经验。在130万吨棒材项目旋流井施工时,未打设降水井,而是采用集水明排方式进行排水,节约了该项目的施工成本。

2　土方挖方

根据设计图纸中内衬墙的分段高度、内衬墙的厚度以及工期要求,合理划分每段内衬墙的施工高度,尽量做到各段高度一致,便于模板支撑体系的周转使用。以山西建龙二炼钢旋流井为例,其内衬结构原设计分6段施工,除第1段外,每段高度均为4.08 m。而在综合考虑业主工期要求和内衬墙厚度仅为500 mm的情况下,在编制施工方案时,将内衬墙分为4段施工,将第1段设置在-4.0 m位置,其后每段高度为6.5 m,方案经监理、业主审批后实施。事实证明,此项举措为该项目节约工期1个月。

土方开挖时,第1段内衬直接用反铲挖掘机放坡挖土;第2段内衬可以用反铲挖掘机和长臂挖掘机一上一下配合挖土,能够有效地节省挖土时间;余下的各段挖方,需要汽车吊、塔吊或者履带吊配上特制吊斗来挖土,可根据施工现场场地大小,增加吊车和吊斗的数量,加快挖方进度。

同时在土方开挖时,要为下道工序回填沙做准备,按照方案要求的尺寸在贴近地下连续墙的区域挖好沟槽。

3 回填沙

该道工序的目的是为了保证内衬墙的纵向受力钢筋，其搭接长度和钢筋接头面积百分率能够满足规范及设计要求，回填沙的深度与内衬墙使用的钢筋大小有关。同时此道工序在投标报价时常被忽略，会给项目造成一定的经济损失。以山西建龙二炼钢旋流井为例，设计明确要求在钢筋直径≤25 mm的情况下，钢筋最小锚固长度l_a取$40d$；同时在钢筋搭接接头面积百分率为50%时，搭接长度为$1.4 l_a$。

按设计和规范要求，内衬墙钢筋直径⫶20 mm，搭接长度必须大于$1.4 l_a$即1 120 mm；搭接接头在500 mm或$35d$中取大值，在此取$35d$即700 mm，因此该项目回填沙的深度必须大于1820 mm（图1）。

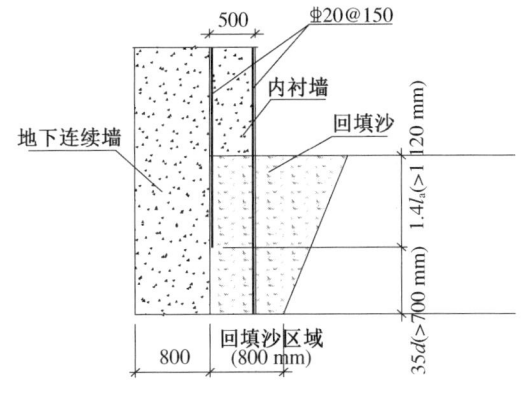

图1　回填沙示意图

4 凿除地下连续墙钢筋保护层

因为旋流井内衬墙与地下连续墙间的受力是通过在地下连续墙内的预埋钢筋和两墙间的结合面共同传递的，所以新旧混凝土面黏结好坏对其共同工作起着决定性的作用，结合面的好坏直接影响结构的安全性、耐久性。经凿除的混凝土表面清洁，无油污、无其他松散外皮，一般都能得到较好的黏结面，黏结强度也较高。

在回填沙完成后，需要沿旋流井边缘搭设双排脚手架，可用于钢筋保护层凿除、钢筋安装、模板安装等。在脚手架搭设完成后，由现场工作人员在地下连续墙上用红油漆标记对拉螺栓的点位。有红油漆标记的位置是需要将连续墙纵向钢筋凿除的位置，而未标记红油漆的墙体则只需要对墙体凿毛处理（图2）。

图2　地下连续墙钢筋保护层凿除

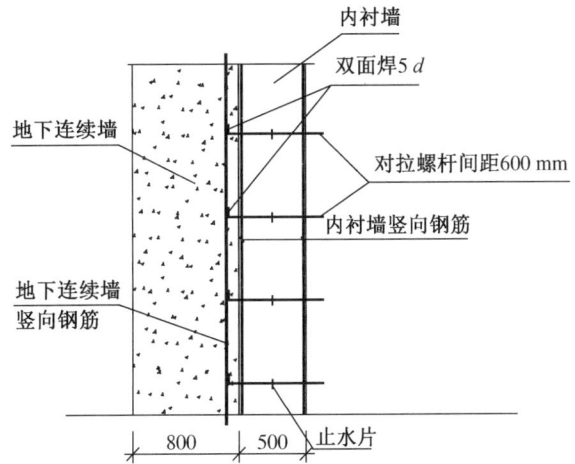

图3　对拉螺杆焊接示意图

5 钢筋安装及对拉螺杆焊接

内衬墙钢筋安装的顺序：墙内侧钢筋安装→焊接倒L筋→墙外侧钢筋安装→焊接对拉螺杆（图3）。

在连续墙保护层凿除后,首先进行靠连续墙一侧钢筋的安装,倒 L 筋的焊接是在内侧钢筋安装到一定程度有一定的工作面以后再进行的,倒 L 筋根据内衬墙的厚度进行选择,一般选择⌀12 或 ⌀14 的螺纹钢加工而成,倒 L 筋与连续墙纵筋焊接采用双面焊,焊接长度不小于 5d。在倒 L 筋焊接完成后,可以进行墙外侧钢筋安装,待墙外侧的钢筋安装到一定程度后,就可进行对拉螺杆的焊接工作。对拉螺杆采用的是带止水片的对拉螺杆,其与倒 L 筋的焊接同样采用双面焊,焊接长度不小于 5d。

6 止水带安装及垫层浇筑

止水带安装前,需要清理上一道工序遗留的焊渣、焊条,沿内衬墙在墙体中心开槽,将止水带置于槽内,橡胶止水带接头方式包括冷粘法和热熔法,可根据实际情况选择。止水带安装完成后,就可进行垫层的浇筑工作,浇筑垫层的作业是为了防止内衬墙底部粘上杂物、泥沙等,确保内衬墙与内衬墙接缝处表面清洁。垫层厚度控制在 5~10 cm,在进行下一段内衬墙施工时,需要凿除并清理本次浇筑的垫层。

7 模板支撑体系安装及加固

内衬墙模板施工时,要求模板平整结实,严格控制模板缝隙尺寸,确保内衬墙形状、尺寸、位置正确。模板内竖楞采用两根 6×Φ48×3.5 mm 的钢管,间距 200 mm,对拉螺杆两侧各设一根,用燕尾卡固定,外横楞采用 2 根 ⌀18 或 ⌀20 的钢筋,模板拼接开孔的位置尺寸与对拉螺杆布置相同(图 4)。

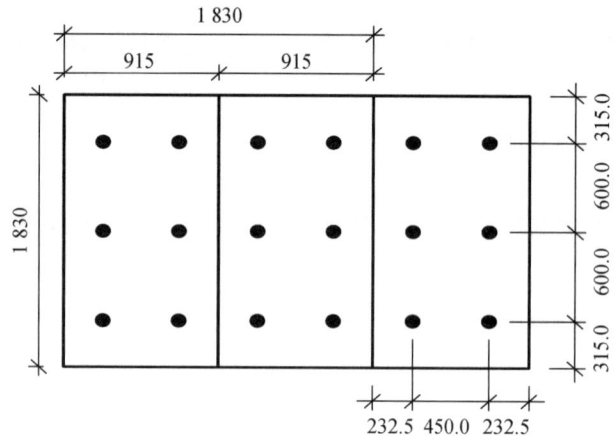

图 4 模板拼接开孔示意图

在两段内衬墙接缝处的模板需要做成漏斗形,漏斗模板的高度必须超出上段内衬墙 200 mm 以上,能够有效防止接缝处出现渗水现象。

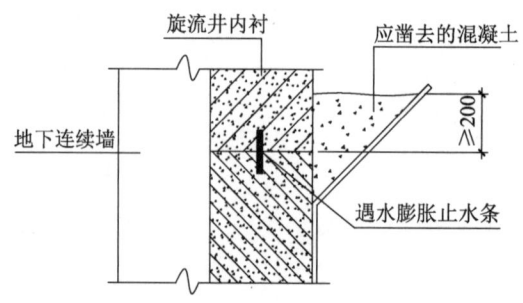

图 5 接缝处漏斗形模板示意图

在模板支撑体系施工完成后,需要对支撑体系的紧固措施进行逐一检查,确保模板系统具有足够的刚度和强度。

8 混凝土浇筑及假牛腿凿除

在浇筑前需详细了解天气情况,预定商品混凝土数量、具体供应时间、标号、所需车辆数量及其间隔时间,特殊要求如抗渗、入模温度、坍落度、水泥及预防混凝土碱集料反应所需提供的资料等。模板的检验工作已经完成,模板标高、位置、尺寸准确符合要求,支架稳定,支撑和模板固定可靠,模板拼缝严密,符合规范要求。浇筑混凝土用脚手架、走道等安全稳固设施,能够满足浇筑要求。

在浇筑衬墙混凝土时,由于内衬墙厚度不大但高度较高,因此要特别注意下料要均匀,不得产生离析,振捣混凝土要密实,不得漏振。混凝土浇筑时采用分层浇筑,分层浇筑高度宜控制在500~1 000 mm,相邻两层混凝土的浇筑必须在上一层混凝土初凝前完成,在浇筑过程中架子工必须时刻注意模板及架体整体稳定情况。在浇筑至假牛腿部位时,应改用比内衬墙混凝土强度等级高一等级的微膨胀细石混凝土,能有效避免因混凝土收缩而造成的墙体裂缝。

待混凝土强度>4 MPa后,才能进行模板拆除及假牛腿凿除工作,假牛腿凿除后,应及时用同标号的砂浆进行抹面处理。

待以上工作全部完成后,应及时拆除脚手架,将材料吊运至地面,以便进行下一段的施工。

山钢日照轧钢工程地下连续墙施工技术

中国二十冶集团有限公司工业工程公司　李国康

【摘要】 在冶金建设工程中,旋流池、沉淀池作为一个重要的生产单元,其基坑支护深度深,施工工艺复杂,一直是施工过程中的难点。本文以山东钢铁集团日照钢铁精品基地项目2 050 mm 热连轧、3 500 mm 炉卷工程为例,概述旋流池等深基坑采用地下连续支护方式的施工工艺流程,提出施工重难点及应对措施,并为以后类似的施工项目提供参考价值。

【关键词】 地下连续墙　成槽机　膨润土　刚性接头

1　工程概况

山东省日照市山钢集团日照钢铁精品基地项目厂区 2 050 mm 热轧、3 500 mm 炉卷项目共需建设 2 座约 22 m 深旋流池,根据提供的地质详勘报告,山钢日照 2 050 mm 热连轧工程及 3 500 mm 炉卷工程旋流池基坑支护结构考虑采用地下连续墙圆筒支护结构与内衬墙组成的整体复合墙体。地下连续墙既做围护结构又兼做地下结构的部分外墙,墙体既要承受水土的水平荷载,又要承受竖向荷载,同时起防渗作用,即为"两合一"墙。圆筒支护地下连续墙外径为 39.2 m,地下连续墙平面布置呈正"40"边形,每幅墙两段,共计 21 幅槽段(W1～W21)。

2　施工机械选型

地下连续墙成槽设备的选型是成槽施工工艺中的一个关键环节,必须针对实际工程的地层特性、开挖深度、墙体厚度和强度、施工条件、机械设备特性、工期、造价等方面的要求进行总体分析,进行科学合理的比选。

根据本工程的地质特征和地下连续墙的成槽要求,选用 BG-60 型成槽机作为本工程成槽设备。BG-60 型成槽机对地层适应性很强,从软黏土到含有大漂石的冲击层,均可进行挖槽;开挖宽度在 30～150 cm,开挖深度可达到 110 m,主机(含抓斗)重约 140 t 满足本工程的地质特征和地下连续墙的成槽要求。

3　地下连续墙施工工法

本工程地下连续墙采用"地下连续墙液压抓斗"工法。根据企业内同类工程施工经验,本工程旋流井地连墙延长米约为 120 m,共 21 个槽段,每个槽段约为 6 m。拟采用一台 BG-60 型成槽。

本工程开工后先开始地下连续墙的导墙和道路施工,待导墙达到强度后即可进行地下连续墙施工,地下连续墙从 W16 开始依次施工。地下连续墙采用"两抓成槽"的成槽方案施工。在膨润土泥浆护壁条件下,用 BG-60 型成槽机分两次将槽段内土体挖出,形成一幅槽段,完成成槽作业;钢筋笼整体在平台制作成型,由一台 150 t 和一台 70 t 履带吊抬吊翻身后垂直入槽;地下连续墙混凝土采用 C30P8 商品混凝土,利用ϕ250的密封导管及球胆排浆法进行水下混凝土浇灌;连续墙接头形式为H型钢刚性连接。

3.1 导墙施工

首先施工导墙,确定导墙形式。标准导墙断面根据设计图纸,采用"⌐ ⌐"形现浇钢筋混凝土,强度等级为C20,导墙翼面宽度2 000 mm,墙厚0.2 m,埋深2.3 m,以墙趾进入原状土不小于0.3 m为宜。如杂填土较厚,可采用置换土的方法进行加固。导墙顶部高出地面不应小于100 mm,防止周围的散水流入槽段内,外侧墙土应夯实,导墙不得移位和变形。导墙的净距按照《钢筋混凝土地下连续墙施工技术规程》(DB 29-103—2004)的要求大于地下连续墙的设计宽度50 mm。

3.2 泥浆的制备与管理

导墙施工完成后,下一步做好现场成槽的泥浆的制备与管理。成槽护壁泥浆为优质膨润土泥浆。在地下连续墙挖槽过程中,由于泥浆具有一定的相对密度,如槽内泥浆液面高于地下水位一定高度,泥浆在槽内会对槽壁产生一定的静水压力,可抵抗作用在槽壁上的侧向土压力和水压力,相当于一种液体支撑,可以防止槽壁的坍塌和剥落,并可防止地下水的侵入。另外,在槽壁上会形成一层透水性很低的泥皮,可使泥浆的静水压力有效地作用于槽壁上,能防止槽壁剥落。泥浆还可以从槽壁的表面向土层渗透,待渗透到一定的范围,泥浆就黏附在土的颗粒上,这种黏附作用可以减少槽壁的透水性,可防止槽壁坍塌。泥浆起到护壁、携渣、冷却机具、切土润滑的作用。性能良好的泥浆能确保成槽时槽壁的稳定,防止塌方,同时在混凝土浇灌时对保证混凝土的浇灌质量起着极其重要的作用。泥浆储存采用半埋式砖砌泥浆池。满足泥浆循环使用及废浆的沉淀处理,施工考虑设置固定式泥浆池。地下墙槽段在液压成槽机开挖过程中,不断向开挖槽段中供给浆液。利用置于贮浆池中的泥浆泵将泥浆泵入开挖槽段中,保持槽段中泥浆液面高于地下水位1 m以上。循环池中的泥浆,一部分来自旧泥浆的再生处理,一部分为配制的新鲜浆液,新泥浆配制采用螺旋桨式搅拌机按配合比进行调配,生产能力为40 m³/h。

3.3 液压抓斗成槽施工泥浆处理方式

旧浆液主要采用物理再生处理方式,即重力沉淀处理。在单元槽段水下混凝土浇筑过程中,利用泥浆泵将旧浆泵入沉淀池,经沉淀,浆液中的土渣粗粒沉淀到池的底部,较轻的浆液在上,流到循环池中。沉淀池中下部废浆、泥砂,用挖掘机清除或用泥浆泵抽入废浆池,由泥浆车外运排弃。在正常施工中,保证泥浆性能符合下列规定:比重1.1～1.25,黏度18～25S,含砂率<8%,pH值在7～10,在穿过松散透水、稳定性差的粉砂层时,适当提高泥浆比重,添加堵漏剂,增加泥浆黏度,提高泥浆悬浮砂粒的能力。遇砂层等稳定性较差的地层,适当调整泥浆指标,以调整保证槽内压力平衡,从而保护槽壁。

3.4 成槽

地下连续墙施工采用顺开法,根据槽段长度与成槽机的开口宽度,确定出首开幅和闭合幅,本工程计划两个首开幅,保证成槽机切土时两侧邻界条件的均衡性,以确保槽壁垂直。据试成槽情况看,开挖方法先采用BG-60型液压抓斗壁挖掘机进行顶部土层开挖,一旦进入标贯值较大土层成槽机挖掘困难时,采用旋挖钻引孔作业,即在每抓两端用旋挖钻钻孔形成导孔,导孔深度同地下连续墙深度相同,然后用成槽机进行成槽。连续墙施工采用顺开法挖成单元施工槽段。成槽作业过程中,要求司机精心操作,及时纠偏,垂直进度符合规范或设计要求。整个施工槽段挖到设计深度后,下斗抓挖一次的方法,扫清槽底部的沉渣。根据设计图纸确定的地连墙位置,在导墙顶面上测量放线并按编号分段。将抓斗就位,就位前要求场地平整坚实,以满足施工垂直度要求,吊车履带与导墙垂直,抓斗要对准导墙中心线。为减少抓斗施工的循环时间,提高功效,每台抓斗用自卸汽车在抓斗旁接渣,将泥渣运至堆料场暂存。每槽段中各抓作业顺序注意保证成槽时两侧临界条件的均衡性,以保证槽壁两个方向的垂直度良好。根据各个槽段的宽度尺寸,决定挖槽的抓数和次序,抓斗入槽、出槽应慢速、稳定,并根据成槽机的仪表及实测的垂直度情况及时纠偏,以满足成槽精度的要求。成槽机定位应使抓斗平行于导墙面,抓斗的中心线与导墙的中心线重合,抓斗下放时,应靠其自重缓速下放,不得放空冲放。单元槽段成槽挖土过程中,抓斗中心应每次对准放在导墙上的孔位标志物,保证挖土位置准确。抓斗闭斗下放,开挖时再张开,每斗进尺深度控制在0.3 m左右,上、下抓斗时要缓慢进行,避免形成涡流冲刷槽壁,引起塌方,同时在槽孔混凝土未灌注之前,严禁重型机械在槽孔附近行走防止产生振动。成槽时,派专人负责泥浆的放送,泥浆液面高出地下水位1 m以上,同时也不能低于导墙顶面0.3 m以下,在泥浆供应不足时,应停止挖槽,待泥浆加足后再进行。单元槽段中每抓挖到设计槽底标高以上0.5 m时停挖,待全槽达到此标高时,再由一端向另一端用抓斗细抓扫孔清底至设计标高。用超声波测壁仪检测成槽的垂直度。测锤、量具检测槽深、槽长和槽位精度。

3.5 钢筋笼制作安装

在制作地墙钢筋笼时,要保证下一段钢筋笼笼口靠在上一段钢筋笼H型接头桩里,杜绝两片地墙之间接隙过大。钢筋笼制作全部采用电焊焊接,不得用镀锌铁丝绑扎。严格按照施工放样图纸进行下料加工钢筋,保证钢筋横平竖直,间距符合规范要求,钢筋接头焊接牢固,成型尺寸正确无误。对主筋采用闪光对焊,同一截面上的接头数不得超过钢筋总数的50%。对主筋与水平筋采用50%点焊连接,但在下列部位必须100%焊接。

本工程地下连续墙钢筋笼长度最长约为28 m(两段,上段14 m,下段14 m),钢筋笼长度长,组合后最大钢筋笼重量约32 t(按含筋量暂估、含吊具),结合有关文件给出的施工用地范围及现场踏勘的实际条件,地下连续墙孔比较深,为防止发生塌方,各工序作业时间尽可能快速紧凑,降低槽壁塌方风险。

3.6 钢筋笼吊装方法

对钢筋笼吊装采用分段吊装,下段先吊装入槽,并用轨道钢担放在导墙上,然后起吊上段钢筋笼,两段钢筋笼在槽段口进行拼接,拼接采用$70d$搭接、桁架钢筋采用间断焊焊接,以保证上下段连接牢固,满足吊装要求。主机选用150 T履带吊车,副机选用70 t履带吊车。地下连续墙钢筋笼一般采用四榀以上纵向桁架筋,桁架斜筋焊在内、外竖向筋上,地下连续墙钢筋笼的吊装按8点吊装考虑,吊点设于桁架筋上。

3.7 成墙水下混凝土浇筑

混凝土配合比应按流态混凝土设计,混凝土坍落度以200 mm±20 mm为宜。按施工组织设计规定的位置安装混凝土导管,导管采用转盘连接式导管,导管连接处用橡胶垫圈密封防水。导管内应放置保证混凝土与泥浆隔离的管塞(橡皮球胆等)。其底部应与槽底相距300~500 mm,导管上口接方形漏斗。混凝土初灌量应经过试验,混凝土漏斗应能满足导管首次埋置深度和填充导管底部需要,并能减少墙底沉渣。首批混凝土数量应满足导管首次埋置深度和填充导管底部的需要。应在钢筋入槽后4 h内开始浇筑混凝土,浇筑前先检查槽深,判断有无塌孔,并计算所需混凝土量。混凝土开始浇筑时,先在导管内放置隔水球以便混凝土浇筑时能将管内泥浆从管底排出。混凝土浇筑采用将混凝土车直接浇筑的方法,初灌时保证每根导管有一定的混凝土备用量,保持混凝土在浇筑中连续均匀下料,混凝土面上升速度不低于2 m/h,导管埋置深度控制在2~6 m。在浇筑过程中随时观察、测量混凝土面标高和导管的埋深,严防将导管口提出混凝土面。同时通过测量掌握混凝土面上升情况,推算有无塌方现象。两根混凝土导管进行混凝土浇筑时,应注意浇筑同步进行,保持混凝土面呈水平状态上升,其混凝土面高差不得大于500 mm。以防止因混凝土面高差过大而产生夹层现象。混凝土浇筑时严防混凝土从漏斗溢出流入槽内污染泥浆,影响混凝土浇筑质量。混凝土浇筑面应高出设计标高30~50 cm。对混凝土浇筑过程做好详细记录。每幅地下连续墙混凝土到场后先检查混凝土原材质保单、混凝土配比单等资料是否齐备,并做坍落度试验,检查合格后方可进行混凝土的浇筑。混凝土浇筑时在前、中、后应做三次坍落度试验。每幅墙的混凝土应按规范要求做试块取样做混凝土的抗压、抗渗试验。所做试块放入恒温池养护,7 天后送试验站标养池中养护,到龄期后作抗压、抗渗试验。

4 地下连续墙施工重难点

(1) 成槽控制塌孔:由于地下连续墙深度较深且地层复杂,加之成槽时间长,对槽壁扰动大,成槽过程容易出现塌孔,如何在施工过程中合理地配置泥浆、控制成槽进度,成槽施工控制塌孔是本工程的难点之一。

(2) 成槽精度控制:本工程地质条件呈现上软下硬,地质条件复杂,其中在标贯值较大土层中成槽是难点,成槽难度极大,成槽垂直度必须控制在 3‰ 以内,否则容易出现墙体迈步、结构侵界,为此,需要在机械设备、施工工法及施工过程中加强控制才能保证垂直度。

(3) 施工中泥浆指标易严重超标:由于成槽施工时间长,对槽壁扰动大,因此对泥浆护壁功能提出了更高的要求,同时由于槽段穿越含砂率较高的吹填砂层及淤泥层,土层中泥沙颗粒、岩土成分和有害离子不断混入,使得泥浆黏度、比重大幅度增加,泥浆指标可能达到:比重 1.3~1.35、黏度 36 s;比重过大、黏度过高的泥浆将严重影响混凝土浇筑质量。

(4) 地下连续墙接缝止水:考虑常规的接头桩地下连续墙槽宽间隙较大,虽然接头桩背后回填土袋,仍难以密实,尤其在含水量较大的地层中会发生严重的渗漏现象,本工程采用 H 型钢进行刚性连接来降低接缝漏水的风险。一旦发生围护接缝渗漏水的险情,堵漏工作极其困难,将对基坑安全和周边环境带来风险。因此接缝处理是施工的难点之一。

(5) 钢筋笼起吊安全:本工程地下连续墙钢筋笼长,重量大。如此庞然大物对起吊设备要求极高,同时起吊的安全至关重要,施工中必须采取措施降低风险、确保安全。

5 地下连续墙施工重点、难点应对措施

(1) 槽壁塌孔应对措施:为防止发生槽壁坍塌现象,采取初期慢速挖槽,适当加大泥浆比重,控制槽段内液面高于地下水位 0.3 m 以上;成槽时根据土质情况选用合格泥浆,并通过试验确定泥浆比重,一般为 1.05;泥浆必须专门配制,并使其充分溶胀,储存 24 h 以上,严禁将膨润土等直接倒入槽中;所用水质要符合要求;在松软砂层中钻进,控制进尺,不要过快;槽段成孔后,紧接着放钢筋笼并浇灌混凝土,尽量不使其搁置时间过长;根据槽段开挖情况,随时调整泥浆比重和液面标高,注意槽段附近地面荷载不要过大。

如发生严重塌孔,要填入较好的黏土重新开挖。局部坍塌,可加大泥浆比重,已塌土体可搅成碎块抽出;如发现大面积坍塌,应将抓斗提出地面,用优质黏土(渗入 20% 水泥)回填至坍塌处以上 1~2 m,待黏土沉积密实后再行挖槽。

(2) 槽壁垂直度控制措施:合理安排一个槽段中挖槽顺序,使抓斗两侧的阻力平衡。消除成槽设备的垂直偏差,根据成槽机的仪表控制。

开始进入标贯值较大难挖土层时应分别换抓,以免偏斜。加强泥浆管理,选用优质泥浆材料造浆,提高泥浆护壁效果,防止冲击过程中塌孔现象。

(3) 混凝土夹泥应对措施:为防止发生地下连续墙混凝土内存在泥夹层现象,设两个灌注管同时灌注;导管埋入混凝土深度为 2.0~4.0 m,两导管混凝土高度差不大于 0.5 m,导管浇筑混凝土前,利用球胆排浆法隔水;首批灌入混凝土量要足够充分,使其有一定的冲击量,能把泥浆从导管中挤出,应采用大料斗,以保证足够的混凝土储备量,必须保证初灌量将导管底端一次性埋入水下混凝土面以下 500 mm,同

时始终保持快速连续进行,中途停歇时间不超过混凝土初凝时间,槽内混凝土上升速度不应低于2 m/h,导管上升速度不宜过猛。

(4) 为确保地下墙槽段间接缝无渗漏,地下墙施工结束后,立即对接缝进行高压旋喷加固。加固范围:每幅地下连续墙接缝处外侧各布置两根高压旋喷桩,旋喷成桩直径800 mm,加固深度为 $-22.65 \sim -38.65$ m。

(5) 为防止钢筋笼在吊装过程中变形,根据设计图纸要求对钢筋笼进行加固,制定专项钢筋笼吊装方案,合理设置吊点位置,吊点设置在纵、横向桁架交点处,设置吊环、拉筋、斜拉筋,使钢筋笼受力均匀;吊装过程中轻起慢放,防止产生较大冲击荷载。为防止钢筋笼难以入槽或笼体上浮现象,成孔要保持槽壁面平整;严格控制钢筋笼外形尺寸;钢筋笼入槽孔时,保持垂直状态。如因槽壁弯曲钢筋笼不能放入则修整后再放钢筋笼。为防止钢筋笼上浮,清除槽底沉渣,控制浇灌混凝土速度,控制导管的最大埋深不要超过6 m。

6 结语

本工程使用了地下连续墙的支护方式,成功实现了基坑安全开挖。地下连续墙的支护方式不仅具有防渗性能好、适合逆做法施工、支护安全系数高的施工优点,还具有工效高、工期短、质量可靠、经济效益高的经济性优点。

筏板基础在山钢日照 2 050 mm 热连轧工程中的应用

中国二十冶集团有限公司工业工程公司　张兴原　李　钢

【摘要】 山钢集团日照钢铁精品基地项目 2 050 mm 热连轧工程采用大筏板基础。大筏板基础在工程中的地位是非常重要的，基础工程的造价、工期及劳动力在工程中均占据较大的比重。因此，在冶金工程中选择何种地基基础成为重中之重。在沿海地区地基基础情况复杂，以往的冶金工程大多数选择桩基础，既浪费工期又浪费成本。大筏板基础以其良好的整体性和稳定性成为此工程的首选。

【关键词】 筏板基础　冶金工程　整体性　稳定性

随着人们对环保的重视，全国各大钢厂都在进行搬迁或高污染、高耗能小钢厂重组并新建厂房，这不仅能满足人们对提高生活环境质量的要求，还可以提高国家宏观经济战略调整，故在沿海地区新建厂房成为最优地点。由于沿海地区为深厚砂质地基，地下水丰富，并以第四系冲积、冲洪积、海陆交互相沉积物及残积物为主，分布不均匀，稳定性较差，在沿海地区采用筏板基础的应用较为匮乏。

1　工程概况

山钢集团日照钢铁精品基地项目 2 050 mm 热连轧工程主厂房由板坯库、加热区、主轧跨、成品库和轧辊间五部分组成，全长 1 040 m，宽 305 m，总建筑面积约 112 730 m²。厂房柱基础原则上采用现浇钢筋混凝土独立基础；加热区和主轧跨均设置了高架钢筋混凝土平台，采用厂房柱、设备平台柱与设备基础连成一体的筏板基础。筏板基础厚度不等，基本都在 800~1 500 mm 不等，个别厚度在 2 300 mm。筏板基础的混凝土多采用 C30 混凝土，个别混凝土强度采用 C40（图 1）。

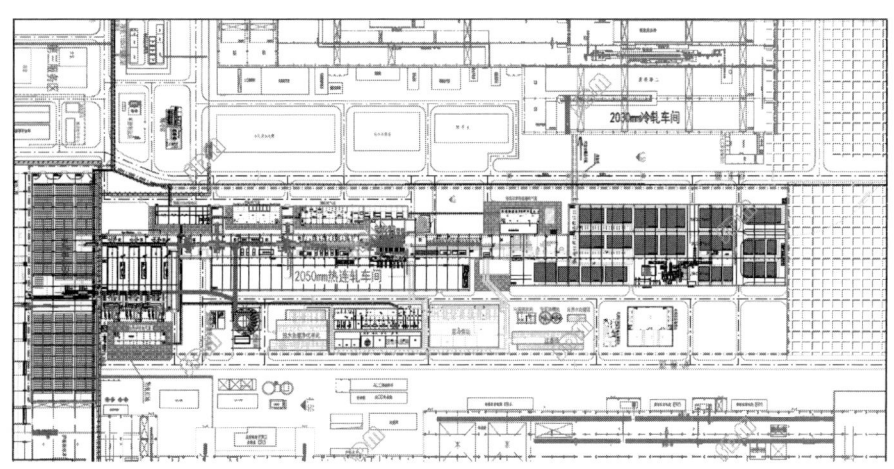

图 1　热轧平面图

2 地质情况

山钢集团日照钢铁精品基地项目 2 050 mm 热连轧工程地质情况：

该工程区域地形相对平坦，地层厚度不稳定，物理力学性质较均匀，地基承载力较高，拟建场地内未发现影响建筑场地稳定性的不良地质作用，适宜建筑。

（1）该区域及附近未发现全新活动断裂、岩溶、滑坡、危岩和崩塌、泥石流、采空区、地面沉降等不良地质作用。

（2）该区域内无陡崖、边坡，不在断裂带上，周边断裂复活性弱，无强震产生背景，拟建场区及附近无采空区，不易产生建筑物的不均匀沉降。场区内存在软弱地基土，易产生超过承载能力极限状态的地基失稳；拟建场区如采用天然地基，地基不稳定。

（3）该区域岩土层地基承载力特征值和压缩模量（变形模量）建议值（f_{ak}）见表1。

（4）该区域内第①层素填土、第①₁层杂填土、②₂层淤泥质粉质黏土和④层淤泥质黏土为特殊岩土，未经处理不宜作为天然地基持力层。

（5）该区域内存在软弱地基土，易产生超过承载能力极限状态的地基失稳；场区存在液化等级轻微～中等砂土。拟建场区地基不稳定。拟建场区地基土层，工程性质差异较大，各层土层位起伏较大，属不均匀地基。

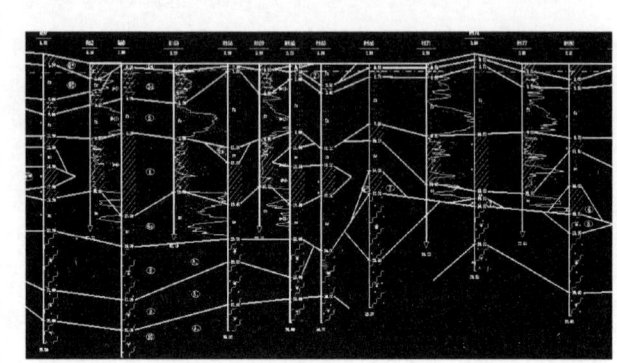

图 2 工程典型地质剖面图

表 1 土层地基承载力特征值和压缩模量（变形模量）建议值（f_{ak}）

层号	地层名称	f_{ak}/kPa	压缩模量 E_s 或变形模量 E_0/MPa	备注
②	粉细砂	120	15	
②₁	中粗砂	160	16	
②₂	淤泥质粉质黏土	60	3	
③	粉质黏土	130	4	
④	淤泥质黏土	60	3	
⑤	粉细砂	180	16	
⑤₁	中粗砂	200	17	
⑥	粉质黏土	200	9	
⑥₁	黏土	150	5	
⑥₂	中粗砂	240	22	
⑦	残积黏性土	220	7	
⑧	全风化花岗片麻岩	240	*50（E_0）	*为经验值
⑨	强风化花岗片麻岩	500		
⑩	中风化花岗片麻岩	3 000		

3 基础的选择

根据勘察场区揭露的地层来看,场区存在液化土层、软弱土层,场区第①层素填土、①₁层杂填土普遍分布,厚度不等,工程性质差,非均质性强烈,不能作为天然地基持力层。尤其是第②₂层淤泥质粉质黏土厚薄不均,软塑,力学性质差,地基承载力低,满足不了荷重要求,该层不能作为天然地基持力层,应对该层进行地基处理。根据拟建建筑物基础埋深和单位荷载,场区地层除基础埋深较大的拟建建筑,如旋流井等,均不适合做天然地基持力层。

工程施工中基础形式分为筏板基础和桩基础等多种基础。桩基由基桩和连接于桩顶的承台共同组成,桩基工程的施工现场条件复杂,工序繁多,工艺要求高,桩基的质量主要取决于勘察、设计、施工等多方面,而筏板基础施工相对简单,工期短,质量容易保证,施工降水对周围环境影响不大等有利因素,同时筏板基础可以很好地控制不均匀沉降、基础的整体性和稳定性。

冶金项目基础形式一般为裙桩基础加箱式基础,此次山钢集团日照钢铁精品基地项目2 050 mm热连轧项目通过以上综合考虑,结合当地情况,从工期、成本考虑首次采用筏板基础,取消了以往的桩基。

由于该工程建筑物的基础埋深深浅不一,基础埋深最浅的-1.5 m,最深的-13.0 m不等(旋流井-21 m不在基础施工范围内),单独采用筏板基础地基承载力不能达到设计标准,故对原始地基进行强夯置换。强夯置换后提高地基承载力、消除液化现象,经检测单位检测,地基承载力满足设计要求。同时当地存在丰富的砂石材,对强夯置换提供便利。

4 筏板基础的结构设计

筏板基础分为平板式和梁板式两大类,优缺点如下:

平板式筏板基础由大厚板基础组成,常有的基础形式有等厚筏板基础、局部加厚的筏板基础和变厚度筏板基础等(图3—图5)。适用于复杂柱网结构,具有基础刚度大,受力均匀等特点,在荷载较大的柱底易通过改变筏板的截面高度和调整配筋来满足设计要求,同时板钢筋布置简单、同时降水及支护费用相对较低、施工难度小等优点。但也存在混凝土用量大、大体积混凝土施工温度要合理控制的不足。

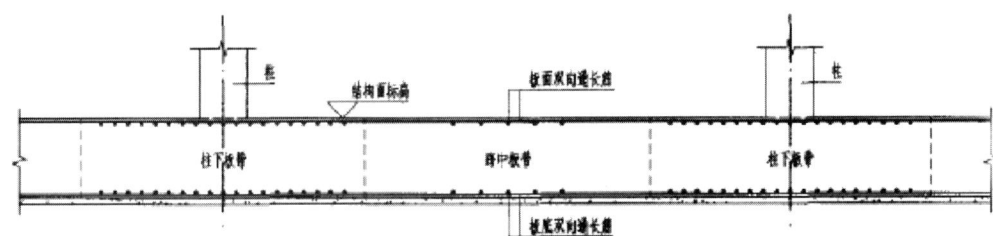

图3 平板式筏基(等厚度)

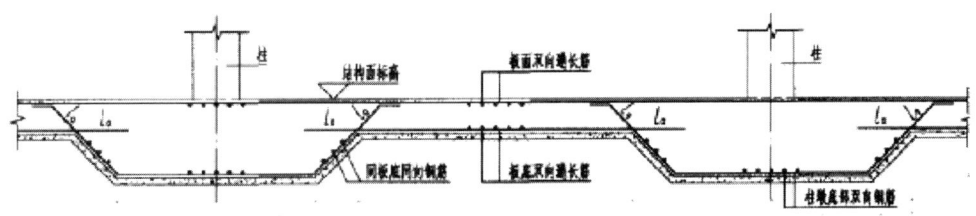

图4 平板式筏基(变厚度)

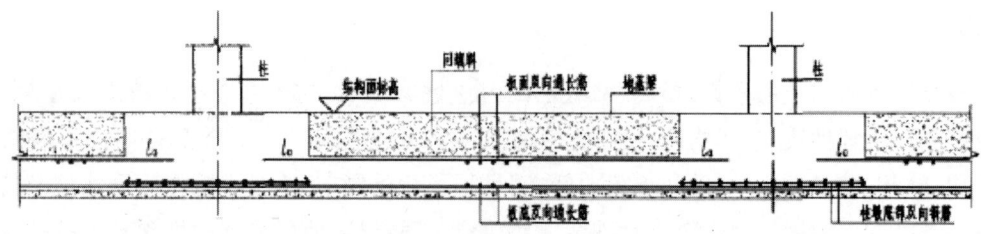

图 5　平板式筏基(局部加厚)

梁板式筏板基础由地基梁和基础筏板组成,地基梁的布置与上部结构的柱网设置有关,地基梁一般沿柱网布置,底板为连续双向板,也可在柱网间增设次梁,把底板划分为较小的矩形板块(图6)。

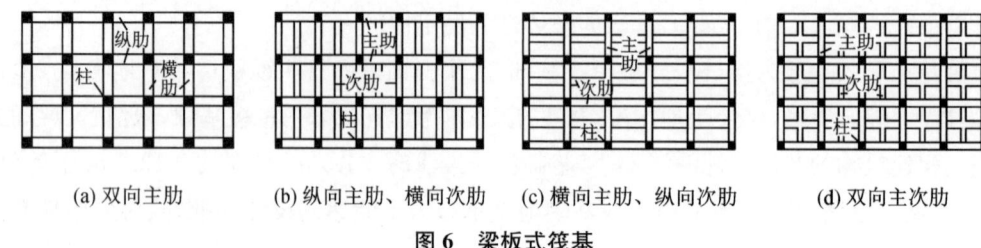

(a) 双向主肋　　(b) 纵向主肋、横向次肋　　(c) 横向主肋、纵向次肋　　(d) 双向主次肋

图 6　梁板式筏基

梁板式筏基具有结构刚度大的优势,因为增加了地基梁,从受力角度来说,筏板的反力首先传给基础梁,基础梁再把力传给地下,因此配筋也具有明显的梁板式结构的特点。但同时存在筏基高度大、受地基梁的布置影响,基础刚度变化不均,受力呈现明显"跳跃"式,在荷载变化较大的柱底易形成受力及配筋的突变,梁板配筋复杂、降水及支护费用高、施工难度大等不足。

通过平板式筏基与梁板式筏基的综合考虑,结合现场的实际情况确定,山钢集团日照钢铁精品基地项目 2050 mm 热连轧项目采用局部加厚的平板式大筏板基础(表2)。

表 2　梁板式筏基与平板式筏基的主要性能和使用情况比较

筏基类型	基础刚度	地基反力	柱网布置	混凝土量	钢筋用量	土方量	降水费用	施工难度	综合费用	应用情况
梁板式	有突变	有突变	严格	较少	相当	较大	较大	较大	较高	较少
平板式	均匀	均匀变化	灵活	较多	相当	较小	较小	较小	较低	较多

5　结语

在成本、工期、施工上综合考虑,结合本地地质情况决定:山钢集团日照钢铁精品基地项目 2 050 mm 热连轧项目取消了以往的柱基础,采用大筏板基础。这是沿海地区冶金项目首次采用筏板基础,由于地质存在淤泥质粉土层,个别基础位于强夯点之间,地基验槽成为重中之重,对不符合要求的进行换填处理。由于强夯置换影响深度在 5 m 范围内,热轧基础埋深在 $-1.5 \sim -13$ m 不等,导致有一部分基础同时处在强夯置换与中粗砂持力层范围内,由于基础刚度不同,会导致出现不均匀沉降。经过设计院、业主、勘察等多方研讨在 $0 \sim -5$ m 范围内铺设 300 mm 厚垫层,以此来减小不均匀沉降。

施工中的不足:受地下水影响,筏板存在不均匀沉降,在设备安装过程中由于轧机牌坊吨位大,不能同时安装,导致设备安装过程中筏板的不均匀受力影响了设备安装的调试。

钢管混凝土柱顶升施工技术总结

中国二十冶集团有限公司工业工程公司　李国康

【摘要】 在冶金工程施工过程中，单层钢结构厂房柱系统中，上柱多采用实腹工字钢截面、下柱采用格构式钢管混凝土，钢管混凝土顶升施工环节十分重要，影响到整个厂房的结构安全。本文以山东钢铁集团日照钢铁精品基地项目 3 500 mm 炉卷工程为例，总结钢管混凝土顶升施工要点，并为以后类似的施工项目提供参考价值。

【关键词】 钢管混凝土　止流阀　排气孔　顶升

1　工程概况

山东钢铁集团日照钢铁项目 3 500 mm 炉卷工程一标段，其厂房为单层钢结构，厂房柱为一阶柱和二阶柱，上柱采用实腹工字钢截面，下柱采用钢管混凝土格构式，肩梁采用单腹壁形式，柱脚与基础连接采用插入式连接。柱间设置托梁处，均在其中部设有屋面梁。基本柱距为 12 m、15 m、18 m，局部柱距增大至 30 m、60 m。主厂房建筑面积 127 300 m²。

2　结构特征

钢管混凝土柱中混凝土强度为 C50，加入微量膨胀剂。根据本标段区域划分，共分为板坯库区域、加热炉区域、轧钢区域、冷床区域共四个区域。

板坯库区域共计钢柱 44 根，柱径为 D426×7 mm、D478×8 mm，顶升高度为 9.94 m，每根钢柱需顶升混凝土约 3 m³，共计钢管混凝土量约 132 m³。加热炉区域共计钢柱 20 根，柱径为 D508×8 mm、D559×8 mm、D610×10 mm，顶升高度为 10.37 m，每根钢柱需顶升混凝土约 6 m³，共计钢管混凝土量约 120 m³。轧钢区域共计钢柱 48 根，柱径为 D508×8 mm、D559×8 mm、D610×10 mm，顶升高度为 14.17 m，每根钢柱需顶升混凝土约 8.6 m³，共计钢管混凝土量约 412.8 m³。冷床区域共计钢柱 32 根，柱径为 D426×7 mm、D478×8 mm，顶升高度为 9.94 m，每根钢柱需顶升混凝土约 3 m³，共计钢管混凝土量约 96 m³。钢管内混凝土采用泵送顶升浇灌法。由于排气孔会喷射出混凝土和泵送时的损失量，混凝土损失量大约为 20%～30%。

3　施工工艺流程

施工工艺流程为工序交接→泵车就位接输送管→止流阀加密封箍→搅拌车就位→取样检验坍落度→搅拌车出料→出现溢流，结束泵送顶升→控制泵压 5 min→打入止流阀楔→拆除输送管→控制泵压 5 min→打开密封箍，打入止流阀，拆除输送管→工序交接→进行下一循环。

4　顶升设施安装

钢管混凝土泵送顶升须在钢管柱底部开孔（在邻近轴线方向对称开孔），焊接一段特制加工的短管与混凝土输送管用卡环直接连接,该短管采用坡口焊接钢管(满足Ⅱ级质量检测标准),直径与混凝土输送管相同,壁厚不宜小于5 mm。短管以水平插入钢管柱内,并在外部焊牢,短管上设防止混凝土回流装置。混凝土顶升孔连接管详图见图1。

在短管一端间距30 mm开3个长50 mm、宽6 mm的豁口,为安装止流阀做好准备(图2)。

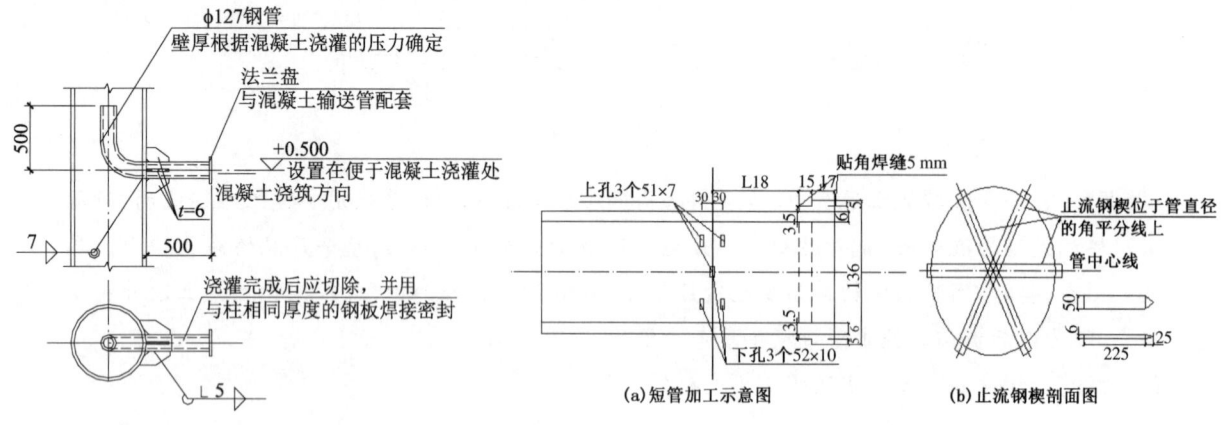

图1　混凝土顶升孔连接管详图　　　　　图2　止流阀示意图

混凝土顶升孔留于+0.5 m位置,顶升孔用气焊割孔时割下的圆板编号予以保留,待泵送顶升混凝土完成后,再把对应的圆板焊回原位,并打磨与柱表面齐平,涂刷与柱表面漆想同的油漆。

由于钢管柱露天暴露的时间较长,可能有雨水由牛腿上端的排气孔渗入柱内,焊接短管前,用自吸增压泵清除柱内的积水;以保证混凝土顶升质量。

当柱端承压板先封时,泵升浇灌前应开$\phi 100$的溢流孔,留设溢流孔时考虑泵顶升过程中发生故障,能利用排气孔进行补救施工混凝土浇灌。补灌时应按设计图纸要求的溢流孔的边上开排气孔来排气。溢流孔截面积宜小于混凝土输送管的截面积,且应用钢管接高超过柱顶不小于300 mm,并在溢流钢管尾部加长1.5 m长的塑料软管,确保柱顶顶满混凝土,并尽量控制溢流出的混凝土不污染到已安装完毕的钢结构构件。待混凝土终凝后,将焊管道割掉,柱顶排气孔详图见图3。

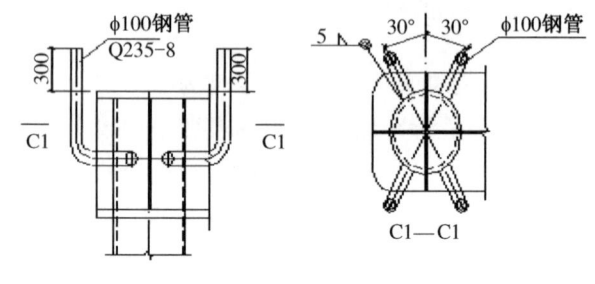

图3　柱顶排气孔详图

在混凝土顶升施工时,在排气管接入塑料溢流管,以方便溢出的混凝土沿溢流管流到地面,以免污染钢管柱,在接溢流管时需采用钢筋吊篮配合施工。

5　钢管混凝土顶升实施过程

钢管混凝土顶升采用混凝土泵车泵送,泵车由专人操作,其他人员不得进入泵管的控制区。钢管柱混凝土泵送顶升时,应保持连续进行,严禁中途停顿现象发生,施工前必须经过计算,确定混凝土用量,并确保进场足够数量的混凝土方可施工。泵送顶升直到顶端出现溢流现象并将浮浆排净为止,之后控制泵压力5 min,打开密封箍,打入止流钢楔,拆除输送管道,混凝土泵送顶升过程中受料斗内严防进入空气,以防发生堵管现象。

钢管柱混凝土顶升完成后,再移动混凝土泵车。待泵车移开后,立即应把溢流出并黏附在钢管上的混凝土残渣及水泥浆及时清除干净,并及时对钢管混凝土柱的混凝土密实度进行检查,采用敲打钢管柱顶及侧面的方法。如有异常,则用超声波检测。对不密实的部位采用钻孔压浆法进行补强,然后将钻孔部位补焊封固。

混凝土顶升结束两天后把短管割除,用开孔时在钢管上割下的钢板封堵顶升孔,焊接采用单面坡口焊,焊完以后打磨平整,并用与钢管柱相同的油漆进行涂装,涂装完以后进行下道工序施工。

混凝土顶升施工时应及时取样,试块留置应按照每施工混凝土工作班不少于一组标准养护试块。

混凝土顶升作业时,每车混凝土顶升接近完成时才能供应下一车混凝土,以免顶升时间过长使混凝土初凝。当顶升作业时,钢管柱发生爆裂则应立即停止顶升作业,查明爆裂原因后并采取相应措施,才能继续顶升混凝土作业,对爆裂的钢管柱采取措施处理,处理措施应经设计者同意。

6 钢管混凝土顶升质量要点

在施工中严格遵照《钢管混凝土结构设计与施工规程》和《混凝土强度检验评定标准》的有关规定,重点强调以下质量管理要求。

钢管混凝土柱的混凝土强度等级,应按设计文件严格执行。泵送顶升混凝土采用的水泥、砂、石子、水、掺和料、外加剂等原材料技术指标必须符合国家标准规定。采用普通硅酸盐水泥;砂子应为中砂;石子级配要合格,粒径以 5~30 mm 为宜,水灰比<0.45。由于混凝土顶升后不振捣,为保证混凝土密实,在混凝土中掺加微膨胀剂,使混凝土浇灌后微膨胀,补偿收缩,达到密实。

现场必须逐车测定混凝土坍落度,严格按设计坍落度执行,所测坍落度应符合设计和施工要求(即气温≤30℃时,混凝土坍落度不小于 150 mm,为满足坍落度要求,在混凝土内加入适量的减水剂)。若个别坍落度出现偏低可现场处理,处理方法是在混凝土中加入与混凝土水灰比相同的水泥浆,用搅拌车搅拌均匀到坍落度合适为止。当坍落度因意外原因而严重损失时,不得用于泵送顶升浇灌。润滑混凝土输送管的水泥砂浆应排放到管柱外面,不得代替混凝土泵入柱内,在泵升过程中严禁振捣。

防止混凝土回流装置开启后,应处于密封状态,不得漏浆,关闭后的缝隙不应大于混凝土最大骨料粒径的 2/3。钢管内的混凝土浇灌工作宜连续进行,若必须间歇时,间歇时间不应超过混凝土的终凝时间。

当混凝土浇灌到钢管顶端时,可以使混凝土稍微溢出后再将排气孔的层间横隔板或封顶板紧压在管端,随即点焊,待混凝土强度达到设计值的 50% 后,再将隔板或封顶板按设计要求补焊。有时也可以将混凝土浇灌到稍低于钢管的位置,待混凝土强度达到设计值的 50% 后再用相同等级的水泥砂浆补填至管口,并按上述方法将横隔板或封顶板一次封焊到位。钢管柱内混凝土达到 70% 强度以后,方可焊接浇灌孔板。补洞应用与钢管柱相同的材料,焊缝高度应同母材厚度,表面作磨平处理,经检查合格后,按钢管柱原涂装设计进行补漆。顶升完毕后,对溢流出黏附在钢管柱上的混凝土残渣及水泥浆用高压水枪及时清除,保证钢管柱的表面清洁。

柱系统浇灌混凝土前,取 2~3 根柱子(含柱间支撑者)进行浇筑试验,若质量可以保证,再浇筑其他柱子!若不能保证质量,再进行探索研究,改进施工方法。按照《钢管混凝土结构设计与施工规程》(CECS28:90)的要求,采用敲击法初步检查核心混凝土质量,若存在异常,则可采用应力波脉冲反射波法和直达波法对钢管混凝土柱完整性进行检测,对不密实的部位,应采用钻孔压浆法用 BY40 灌浆料进行补强,然后将钻孔补焊封固。对柱顶排气孔处,由于混凝土收缩而产生的空隙也采用 BY40 灌浆料进行补浆。

根据工期计划,考虑现场实际情况,并依据《混凝土强度检验评定标准》(GB/T 50107—2010)要求,每一混凝土施工顶升工作班应留置一组标准养护试块。

现浇混凝土结构预埋构件处渗漏防与治

中国二十冶集团有限公司工业工程分公司　宋瑞波

【摘要】 近年钢铁企业为了能够降低钢材生产与运输成本,改善城市环境,大型钢铁企业纷纷搬出原一线城市,迁入便于原料与成品运输的沿海地区二、三线城市。沿海地区地下水有着水位高、腐蚀性强的特点,加之施工中的缺陷导致预埋构件处产生渗漏。本文以山东钢铁有限公司日照钢铁精品基地项目 2 030 mm 冷轧工程电缆隧道及地下水管廊为例,详细表述了预埋构件渗漏的预防与治理。

【关键词】 预埋构件　裂缝　渗漏　封堵

1　工程概况

山东钢铁有限公司日照钢铁精品基地项目 2 030 mm 冷轧工程,包括酸轧跨及轧后跨区主厂房、酸洗原料跨主厂房区域、配套附属电气室、主控制楼、水处理、水管廊及电缆隧道等。

工程水位情况场地地下水绝对标高为 $-0.09 \sim 3.49$ m,属孔隙潜水和裂隙水。年变化幅度为 2.0 m 左右。冷轧区域地下水对混凝土的腐蚀性为微、局部地段为弱,土对混凝土的腐蚀性为微和弱;场地土标准冻结深度为 0.5 m。地面设计标高 ± 0.000 m,相当于绝对标高 $+4.8$ m。

2　现浇混凝土预埋构件

现浇混凝土预埋件、预留套管、电气穿墙管、施工缝止水钢板等为满足建(构)筑物功能要求的常规预埋构件,还包括固定模板的对拉螺杆和固定螺栓、止水钢板的固定架等非常规措施预埋构件。

3　现浇混凝土结构预埋构件渗漏主要部位

(1) 现浇混凝土结构底板与侧墙中预埋件、预留套管和电气穿线直埋管处。
(2) 现浇混凝土结构底板及侧墙施工缝、变形缝处。
(3) 池壁支模对拉螺栓处。
(4) 混凝土裂缝(混凝土拌合物沉降裂缝、贯穿性毛细孔和微细裂缝等)处。
(5) 现浇混凝土局部钢筋较多振捣不密实、麻面处。

4　现浇混凝土结构预埋构件渗漏原因分析

在地下现浇混凝土结构中预埋构件处渗漏较为普遍。由于此部位防水作业困难,质量难以保证。加上原材料和施工中预埋构件的安装、预埋构件周边混凝土的振捣等问题,致使此部位防水失败。因此在施工前应认真分析预埋构件处渗漏可能产生的原因,并根据分析情况进行详细交底,将渗漏的可能降至最低。

4.1 现浇混凝土预埋件处渗漏原因分析

（1）预埋件安装前未将锈皮、油渍处理干净，影响与混凝土的黏结，形成缝隙而导致渗漏。

（2）预埋件周围钢筋密，混凝土未被振捣密实，造成混凝土自身缺陷并由此引起渗漏。

4.2 现浇混凝土结构预埋套管、电气穿墙管处渗漏原因分析

（1）预埋套管、电气穿墙管外皮不整洁，铁锈、油污未清除干净，影响与混凝土的黏结，形成缝隙导致渗漏。

（2）预埋套管、电气穿墙管在地下水位以下时，未按设计要求焊接止水环或止水环焊接防腐处理不符合要求，在地下水长时间腐蚀作用下，止水环失去止水功能，导致管与混凝土交接处渗漏。

（3）穿墙管与穿墙管之间距离较小，混凝土振捣不密实，降低了混凝土结构的自防水性。

（4）穿墙管迎水面在回填时遭到损坏，引起渗漏。

4.3 现浇混凝土结构施工缝、变形缝处渗漏原因分析

（1）施工缝的留设位置不当、过多，留设在受力较大部位，这引起施工缝处混凝土开裂产生裂缝，造成渗漏。

（2）施工缝止水钢板、变形缝橡胶止水带、嵌填密封材料质量不合格，在地下水的长时间侵蚀下损坏、失效。

（3）混凝土浇筑前未对止水钢板上的铁锈、油污、混凝土残渣清理干净，影响混凝土与止水板的黏结之间产生缝隙。

（4）施工缝止水钢板安装位置、方式不正确，加固措施不牢靠，混凝土浇筑时止水带发生移位，止水流路径变短。

（5）施工缝、变形缝处的混凝土振捣不密实层，混凝土凝固时产生收缩，使止水带与其下混凝土产生缝隙，造成渗漏。

（6）施工缝处未按规定认真凿毛处理，存在着隔离层。凿毛处理后和混凝土浇筑前未清理施工缝处垃圾，降低了墙板的抗渗能力。

（7）混凝土外墙浇筑前未在侧墙水平施工缝处浇筑一层同强度混凝土砂浆，新老混凝土不能牢固黏结，存在明显分界线。

4.4 池壁支模对拉螺栓处渗水分析

（1）对拉螺栓中焊接的钢板止水环有漏焊、电焊、夹渣、烧伤等现象，止水环起不到有效止水作用。

（2）拆模过早，模板或者钢管对拉螺栓发生碰撞，造成对拉螺栓松动，顺螺杆有渗水。

4.5 混凝土裂缝分析

（1）混凝土拌合物沉降裂缝，池壁混凝土大都采用流动性商品混凝土，在混凝土没有达到初凝前，其内部的粗骨料继续处于下沉状态，而混凝土沿钢筋的下方继续下沉，由于钢筋的阻挡，钢筋上面的混凝土被钢筋支护，在钢筋的上表面沿着钢筋的走向产生裂缝。钢筋下部的骨料仍在下沉，在钢筋的下表面形成了一道微细的水膜，日后则形成一条贯通微孔隙，在水压下导致池壁渗漏。

（2）贯通性毛细裂缝，因为泵送混凝土的流动性大，相应的混凝土单位用水量要比普通混凝土用水量多。在浇筑振捣完后，一部分水蒸发，一部分水泌掉，很大一部分水被水泥水化时吸收，还有少部分水就存在混凝土内部。混凝土内部的这少部分水在一定时间内慢慢挥发，原来水所占的体积就形成了一条毛细孔隙，在水压力下，这种贯通的毛细孔就很容易渗漏。

4.6 现浇混凝土局部钢筋较多振捣不密实、麻面处分析

池壁交接处钢筋集中、密集，钢筋间距空间小，振捣困难，混凝土振捣不密实存在麻面。

5 现浇混凝土结构预埋构件处渗漏预防

地下混凝土预埋构件处渗漏应以预防为主,保证结构的自防水能力。施工过程中应根据前期分析渗漏的原因采取有针对性、有效施工方法和措施,并在施工过程中严格验收检查,防止出现渗漏。

5.1 现浇混凝土结构预埋件、预埋套管、电气穿墙管处渗漏预防

（1）预埋件、预埋套管、电气穿墙管安装前必须将埋件上的铁锈、油污清理干净。地下水以下预埋套管、穿墙管安装前检查每个预埋套管止水环凸出管面高度、形状、焊接质量、防腐处理,发现问题及时整改。

（2）当直接埋设穿墙管时,应在穿墙管迎水预留凹槽,凹槽内采用密封材料嵌填。

（3）相邻穿墙管净距不小于300 mm,保证混凝土振捣密实。穿墙管线较多时,宜相对集中,并采用穿墙盒法。

（4）回填时穿墙管应搭设临时支架,管周边500 mm范围内采用人工回填压实,防止回填损坏穿墙管。

5.2 现浇混凝土结构施工缝、变形缝处渗漏预防

（1）施工前应根据设计图纸和现场实际情况合理设置施工缝,如结构中设有变形缝应尽可能将施工缝与变形缝合二为一(按变形缝施工)。

（2）止水钢板进场前应检验原材料三证与表面质量。嵌填密封材料对拉伸模量、定伸黏结性、拉断伸长率进行复检。

（3）混凝土浇筑前止水钢板应清理干净。

（4）止水钢板应安装结构厚度的1/2处,且固定牢靠。

（5）钢板止水带尺寸不足或连接处没有满焊,止水带表面有锈蚀或油污未清理干净。

（6）施工缝部位支模时端头不易封严,经常跑浆,仅留下砂石和少量水泥浆,形成类似泡沫混凝土导致渗漏。

（7）施工缝、变形缝处振捣应密实。施工缝处应凿毛处理,并及时清理残渣。

（8）施工缝二次混凝土浇筑前采取洒水湿润,并先浇筑25 mm厚同强度混凝土砂浆,保证新老混凝土黏结牢固。

（9）变形缝嵌填密封材料时,变形缝两侧基层平整、干净、干燥,并涂刷与基层相容的基层处理剂。嵌缝底部应设置背衬材料。嵌填应密实连续、饱满、黏结牢靠。

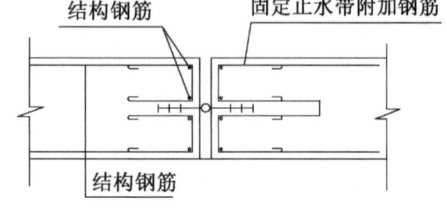

图1　止水带加固方法

5.3 池壁支模对拉螺栓处防水

（1）对拉螺栓焊接的钢板止水环有漏焊和点焊。

（2）拆模板过早,对拉螺栓松动。

5.4 混凝土裂缝预防

（1）混凝土配置时要严格控制水灰比和水泥用量,选用良好的骨料级配和砂率,搅拌均匀,振捣密实。

（2）浇筑前将基层和模板浇水湿润,浇筑后及时并认真养护,可覆盖塑料薄膜保湿养护。

（3）气温过高、湿度低或风速大的天气施工,浇筑后及时养护,但不宜使用温度太低的水直接浇筑混凝土表面。

（4）冬季雨季施工必须取相应的施工措施,保证混凝土浇筑质量。

6 现浇混凝土结构预埋构件处渗漏治理

地下混凝土结构预埋构件处渗漏,直接影响工程的使用功能和安全性能,给生产生活带来了极大危害。因此必须对渗漏及时治理。

6.1 预埋件、预埋套管、穿墙管处渗漏的治理

(1) 沿交接部位开凿宽×深为 30 mm×30 mm"V"形环凹槽,并凹槽内部清理干净。

(2) 速凝水泥封闭凹槽,并预埋灌浆嘴。

(3) 对裂缝灌注改性环氧浆液;对涌水较大的情况下应先采用水溶性聚氨酯浆液进行化学灌浆止水,再进行改性环氧浆液的二次灌浆处理。

(4) 对开凿部位批抹厚 5~7 mm、宽 600 mm 环氧乳液水泥砂浆或厚 7~10 mm 氯丁胶乳水泥砂浆局部防水层。

(5) 加涂一道 3 mm 厚弹性水泥局部防水增强层。

6.2 施工缝、变形缝处渗漏的治理

6.2.1 施工缝处渗漏的治理

(1) 沿施工缝为中心剔成八字形边坡沟槽,并清理干净。

(2) 按比例搅拌无机速凝防水胶浆(防水材料:水=1:0.25)并捻成条形。

(3) 待胶浆快凝固时,迅速填入沟槽内,沿中心向两侧用力挤压,使胶浆与槽壁紧密结合。

(4) 无渗漏后,用水泥砂浆将沟槽抹平。

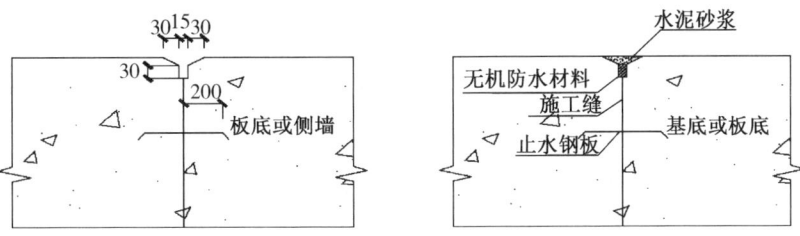

图 2 施工缝渗漏处理简图

6.2.2 变形缝处渗漏的治理

(1) 清除混凝土杂物及变形缝处泡沫,用清水冲浮灰。

(2) 将 PVC 管从中间破开成 C 字形,将 C 字形 PVC 管倒扣变形缝内。C 字形 PVC 管上部预留注浆嘴孔,孔径直线段不大于 1 m 且不少于两处。

(3) 用无机防水材料初步封堵(厚度 50 mm),并按要求养护。

(4) 养护期满后,从一端开始压力注入聚氨酯化学遇水发泡材料,将注浆材料通至邻近注浆嘴时,停止对本注浆嘴的注浆,关闭注浆阀,对下一处注浆口注浆,依次类推,全部注浆结束后观察有无渗漏点,如有渗漏二次补注浆,拆除注浆嘴。

(5) 速凝水泥养护期满后填塞膨胀止水条。

(6) 二次采用无机防水材料对缝隙全面封堵填实(留 25 mm 高度)。

(7) 基层清理:清理基层泥浆、垃圾、浮浆,并用水冲洗干净,局部凹凸处必须修平。

(8) 用水泥砂浆将凹槽修平。

6.3 池壁对拉螺栓处渗漏的处理

用直径 Φ16 的电钻将孔眼扩成喇叭口形,深度约 20 mm,外口直径约 30 mm。用清水冲洗湿润并用

1∶1膨胀水泥砂浆(或堵漏王)从外墙内侧进行封堵入孔内约 50 mm,待干燥后,用聚氨酯防水涂料涂抹。

6.4 混凝土裂缝的处理

(1)漏水部位不严重可将渗水部位凿深 2 mm,采用安塞类防水剂配置砂浆处理,安塞类防水剂是水溶性材料,按说明书要求的比例直接与水配置,并直接用于拌合砂浆,在砂浆凝固时将砂浆内的所有毛细孔全部堵死,从而产生强有力的防水膜。其特点是施工操作简单,防水性能好,使用寿命长,施工省时、省力,无毒、无味、无污染。

(2)渗漏部位仅为细微渗水,可采用水泥基渗透结晶型防水涂料刮涂。

(3)基面有严重渗漏处,应先采用堵漏材料施工,再使用水泥基渗透结晶型防水涂料刮涂,才能确保工程质量。混凝土表面应干净无浮层、旧涂膜、尘土污垢及其他杂物,以提供充分开放的毛细管系统,有利于防水材料的渗透和结晶体的形成;施工前必须用清水冲刷基面,使基面彻底湿润并形成内部饱和,以利于防水材料借助水分向混凝土结构内部渗透。

7 渗漏封堵后的验证

6月日照进入雷雨季节,6、7、8 三个月降雨量为最大降雨月份,此季节性雷雨也是渗漏封堵验证的最佳季节,通过多次查看经封堵后的预埋构件未发生二次渗漏。

地下现浇混凝土预埋构件渗漏是难以根治的问题,应在施工过程中以预防为主,严控施工中的各环节,保证结构自防水。

参考文献

[1]《建筑施工手册》(第五版)编委会.建筑施工手册[M].5 版.北京:中国建筑工业出版社,2012.
[2] 中华人民共和国住房和城乡建设部. 地下工程防水技术规范:GB 50108— 2008 [S].北京:中国计划出版社,2009.

山钢日照 2 050 mm 热轧工程混凝土裂缝原因及预防

中国二十冶集团有限公司工业工程公司　袁殿文　齐　操

【摘要】 热连轧设备基础抗裂实施难度大,混凝土浇筑、养护后容易出现表面裂缝现象,严重影响了施工的进程和质量,防止裂缝的产生成为工程的一个重要任务。
【关键词】 热轧　混凝土　裂缝现象　原因分析　预防

1　工程概况

山钢日照 2 050 mm 热轧工程主要由主车间及其辅助设施组成,热连轧主车间由原料区、加热区、主轧制线区、托盘运输区、检查线区、平整分卷区、成品区、轧辊间等组成,属大体积混凝土施工范畴。

2　日照气候条件

日照市地处我国大陆沿海中部、山东半岛南翼,东临黄海,西靠沂蒙,北连青岛、潍坊,南接江苏连云港。拟建日照钢铁精品基地厂区选址位于日照市岚山工业园区中部,南北纵跨岚山区虎山镇和东港区涛雒镇,东西横跨海陆两区,西临 204 国道和沈海高速,距日照市区约 40 km。日照属于温带季风气候,四季分明,冬无严寒,夏无酷暑,非常潮湿,台风登陆频繁。年均气温 12.7℃,年均湿度 72%,无霜期 223 天,年平均日照 2 533 h,年均降水量 874 mm。日照属于东部季风区,夏季高温多雨,冬季寒冷少雨。因其濒临沿海,受海洋影响显著,相对同纬度其他内陆地区四季温差较小,因此夏冬季气温适中。

3　混凝土表面裂缝产生原因分析

3.1　骨料因素

混凝土采用碎石作为粗骨料,品质好的碎石与水泥的黏结性较好、包裹力也较强,同时碎石的弹性模量较高,这些碎石的特性大大减小了混凝土的收缩,从而避免了裂缝的产生,品质差的碎石表面与水泥黏结性较差,容易松动,因此增加了裂缝产生的可能性。

3.2　气候条件因素

日照早晚温差大,由于设备基础施工期间厂房未封闭,混凝土处于露天情况下,早晚的温差对混凝土自身内外温度造成一定影响。大体积混凝土表面水分蒸发过快,体积急剧收缩,这使得混凝土表面极易产生裂缝。

3.3　养护方式因素

在混凝土养护阶段,养护方式、混凝土内外部温度监测不及时以及覆盖材料不同也会造成混凝土裂缝的产生。

4　混凝土表面裂缝产生的类型

经过以上三点裂缝产生原因的分析,结合现场实际情况,混凝土表面裂缝产生的原因主要有表面温差收缩裂缝和塑形收缩裂缝。

（1）表面温差收缩裂缝表现为：大体积混凝土由于水泥水化热导致混凝土内部温度较高，当混凝土表面温度与气温相差过大时，会产生温度收缩裂缝。

（2）塑形收缩裂缝表现为：浇筑后的混凝土表面受风吹、日晒、外部的高温度和低温度等因素的影响，随着混凝土表面水分的蒸发，内部水分逐渐向外部迁移，继续蒸发水分，造成混凝土在塑性阶段的体积收缩。塑性收缩一般可达新浇筑混凝土体积的1‰左右，大流动性混凝土有时可达2‰。在浇筑大面积平板（如楼板层）时，当表面日晒或风大，内部水分迁移速度小于上表面水分蒸发的速度时，混凝土表面的收缩应力远大于混凝土的抗拉强度，就会产生大量不规则微细裂缝，如不及时抹压和覆盖保水养护，此类裂缝会迅速向内部延伸，严重时会造成贯通裂缝。

5 大体积混凝土施工及养护

5.1 分块跳仓法施工

（1）基础底板按分块跳仓的方法施工，分块位置见图1。

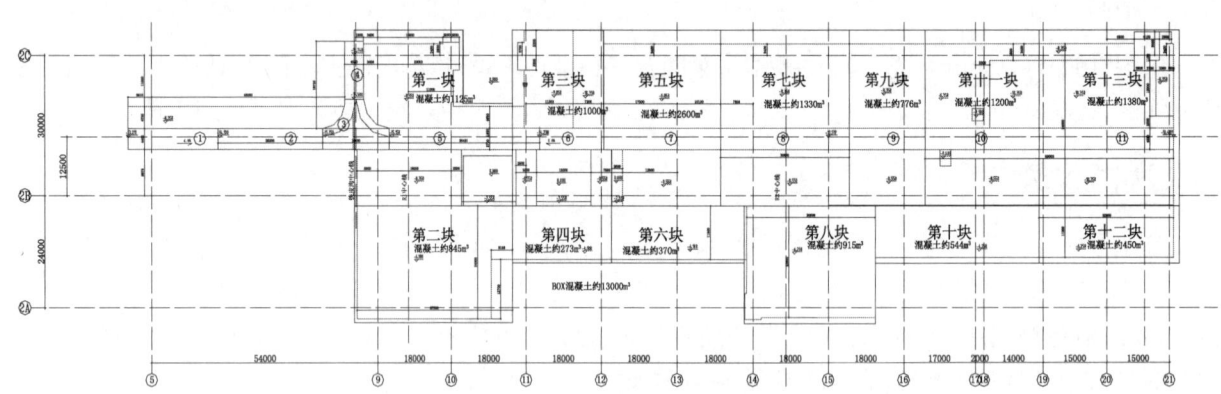

图1 主轧机BOX基础底板分块图

（2）分块跳仓施工顺序：根据土方开挖顺序，先安排两个土建队四个班组同时施工，首先由一队第一班组施工第十三块BOX基础底板，依次为第九、五、一块，第二班组施工十一、七、三块；二队第一班组施工十、六、二块，第二班组施工第十二、八、四块；基础施工分为三个步骤：第一步施工箱型基础下的冲渣沟底板（必须要先施工冲渣沟底板）、部分冲渣沟底板和箱型基础一起施工；第二步施工箱型基础底板；第三步施工箱型基础的外墙及柱基础。

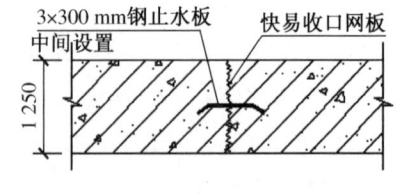

图2 基础底板施工缝示意图

（3）施工缝处理：施工缝处设置钢止水板和快易收口钢板网见图2，确保施工缝的质量。

5.2 混凝土质量控制

选取水化热低，泌水、干缩性小的水泥。严格控制骨料含泥量，砂和石的含泥量应<1%。混凝土搅拌站砂石堆场底部材料使用时必重新检验，若质量不符合规范要求，坚决不采用。

严格控制混凝土的坍落度，浇筑前混凝土的坍落度控制在120 mm±2 mm范围之内，坍落度超过规定要求时一律退回。

5.3 混凝土养护措施

混凝土压光后，及时覆盖保护层，覆盖厚度按覆盖理论计算厚度的麻袋或草袋进行保温、保湿养护，养护时应根据测温结果（内外温差）调覆盖物层数。拆模时间应尽可能延长，拆模后应立即回填或继续养护混凝土至混凝土里表温差趋于稳定为止。同时预防骤冷气候影响,确保混凝土内外温差控制在25℃之内,防止混凝土早期和中期裂缝。

6 预防其他情况下混凝土裂缝的措施

针对现场条件及天气情况,对于商品混凝土和早晚温差大、大风多的天气情况下产生裂纹的原因,在施工类似条件大体积混凝土时主要应注意以下几点:

(1) 由于商品混凝土坍落度大,稍加振捣即出现石子下沉、浆体上浮,时常有较多泌水,随着水分蒸发,表面出现大量塑性收缩裂缝。

(2) 在粗钢筋和粗骨料下面,也会出现泌水层,水分蒸发后形成孔隙,影响混凝土的密实性和抗渗性能,也降低钢筋的握裹力。

(3) 在混凝土拌和物中有多余水量,混凝土硬结后,随着水分的蒸发,比较容易产生干燥收缩裂缝。

(4) 大流动性混凝土振捣时间不宜过长,振捣时间长,在振捣处会出现富浆部位,富浆部位较容易出现塑性收缩裂缝,终凝后继续收缩发展成贯通裂缝。

(5) 在烈日暴晒和大风天气,混凝土浇筑后如不及时覆盖,则混凝土表面较快凝结,形成一层硬皮,硬皮上的裂缝已经抹压不动。而下部混凝土还未达到初凝。在风大时期,由于商品混凝土有缓凝组分,也会出现类似现象。

(6) 对于大体积混凝土或可能发生表面与环境温差较大的混凝土工程,采用内部测温的方法,关注混凝土表面温度与环境气温的温差,当温差太大时,应采用覆盖保温的方法,以免出现温差裂缝。

7 结语

混凝土裂缝的产生原因:其一是收缩裂缝:混凝土在逐渐散热和硬化过程中会产生体积收缩,混凝土坍落度越大,水泥用量和水用量就越大,缩水量也就越大,同时水泥用量高,在硬化中产生热量也多,如果混凝土在约束的情况下,当内部应力大于混凝土抗力强度时,混凝土表面就会产生裂缝。其二是温度裂缝:混凝土在硬化过程中内部产生一定的热量,大体积混凝土断面较厚,表面系数相对较小,一般混凝土都是一次浇筑完成,混凝土在硬化过程中内部聚集热量不易散发,内部温度显著升高,而表面散热较快,内外形成较大温差,使混凝土内部产生压应力,此时混凝土龄期较短,表面产生的拉应力超过混凝土抗拉应力,产生裂缝。其三是材料裂缝:水泥的安定性不合格,由于水泥刚生产出来未充分熟化,另外,粗骨料含泥量较高。

本文通过粗略分析热连轧工程混凝土裂缝的产生原因,针对如何防止混凝土裂缝提出了自己的一些想法,希望可以对今后类似工程具有一定的借鉴意义与参考价值。

山钢日照 3 500 mm 炉卷工程 60 m 长超大吊车梁吊装工艺探索与实践

中国二十冶集团有限公司工业工程公司　张兴原

【摘要】 随着国家对环保的重视,目前全国各大钢厂在进行搬迁或高污染、高耗能小钢厂重组新建厂房,这不仅符合人们对生活环境质量要求提高的现实意义,还是国家的宏观经济战略调整,故沿海地区越来越多的大型冶金厂房拔地而起。山钢日照精品基地项目是国家发改委重点项目,山钢日照 3 500 mm 炉卷工程为钢铁精品基地的一个子单元。炉卷钢结构厂房在冷床区跨度达到了 60 m,设计了 8 根长 60 m,高 6.5 m,每根重量达到 154.3 t 的吊车梁。本文总结了炉卷冷床 60 m 长超大吊车梁吊装的工艺特点,为同类型项目的施工提供借鉴参考。

【关键词】 炉卷　拼装　60 m 长超大吊车梁　吊装

1　工程概况

山钢日照 3 500 mm 炉卷工程钢结构为全钢结构框架,钢柱采用变截式钢柱,上柱为焊接 H 型实腹式钢柱,下柱为双肢格构式钢管混凝土钢柱,柱脚采用分离式柱脚,肩梁采用单腹壁肩梁。柱间支撑上、下柱柱间支撑采用十字形剪刀撑。吊车梁全部采用焊接工字型钢吊车梁。吊车梁系统设置辅助桁架、制动桁架、支撑等构件形成完整受力体系。屋面系统由 C 型钢檩条及屋面水平支撑构成。

冷床区吊车梁全部采用焊接工字型钢吊车梁,其中 D 轴 25～29 线、30～34 线;F 轴 25～29 线、30～34 线钢结构吊车梁中间高 6 500 mm,两边高 4 500 mm,60 m 长,上翼缘板 $t_1=60$ mm,宽度 850 mm,下翼缘板 $t_2=40$ mm,宽度 600 mm,腹板 $t_3=30$ mm,高度 6 500 mm,单件构件重 154.3 t。

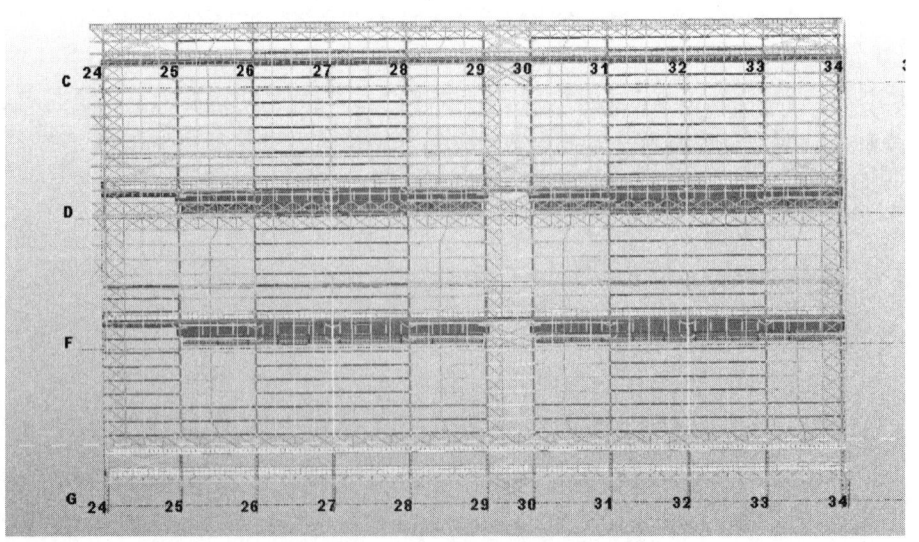

图 1　60 m 吊车梁平面布置图

2 施工方案的选择

考虑到吊车梁整体长度 60 m，假如采用施工现场整体制作、吊装，占地面积大，制作周期长，因工期及场地等原因无法满足施工现场整体制作的方案。故经过整体研究，统筹考虑，为了方便运输，不影响整体施工进度等原因，采用钢结构加工厂分段制作，分批次进场，现场拼装后进行吊装，分段制作图见图 2。

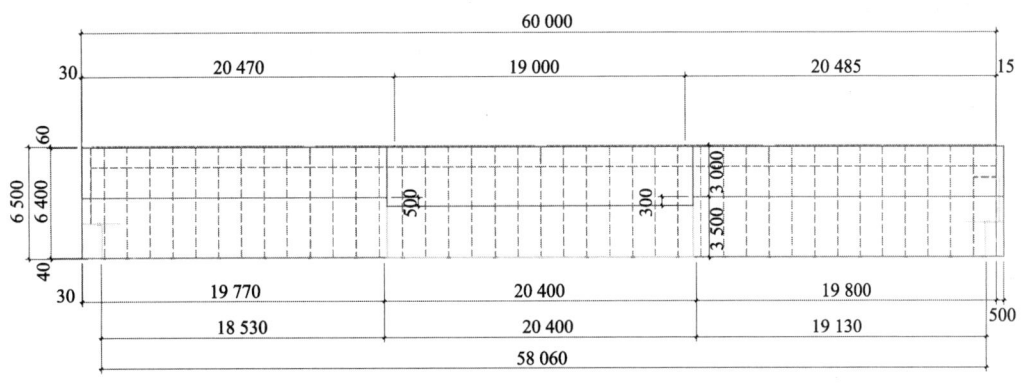

图 2 分段制作图

为了方便运输、现场拼装等原因，根据图纸及规范要求最终与设计院商议确定，60 m 吊车梁在钢结构制作厂分三段加工，每段长度约为 20 m，到达现场后进行现场拼装（图 2）。现场吊装以横纵向轴线为分界线，将冷床区分为 4 个施工单元。每个施工单元先后施工顺序见图 3。拼装时搭设施工胎架，胎架布置图见图 4。

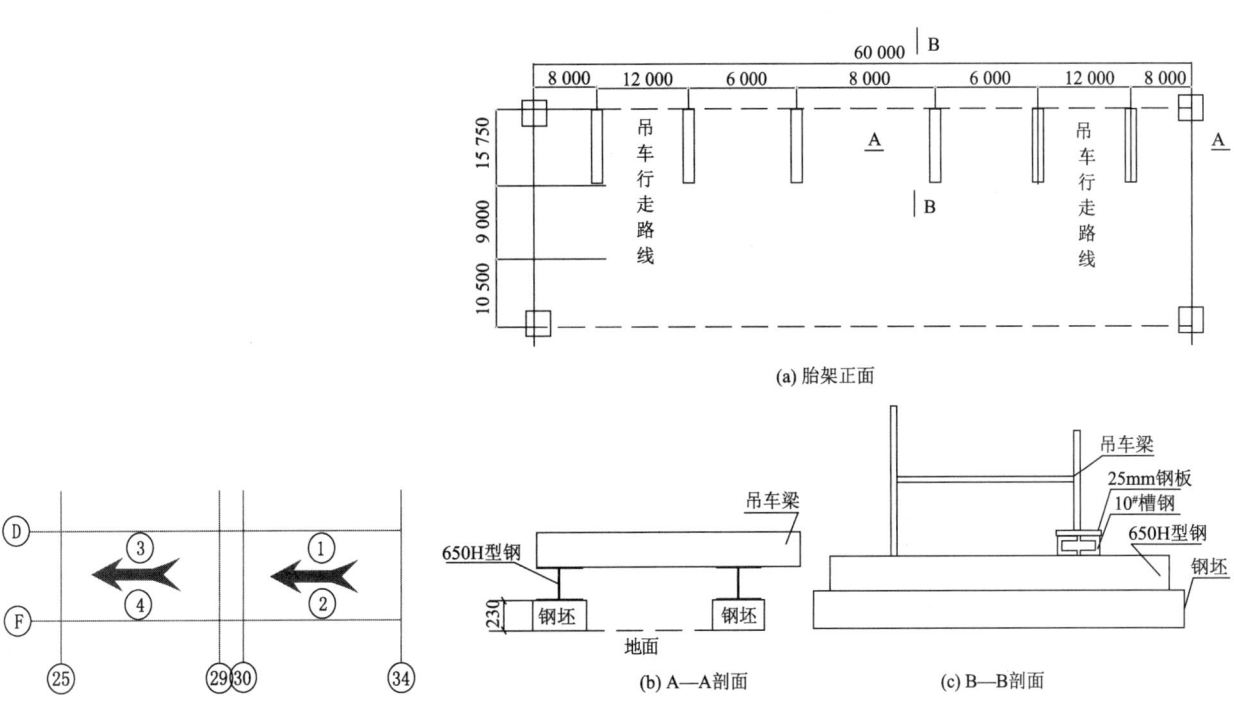

图 3 每个施工单元施工顺序　　　　图 4 胎架布置图

3 安装思路

在构件进场前平整场地,保障安装60 m吊车梁施工条件,并搭设安装60 m吊车梁的施工胎架,使现场具备吊车梁拼装条件。制作厂对60 m吊车梁制作时对三节吊车梁依次编号,依次运输至施工现场,并按顺序放置至施工胎架上,将6个胎架一字排开。每段吊车梁平放在两个胎架之上,吊车梁的对接口在两个胎架的中间位置,每两段吊车梁放上之后进行水平度与垂直度的调整,将水平调整好之后,在上口焊上靠山加以固定。根据需要用倒链、千斤顶在两侧调整接口间隙、吊车梁起拱度,并用钢线、卷尺对各项尺寸进行检查,调整合格后方可进行腹板及翼缘板的定位焊接,待焊接完一面进行翻身,继续焊接另一面,整体焊接完成进行吊装,待安装完毕后,再进行第2根的安装,依次类推。

4 钢结构吊装设备选型及负荷计算

4.1 吊车选型

由于本工程吊车梁为超长超重构件,考虑到运输要求,每根构件重量不超过55 t。拟选用2台200 t履带吊进行吊车梁双机抬吊,主臂长29 m,吊车梁辅助卸车采用200 t履带吊。200 t履带吊作业范围见图5,起重性能见表1。

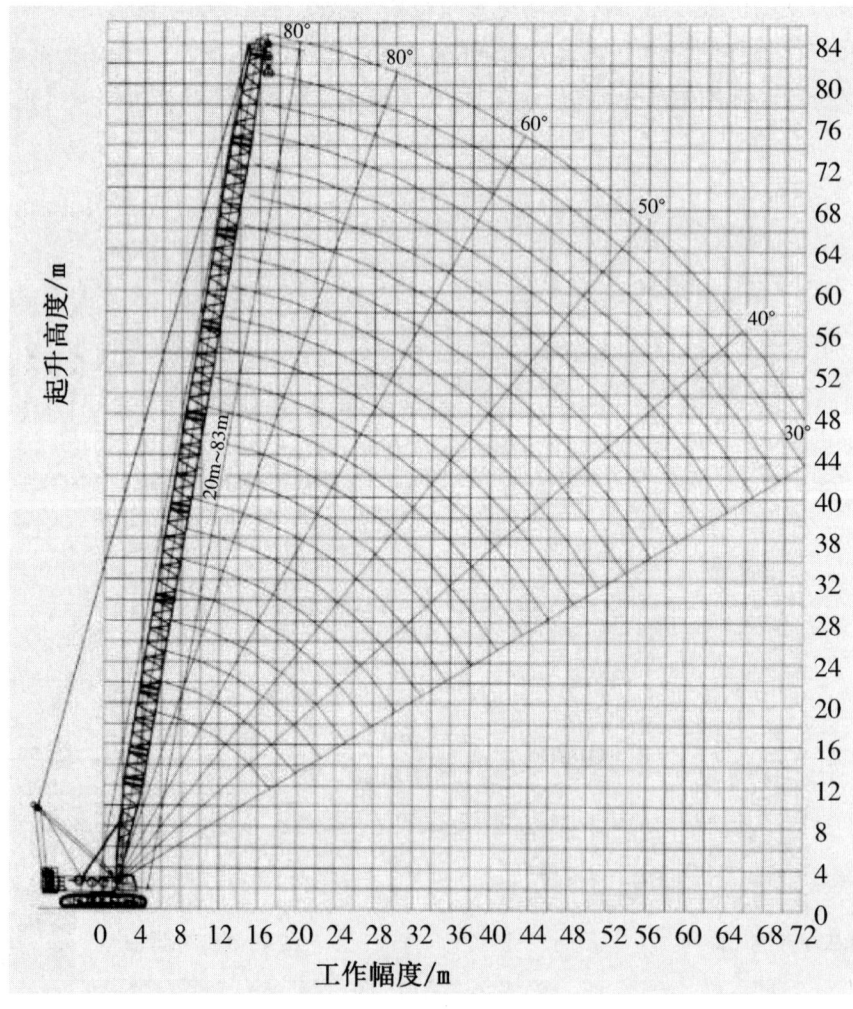

图5 履带吊作业范围

表 1 起重性能表

工作幅度/m	主臂不同臂长下的履带吊起重性能表（最大工作角度80°）/t										
	20	23	26	29	32	35	38	41	44	47	50
5.0	200.0	178.0/5.4									
6.0	199.9	178.0	166.6	143.3/6.4							
7.0	173.3	170.4	166.6	143.3	131.3	112.5/7.5					
8.0	144.0	141.8	139.7	137.5	131.3	110.5	106.5	97.6/8.5			
9.0	121.0	119.9	118.2	116.6	115.0	106.5	106.5	95.6	93.7	85.6/9.6	
10.0	103.3	103.1	102.4	101.1	99.8	98.5	97.2	93.7	93.7	82.6	80.6/10.1
12.0	79.8	79.5	79.3	79.0	78.7	77.7	76.8	75.9	74.9	74.0	73.1
14.0	64.8	64.5	64.3	64.0	63.8	63.5	63.2	62.5	61.7	61.0	60.2
16.0	54.4	54.1	53.9	53.6	53.4	53.1	52.8	52.6	52.3	51.7	51.0
18.0	56.8	46.5	46.3	46.0	45.7	45.5	45.2	44.9	44.7	44.4	44.1
20.0		40.7	40.4	40.2	39.9	39.6	39.4	39.1	38.8	38.6	38.3
22.0			35.8	35.6	35.3	35.0	34.8	24.5	34.2	33.9	33.7
24.0			33.9	31.8	31.6	31.3	31.0	30.7	30.5	30.2	29.9
26.0				28.8	28.5	28.2	27.9	27.2	27.4	27.1	26.8
28.0					25.9	25.6	25.3	25.1	24.8	24.5	24.2
30.0					24.8/29	23.4	23.1	22.9	22.6	22.3	22.0
32.0						22.4/31	21.2	21.0	20.7	20.4	20.1
34.0							19.6	19.3	19.0	18.7	18.5
36.0								17.8	17.6	17.3	17.0
38.0									16.3	16.0	15.7
40.0								15.7/39		14.8	14.6
42.0										13.8	13.5
44.0											12.6

4.2 吊车负荷计算

吊车梁单根重量 153 t。吊车钩头 2.7 t（单机）×2＝5.4 t，吊耳 0.125 t（单个）×4＝0.5 t，卡环 0.25 t（单个）×4＝1 t，φ60 mm 钢芯钢丝绳 24×2×0.014 4＝0.69 t。吊具重量合计 7.59 t。选择 2 台 200 t 履带吊双机抬吊，吊点相对于吊车梁中心对称设置。

F_1 为抬吊总重量，即构件和吊具总重量：F_1＝153＋7.59＝160.59 t。

F 为抬吊时 2 台 200 t 履带吊钩头受力：$F=\dfrac{F_1}{2}$＝160.59/2＝80.295 t。

200 t 履带吊采用 29 m 主臂，工作半径 8 m，由表 1 可知额定起重量 137.5 t，根据《建筑机械使用安全技术规程》（JGJ 33—2012）的要求，双机抬吊时起重机如需带载行走，应缓慢行走，起重量不得超过允许起重量的 70%，此时 200 t 履带吊最大起重量为：137.5×70%＝96.25 t＞80.295 t，满足要求。

双机抬吊作业时，单机起吊载荷不得超过允许载荷的 80%，此时 200 t 履带吊回转半径 8 m，最大起重量为：(116.6＋137.5)/2×80%＝101.64 t＞80.295 t，满足要求。

4.3 结构吊装钢丝绳验算

钢丝绳容许拉力：

$$T=P/K \tag{1}$$

式中 T ——为容许拉力（kN）；

P ——为钢丝绳的破断拉力（kN）（查表可得）；

K——为钢丝绳的安全系数(查表2得K取6)。

表2 钢丝绳的安全系数

使用情况	安全系数 K	使用情况	安全系数 K
缆风绳用	3.5	用作吊索,无弯曲	6~7
用于手动起重设备	4.5	用作绑扎吊索	8~10
用于机动起重设备	5~6	用于载人的升降机	14

钢丝绳的拉力

$$T_0 = K_1 K_2 G/(n\cos\alpha) \tag{2}$$

式中 K_1——动载荷系数,取1.1;

K_2——不均衡系数,一般为1.2~1.3,取1.2;

G——构件重力(kN),$G=mg$;

n——承重绳分支数;

α——承重绳与铅垂线的夹角。

60 m吊车梁单根重153.4 t,吊具合计重7.59 t。采用双抬4点起吊,单机承担$(153+7.59)/2=80.295$ t。

钢丝绳拉力(图6):

$T_0 = K_1 K_2 G/(n\cos\alpha) = 1.1 \times 1.2 \times 803/4\cos 30° = 305.98$ kN

钢丝绳破断拉力:

$P_0 = T_0 \times K = 305.95 \times 6 = 1\,835.9$ kN

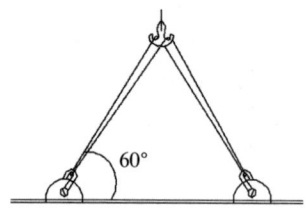

图6 钢丝绳连接示意图

根据国家标准《一般用途钢丝绳》(GB/T 20118—2006),选用公称抗拉强度1 870 MPa的钢芯钢丝绳ϕ60 mm[6×37(b)$-1\,870$],其最小破断拉力$P=2\,150$ kN

$P_0 < P$

选用公称抗拉强度1 870 MPa的钢芯钢丝绳ϕ60 mm,满足吊装要求。因此,根据强度计算及承重绳与铅垂线的夹角,选用2根20 m长6×37(b)$+1-1\,870$钢芯钢丝绳。

4.4 吊耳计算

此吊耳由中冶京城设计院设计提供。每只吊耳安全负荷为60 t。

吊车梁安装吊耳在加工厂焊接好。采取四点吊装,分别设与距吊车梁两端8.5 m和18.5 m位置设置吊耳。吊耳形式见图7。

焊缝强度计算:

60 m吊车梁单根最大重量153 t,钢丝绳、吊索、钩头等合计按165 t计算,设置4副A60型吊耳

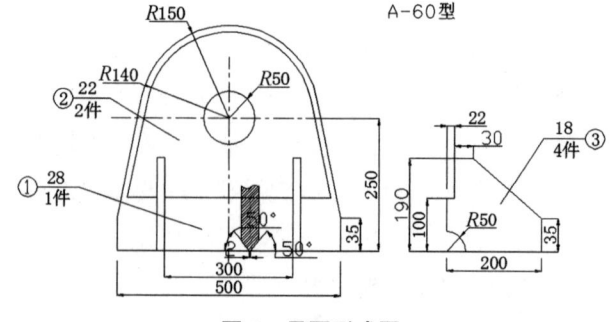

图7 吊耳形式图

进行吊装,每副吊耳承受41.25 t垂直向上的拉力,主板焊脚尺寸16 mm,筋板焊脚尺寸10 mm。

① h_e为角焊缝计算尺寸,s为坡口深度:

$h_e = s - 3 = (28-2)/2/\cos 50° - 3 = 17$ mm

② l_w 为角焊缝计算长度,对每条焊缝取其实际长度减去 2 倍焊脚尺寸:

$l_w = 500 - 17 \times 2 = 466$ mm

③ β_f 为正面角焊缝的强度设计值增大系数,取 1.0。

④ f_f^w 为角焊缝的强度设计值,$f_f^w = 160$ N/mm²。

在受到垂直向上的拉力时,正面角焊缝(作用力垂直于焊缝长度方向)受到的力为:

$$\sigma_f = \frac{N}{h_e \cdot l_w} = \frac{165/4}{17 \times 466 \times 2} \times 1\,000 \times 9.8 = 25.52 \text{ N/mm}^2 < \beta_f f_f^w = 1.0 \times 160 = 195.2 \text{ N/mm}^2$$

钢丝绳与水平面成 60°夹角,则水平方向上剪力 $N = 165/4 \times \cot 60° = 23.82$ t,侧面角焊缝(作用力平行于焊缝长度方向)受到的力为

$$\tau_f = \frac{N}{h_e \cdot l_w} = \frac{23.82}{17 \times 466 \times 2} \times 1\,000 \times 9.8 = 14.73 \text{ N/mm}^2 < f_f^w = 160 \text{ N/mm}^2$$

因此焊缝强度满足设计要求。

4.5 吊车梁场地计算

地基承载力计算:

200 t 履带吊工作重量 196 t(见履带吊 QUY2000 技术参数),吊车起吊重物总负载 165 t/2=84.25 t(吊车梁重+钢丝绳吊耳重),吊车履带长度 7.44 m,宽度 1.2 m。

$$(196 + 84.25)/(7.44 \times 1.2) \times 2 = 15.6 \text{ t/m}^2。$$

由于梁重、较长,考虑梁运到跨内后,就位还存在一段运行过程,另加上 2 台 200 t 履带吊的自重;要求施工场地平整,对梁运行路段及 200 t 履带吊站位的回填土要求分层夯实碾压后上铺 800 mm 厚道砟重复碾压,钢坯铺设前后 200 t 履带吊再重复碾压;地基承载力不小于 156 kPa。

5 现场拼装

5.1 定位焊接

焊接时,首先进行大梁的定位,由 2 名焊工对大梁的翼缘板和腹板进行定位施焊,定位焊材型号均与正式焊材相匹配,点焊高度不宜超过设计焊缝高度的 2/3,焊缝长度不小于 100 mm,焊点间距为 450~550 mm,点焊要牢固可靠,吊点处加大焊缝长度。施焊之后进行垂直度与水平度的复测。

5.2 焊接方法

正式焊接时,对定位好的吊车梁进行挡块固定,四周固定牢靠,方可施焊。焊接时,由 2 名焊工同时采用 CO_2 气体保护焊进行手工施焊。吊车梁分两种工况焊接,第一种工况是吊车梁平躺着正面焊接,主要完成正面的腹板焊接和翼缘接口的焊接;第二种工况是翻身后完成反面的焊接。焊接的原则是,先焊中间,后焊四周;先焊接横向焊缝,再焊接纵向焊缝;先焊短焊缝,再焊长焊缝。焊接顺序如下:

第一步,焊接腹板的纵向焊缝,从中间处向翼缘板处焊接。

第二步,焊接大梁的上下翼缘板接口,先焊下翼缘内口,再焊上翼缘内口。接口焊缝 4 条,均为立焊缝。

第三步,焊接翼缘板与腹板的预留 T 型接口,共 4 条焊缝,平焊角焊缝,先焊下翼缘处,再焊上翼缘处。

第四步,翻身,清根,再按第一步到第三步的顺序完成反面的焊接。

第五步,焊接下翼缘外口,再焊接上翼缘外口。共 4 条立焊缝。

第六步,清理焊口,进行焊缝检测,合格后完成接口处肋筋板焊接。

5.3 吊车梁的翻身加固

在另一面焊接之前需要对大梁进行翻身。首先要在大梁的一侧焊上4个吊耳,吊耳位置在大梁两端向内8.5 m,18.5 m的位置(制作时已焊接)。利用2台200 t履带吊将大梁立起翻身并放置在胎架中间,调平垫实。

在焊接时,考虑到现场条件,必须搭建合适的焊接防风棚,以方便焊工作业,确保焊接质量。

5.4 焊接技术要求

(1)焊接操作须由持有相应焊接条件且合格证在有效期内的焊工操作。安排2名有经验的焊工进行焊接。特别是焊接一、二级焊缝的焊工尚须取得实绩。

(2)焊材的匹配原则及焊接规范除满足焊接作业指导书外,尚应符合表3的规定。

表3 焊材的匹配原则及焊接规范

焊接方法	钢号	焊接材料	备注
手工焊	Q235B	E4319,E4303	焊条需按要求烘干
	Q345B/C	E5019,E5003	
CO_2气体保护焊	Q345B/C	ER50-6	

备注:表中CO_2气体保护焊的保护气体纯度为99.9%,含水率≤0.005%。所选用的焊条或焊丝其性能应符合相应的国家标准。

(3)焊接前应先清除焊缝接口区域50 mm内的水、锈、油污等,焊接作业区的相对湿度不应大于90%,当气体保护焊时作业区域风速超过2 m/s时,应采取防风措施。

(4)所有吊车梁上翼缘板与腹板的T型连接、K型焊缝,均要求坡口焊透,焊缝质量等级为二级。

(5)吊车梁的下翼缘板上不得焊接吊挂设备的零件,不得在其上面打火或焊接夹具。

(6)所有引弧板切割处,均应用机械加工,一般可用砂轮修磨,使之与主体金属平齐。

(7)引弧和熄弧:引弧时由于电弧对母材加热不足,应在操作上注意防止产生熔合不良、弧坑裂纹、气孔和夹渣等缺陷的发生;另外,不得在非焊接区域的母材上引弧,以防止电弧击痕。当电弧因故中断或焊缝终端收弧时,应防止产生弧坑裂纹(特别是采用CO_2半自动气体保护焊时),一旦出现裂纹,必须彻底清除后方可继续施焊。焊后割除引弧和熄弧板应留2~3 mm,然后打磨平整;引弧板和熄弧板不得用锤击落。

(8)焊接前,由于翼缘板较厚,应进行预热,一般预热温度在100 ℃左右,预热宽度为焊缝处120 mm左右;层间焊接时,要保持温度在150 ℃左右;焊接后因早晚温差大,焊接板厚,需采取后热处理,后热温度在150~200 ℃,进行保温,防止温度陡降,造成变形。保温时间在1.5~2 h,一般保温缓冷到室温即可。采用红外线测温仪测量。

(9)焊接应一次施焊作业完成,每道焊缝不可中断,每层的焊缝始终端应相互错开50 mm。

5.5 焊接质量要求

焊接质量要求应满足现行《钢结构工程质量验收规范》(GB 50205—2001)的有关要求以及设计图中的有关要求。吊车梁下翼缘板、腹板的工厂对接焊缝,质量等级为一级;吊车梁上翼缘板的工厂对接焊缝为二级;上翼缘板与腹板的T型焊缝,焊缝质量等级为二级;翼缘板与腹板为角焊缝,焊缝质量等级为外观二级。T型接头,十字接头,角向接头处等要求为熔透对接和角对接组合焊缝,其焊角尺寸不应小于$t/4$,偏差为0~+4 mm,且≤10 mm。

5.6 焊接变形矫正

H型吊车梁焊接变形主要有翼缘板的角变形及焊接收缩量不同产生的"旁弯"。由于翼缘板是对接,不存在变形。腹板焊接由于两侧焊缝的纵向收缩不均匀,导致 H 型钢出现侧向弯曲现象。宜按图 8 所示进行火焰矫正方法。对于一般变形一次矫正即可达到误差允许范围内。

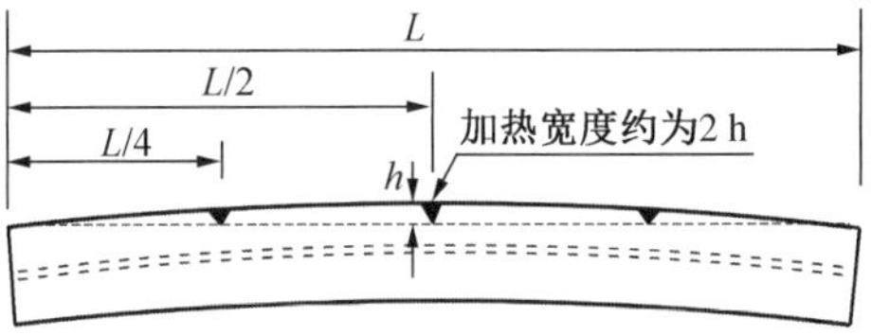

6 吊车梁安装工艺技术

6.1 吊车梁吊装准备

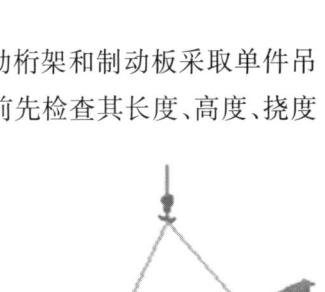

图 8 "旁弯"变形火焰矫正示意图

吊车梁吊装须在柱子最后固定,柱间支撑安装后,屋架梁吊装前进行,吊车梁吊装应满足如下条件。

(1) 柱脚混凝土一次灌浆强度达到 75% 以上。

(2) 严格控制定位轴线,密切注意钢柱吊装后的位移和垂直度偏差数值,实测吊车梁搁置端部标高的制作及安装引起的误差值。

(3) 根据各个标高差值和行车梁的实际高差来加工不同厚度的钢垫板。在吊装行车梁前,可将精加工过的垫板点焊在牛腿面上。

(4) 吊车梁应布置接近安装位置,使梁重心对准安装中心,吊车梁与辅助桁架和制动板采取单件吊装,安装从有柱间支撑处开始向两端吊装,安装后立即进行临时固定。安装前先检查其长度、高度、挠度(吊车梁不允许下挠)、侧弯等几何尺寸,符合要求后再进行吊装。吊车梁吊装时梁端部绑扎拖拉绳,防止碰撞其他构筑物。就位时应缓慢落钩,争取一次对好中心线以利于以后调整、固定。吊车梁校正前先在吊车梁顶面高 0.500 m 处用 ∟63×6 角钢焊于柱上,由测量人员将基础标高投到该角钢上,供吊车梁调整用。厂房屋面结构安装形成整体后调整,待吊车梁标高、垂直度、跨度达到标准后,测量放线定出安装轨道基准线。轨道安装前在地面检查钢轨,若出现折线、死弯等缺陷不得使用,端部变形或有粗头必须处理合格后方可使用。轨道安装前先进行排板,钢轨接头不应设在跨中位置。轨道连接采取全线焊接,安装顺序:根据吊车梁基准线(轨道中心线)及排板图用墨线定出固定座位置,然后安装压轨器,固定车挡。

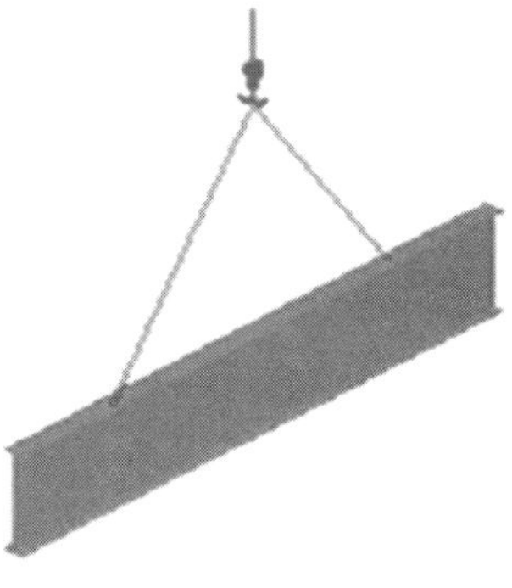

图 9 吊车梁吊装示意图

6.2 吊车梁安装工艺及要求

首先须考虑吊车梁在装车时的摆放方向以便于安装;因吊车梁长进入现场后无法掉头,故吊车梁装车应根据安装单位提供的大吊车梁进场示意图确认方向。

(1) 由于吊车梁运到现场直接拼装,现场条件有限,对吊车梁的几何尺寸无法检查,因此大吊车梁的几何尺寸及相关图纸、技术要求必须派专职技术人员到加工厂去检查验收,以保证安装质量。

(2) 安装过程:①运到跨内后,运输车停的位置应在现场已搭设好的胎架边缘。②两台 200 t 履带吊均接 29 m 主杆站在规定的位置原地将梁吊起,拖车退出。③拖车退出后,及时将梁直接发放在施工胎架上。④按顺序摆放,找正,调平固定。⑤进行焊接处理,待单面焊完成后,使用吊车进行翻身,待背面焊接完成后进行探伤检测,待探伤检测合格后进行防腐处理,具备吊装条件。⑥两台吊车载梁向前行走至距离钢柱 500 mm 时停止。⑦1#,2# 吊车同时向左回转吊杆至梁右端进到钢柱外侧,2# 吊车载梁缓慢向前行走至柱脚 200 mm 停下;两台吊车同时向右回转吊杆调整到梁两端进入钢柱外侧。⑧两台吊车载梁同时起吊至梁下翼缘超过牛腿 100 mm 时,然后同时缓慢下落,边找正边就位。⑨待吊车梁调整固定后,将梁两端连接板与柱子连接固定,并利用梁上的吊耳在梁的两侧拉设拖拉绳,以保证梁的稳定。待与之对称的吊车梁安装后,及时安装两梁之间的连接杆,使吊车梁整体稳定(图 10)。

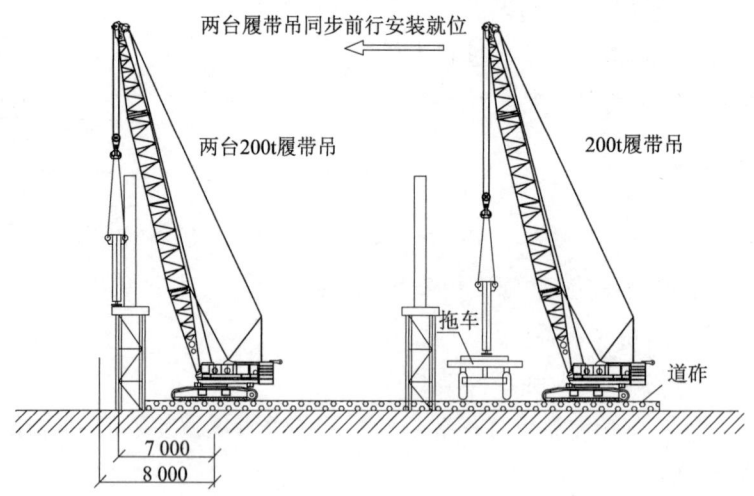

图 10 大型吊车梁吊装及卸车示意图

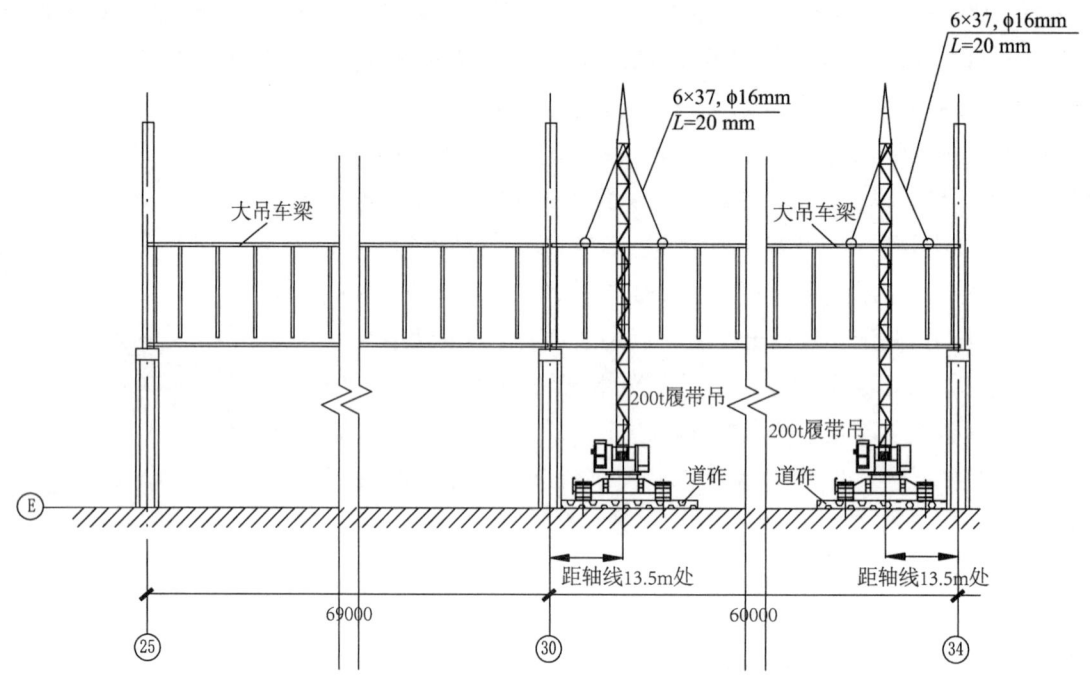

图 11 大型吊车梁吊装立面示意图

（3）施工要求：①吊车站位处，吊车需完成沿着纵向往返一次，确保压实。②吊车将梁卸车后，离地面不得超过 300~500 mm 并向前移动。③对同一列双面吊车梁，先安装吊车站位跨外的吊车梁，再安装跨内一侧的吊车梁。④两台吊车司机必须听从一个指挥口令，步调一致。

（4）吊车梁从有柱间支撑处开始安装。

（5）安装前在工厂先检查其长度、高度、挠度（吊车梁不允许下挠）、侧弯等几何尺寸，吊车梁采用吊耳吊装。

（6）因吊车梁比较重，就位后无法调整，所以，必须一次性对好中心线。

（7）吊车梁安装前，先在柱牛腿面外侧焊一个定位挡，就位时应缓慢落钩，在吊车梁还没有完全落到底时利用撬棍、千斤顶调整其轴线尺寸，满足规范要求后，将吊车梁落到底，并及时与柱子连接；大吊车梁安装标高采取施工规范的上限值；在安装过程中，测量工必须全程跟踪控制。考虑到制作与安装累计误差,制动板上的高强螺栓孔待吊车梁就位后,量出对角线尺寸后制作单位再钻孔。

7　结语

综上所述,从吊装方案的选择、吊车设备的选型、钢丝绳、场地、吊装负荷计算以及最终的吊装工艺的实施步骤几方面总结了 60 m 长超大吊车梁的吊装工艺,此工艺在山钢日照精品基地项目 3 500 mm 炉卷冷床区 60 m 吊车梁的成功实施,证明了此工艺在实践中具有良好的实践效果。

超大跨度行车梁安装一直是冶金项目的超危工程通过对 60 m 行车梁吊装工艺的研究,具有一定参考价值,对今后类似工程施工提供了宝贵的施工经验。

参考文献

[1] 中华人民共和国住房和城乡建设部. 建筑机械使用安全技术规程:JGJ 33—2012 [S].北京:中国建筑工业出版社,2012.

[2] 中华人民共和国国家质量监督检验检疫总局,中国国家标准化管理委员会. 钢丝绳通用技术条件:GB/T 20118—2017 [S].北京:中国标准出版社,2018.

[3] 中华人民共和国住房和城乡建设部. 建筑施工起重吊装工程安全技术规范:JGJ 276— 2012 [S].北京:中国建筑工业出版社,2012.

山钢日照2 050 mm热轧工程加热炉炉体上部钢结构安装技术

中国二十冶集团公司工业工程公司　付天赐

【摘要】 因加热炉设备均在炉体钢结构上安装就位,因此加热炉上部钢结构为重点分部工程,由进/出料端炉门、下部圈梁、侧墙立柱框架、锚固钩焊件、侧墙板吊装拼装、大梁安装等安装工序组成。加强技术管理和工序安排可显著加快施工进度、节约施工成本。
【关键词】 工序控制　技术管理　加热炉　钢结构

1 工程概况

本工程为山东钢铁集团有限公司日照钢铁精品基地2 050 mm热连轧项目加热炉区域安装工程,加热区主要包括加热炉炉体基础、入炉辊道基础、装钢机基础、出炉辊道基础、加热炉区操作平台、加热炉汽包平台、加热炉煤气平台等。加热炉炉体基础为钢筋混凝土结构,入炉辊道、装钢机、出炉辊道、出钢机设备落在炉区高架平台上,与加热炉主体钢结构、汽包钢平台、煤气钢平台结合在一起,形成一个规模较大的钢混结构,整个平台范围为10.2 m×106.2 m,平台主体标高7.0 m。钢结构安装总重量约600吨。

2 结构特征

钢结构加热炉是一个骨架式的有机整体,分上部和下部。下部钢结构主要构件有:柱、纵梁、铺梁。上部钢结构主要由上下圈梁、墙板和顶部大梁组成。上部钢结构为加热炉主体结构,主要结构件包含:装料端钢结构、出料端钢结构、支撑梁、炉顶大梁、上圈梁、下圈梁、立柱、装出料端组合梁、装出料端炉门立柱、装出料端水冷横梁、烟道立柱、烟道横梁、烟道铺板、炉墙墙铺板等。因工艺设备多在上部钢结构上安装,应控制好墙板的垂直度及对称墙板间的尺寸。

3 一般工序

在工期和成本的双重考核指标下,过程控制是重要考核点,加热炉施工过程控制环节中工序控制是主控项目。

上部钢结构安装过程中,炉墙的施工是整个加热炉炉体施工的重要节点,包含炉体钢结构施工和炉体上的耐材砌筑施工。因此施工管理在工序安排控制点上,要将这个节点的完工时间当作重要节点。炉墙施工需依据设计按实际情况细化施工方案,并列入重要节点考核。

加热炉一号炉施工,依据设计及总包现场指导,在上部钢结构安装施工方案上,采取以先安装框架结构,再安装墙板,最后在墙板上进行烧嘴开孔、检测管开孔、检修炉门口开孔、锚固钩及墙板附件焊接等后续安装施工(图1),上部钢结

图1 上部钢结构墙板开孔、焊接施工图

构炉体侧墙高度6.4 m,施工难度大,墙板开孔及附件焊接高空交叉作业,交叉作业时搭设的脚手架多。投入施工人员多,施工周期长,施工高峰时投入人力35人,上部钢结构安装完成达到筑炉砌筑条件,施工工期长达45天。

3 改进工序

在2号炉施工时,业主要求缩短施工周期,施工工期更加紧张,针对1号炉实际施工情况,我们根据2号炉安装位置,测量炉体两侧尺寸,按实际施工条件编制上部钢结构专项施工方案,制定安装施工工序。

施工工序为工序交接→进、出料端炉门→下部圈梁→平铺设侧墙立柱框架→墙板→划线定位→钻孔→气割孔→锚固钩焊件→侧墙板吊装拼装→大梁安装。

首先安装炉门立柱,炉门立柱安装过程中测量监控偏差,安装完紧固地脚螺栓后再复测偏差,检测值控制在允许偏差范围内,按安装规范报验经过监理、业主、施工三方检查合格后及时将炉门立柱灌浆。

紧接在炉侧两边搭设临时马凳支架,借助下部圈梁及临时支架摆放炉墙立柱,螺栓连接上部圈梁,采用分段集块方式铺设炉墙板,单侧炉墙板全长59 m,分6集块,钢结构安装前要检查是否因运输及其他原因造成变形。要先处理变形后进行安装。检测炉墙立柱间距偏差,合格后按集块分段铺设墙板焊接,各步骤施工过程严格检测并控制偏差在允许范围内(图2)。

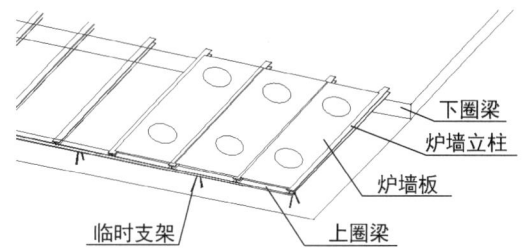

图2 炉墙支架平台示意图

表1 钢结构安装精度检测允许偏差

项 目		允许偏差/mm
侧墙钢结构	圈梁标高	±2
	侧墙钢板平面度	5
炉顶钢结构	横梁上表面标高	±2
	横梁沿炉长方向中心线	±2
	烧嘴前板角度	±0.01°
	烧嘴开孔位置度	±2
炉端钢结构	门柱垂直度	3
	门梁顶面标高	±3
	水冷梁顶面标高	±2
烟道钢结构	烟道侧墙板到烟道中心线的距离	±3
	烟道侧墙板平面度	5
	烟道顶部吊梁标高	±3

4 注意事项

拼装构件要设拼装工作台,定位焊时要将构件底面找平,防止翘曲。拼装工作台应确保各支点水平,组焊中要防止出现焊接变形。尤其是梁段或梯段的最后组装,要在定位焊后调整变形,注意节点尺寸要符合设计要求,否则易造成构件扭曲。

集块墙板焊接后,要进行前道工序的验收,主要是炉墙水平度和垂直度的合格检测,依据设计在炉墙钢板排板图,根据墙板划线确认各开孔点位、墙砖挂钩点位、支架点位,所有炉墙板上需要开孔及焊接件均在集块板平面上制作安装完成。

墙板开孔应先钻烧嘴法兰连接孔,然后再气焊切割烧嘴进口,先钻孔后气割孔,可以降低墙板受热引起的钢板变形造成的钻孔偏差,钢板的下料除非高强螺栓孔筋板应首选剪切方式,避免用火焰切割,因为用火焰切割会使板边产生很大的波浪变形。如果控制不好易发生焊接变形,使构件弯曲或扭曲。

平铺板作业可降低立体空中作业,仅在立体焊接各集块墙板之间的焊缝连接口,集块炉墙板分块吊装就位检测偏差,每个集块墙板制作大小控制在允许起重吊装重量内。炉墙板安装完再复测偏差,合格后安装炉顶大梁,炉顶大梁连接过程检测其允许偏差。每道施工工序严格检测其允许偏差(表1),减少积累误差,保证炉体的筑炉砌砖尺寸。上部钢结构集块吊装安装完整体结构,检测炉墙板及炉墙立柱均在允许偏差内(图3)。

图 3　炉墙支架平台示意图

5　施工成效

按此方案施工,上部钢结构安装缩短施工工期 25 天,降低了施工成本,为筑炉、炉顶吊挂、烟道结构、上部平台结构及空烟煤管道等后续施工赢得了时间。

并通过对每道工序进行严格控制检测,不仅提高了施工质量并且能有效节约施工力量,2 号炉上部钢结构按计划投入施工作业人员(表2)。

表 2　施工人员统计表

工种	焊工	气割工	起重工	铆工	力工	施工员	技术员
人数/人	8	2	2	4	6	1	1

6　结语

只有在施工管理过程中,熟悉图纸,掌握设计要求、规范标准和操作规程,加强施工方案审核,做好开工前的准备,优化施工过程中的工序控制,抓好质量控制和监督检查,利用和发挥施工、监理、业主等各方面的作用,做好各分项工程的工序控制验收及整体质量,才能有效保证工程施工工期及成本控制。

山钢日照 2 030 mm 冷轧工程耐酸砖防腐施工技术

中国二十冶集团有限公司工业工程分公司　张志坤

【摘要】 本文以山钢日照 2 030 mm 冷轧工程为例,从耐酸砖进场检查验收、施工工艺、施工安全注意事项等方面进行了介绍,特别是对结构伸缩缝处进行了创新施工,能为后续类似工程提供借鉴。

【关键词】 防腐　耐酸砖

1　工程概况

1.1　工程基本信息

山钢日照 2 030 mm 冷轧工程主要耐酸防腐区域有:酸洗线工艺段平台面、侧壁及设备基础;酸洗线罐区地坪、侧墙及设备基础;推拉酸洗线工艺段平台面及设备基础;推拉酸洗线罐区平台面及设备基础;酸管廊地面、侧墙及顶棚。各区域耐酸防腐做法如表1所示。

表1　耐酸防腐做法

部位	施工做法
酸洗线工艺段平台面及设备基础、酸洗线罐区地坪及设备基础、推拉酸洗线工艺段平台面及设备基础、推拉酸洗线罐区平台面及设备基础、酸管廊地面	1. 找平层:18 mm 树脂复合砂浆 2. 隔离层:2 mm 三布四油环氧玻璃钢 3. 黏结层:10 mm 呋喃树脂复合胶泥 4. 面层:30 mm 耐酸砖
酸洗线工艺段侧壁、酸洗线罐区侧墙、酸管廊侧墙	1. 隔离层:2 mm 三布四油环氧玻璃钢 2. 黏结层:10 mm 呋喃树脂复合胶泥 3. 面层:30 mm 耐酸砖
酸管廊顶棚	涂刷树脂耐酸涂料

1.2　施工前准备

(1)熟悉图纸及相关规范。保证工程设计图纸及相关技术文件齐全,并认真审核图纸、复核相关尺寸,特别是对耐酸砖有关尺寸和灰缝厚度进行仔细核对。

(2)施工方案及相关职业健康安全与环境保护应急预案已进行制定和审批,并进行了技术和安全交底。

(3)施工人员已按规定考核合格。

(4)基层检查验收合格,且凡穿过防腐蚀层的管道、套管、预留孔、预埋件均应预先埋置或留设。

(5)现场使用场地、水、电、道路已具备施工条件。

2 耐酸砖质量检查与验收

原材料进场需按规范要求提供质量证明文件,并进行现场抽样检验,对于已经进入现场的质量不合格材料坚决予以清除场地。

耐酸砖进场之前应无明显的开裂、裂纹、磕碰损伤、釉裂、翘曲变形等质量问题,并需提供以下检试验报告和按规范要求进行抽样检验:

(1) 型式检验报告。型式检验报告检验项目包含《耐酸砖》(GB/T 8488—2008)内所有项目。工艺技术改变时应重新进行型式检验,不改变工艺技术的情况下,应每半年进行一次检验。

(2) 出场检验报告。出场检验报告应包含以下检验项目:外观质量、尺寸偏差。

(3) 产品合格证。产品合格证应载明以下内容:

① 合格证编号。
② 生产企业名称、地址。
③ 产品名称、规格、等级和牌号。
④ 产品数量和生产日期。
⑤ 依据标准名称及编号。
⑥ 检验部门及检验人员签章。

(4) 抽样检验。现场采取随机抽样方法,以相同工艺条件生产的同一规格、同一牌号的 5 000~30 000 块砖为一批,不足 5 000 块时由供需双方协商。第一次检验若有不合格项或不合格品数未达到不合格判定数时,应按规定进行复验,复验合格则判定项目合格,否则,判定项目不合格。如物理化学性能有 3 项以上不符合要求时,判定该批次产品不合格,并且不予复检。对于非破坏性试验的试样,检验后可用作其他项目的检验。耐酸砖的抽样检验项目及样本大小如表 2 所示。

表 2 耐酸砖抽样检验项目及样本大小

检验项目	样本大小	
	第一次	第二次
外观质量	20	20
尺寸偏差	20	20
变形	10	10
耐急冷急热性	3	3
吸水率	3	3
弯曲强度	5	5
耐酸度	2	2

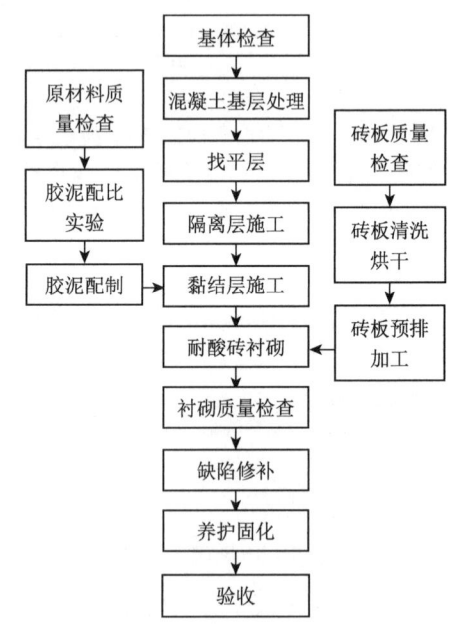

图 1 工艺流程图

3 施工工艺技术

3.1 施工工艺流程图(图 1)

3.2 混凝土基层处理主要施工方法及质量要求

耐酸砖防腐蚀工程施工前应对基层进行验收并办理交接手续。混凝土基层应符合下列规定:

（1）基层应密实，不得有裂纹、脱皮、麻面、起砂、空鼓等现象。强度应经过检测并应符合设计要求，不得有地下水渗漏、不均匀沉陷。

（2）基层表面平整度应采用 2 m 靠尺检查。当防腐蚀层厚度小于 5 mm 时，允许空隙不应大于 4 mm；当防腐蚀层厚度小于 5 mm 时，允许空隙不应大于 2 mm。

（3）基层坡度应符合设计要求。

（4）经过养护的基层表面不得有白色析出物。

（5）经过养护的找平层表面不得出现裂纹、脱皮、麻面、起砂、空鼓等缺陷。

混凝土基层表面处理处理方式与混凝土强度有关，对于强处于 C30～C40 的混凝土一般采用现场打磨的表面处理方法。防腐蚀基层表面当必须进行找平处理时，处理方法应符合以下规定：

① 找平层厚度不小于 30 mm 时，宜采用细石混凝土找平，强度等级不应小于 C30；

② 找平层厚度小于 30 mm 时，宜采用聚合物水泥砂浆或树脂砂浆找平。

经过表面处理的混凝土基层表面应密实、平整、洁净，无水泥渣和疏松的附着物，且粗糙度满足规范要求。

3.3 隔离层施工方法及质量要求

玻璃钢纤维布增强塑料铺衬前应在找平层或经过处理的基层表面均匀地涂刷封底料，具体施工步骤如下：待清洗后的混凝土表面干燥，含水率≤6%时（常温下为半个工作日，高温下 2～3 h 即可，反之则延长干燥时间）调制稀释树脂液，使用恰当浓度的薄树脂液刷涂水泥混凝土表面，去除水泥混凝土表面微孔中余存空气及毛细微孔。树脂液不能太薄，过薄会排气不充分，过厚则会影响下一道贴布工艺的平整度。使底料渗透于基层中，自然养护时间应大于 12 h。表层薄树脂液干后，如有凹陷不平处，需用胶泥填补修平。养护 12 h 后，涂刷第二道打底料。养护 12 h 后方可施工隔离层。封底料不得有漏涂、流挂等缺陷。

呋喃和酚醛类纤维增强塑料应采用间歇法施工，具体施工步骤如下：用树脂、固化剂、稀释剂、铸石粉、石英粉等调制稀液腻子，刮涂到位后，待半干，刷涂纯树脂液，然后用辊刷或毛刷带料轻推纤维布，直至整个玻璃布被树脂浸吸完全；然后待半干，再刷涂一遍纯树脂液，再用辊刷或毛刷带料轻推第二层玻璃纤维布，根据设计要求依次重复此道工序，完成玻璃钢纤维布隔离层施工。玻璃钢纤维布铺衬施工时应符合下列规定：

（1）先均匀涂刷一层铺衬胶料，随即衬上一层玻璃钢纤维布，玻璃钢纤维布必须贴实，赶净气泡，其上再涂一层胶料，胶料应饱满。胶料固化并修正表面后，再按上述程序铺衬以下各层，直至达到设计要求的层数或厚度。

（2）每铺衬一层，均应检查前一铺衬层的质量，当有毛刺、脱层和气泡等缺陷时，应及时进行修补。

（3）铺衬时，同层纤维增强材料的搭接宽度不应小于 50 mm；上下两层纤维增强材料的接缝应错开，错开距离不得小于 50 mm，阴阳角处应增加 1～2 层纤维增强材料。

（4）隔离层铺完最后一层布后应涂刷一层面层胶料，同时均匀稀撒一层粒径为 0.7～1.2 mm 的细骨料。

（5）在一定区域的玻纤布铺衬完毕及稀撒细骨料后，待表面完全固化干透，去尘，然后刷涂表面富树脂层一遍。

3.4 耐酸砖施工方法及质量要求

（1）呋喃树脂复合胶泥使用之前应根据使用说明书进行小样试验，得出固化时间和固化强度的配比方案，并记录在案。此后的施工中严格按照该配合比进行配制。胶泥的配比受气温、环境、湿度、材料批次影响较大，所以在气温变化较大或批次改变的情况下，应重新进行小样试验，并按新的配合比方案配制。

(2) 耐酸砖厚度不大于 30 mm 时宜采用揉挤法施工。将胶泥均匀、饱满地铺衬在耐酸砖各结合面,然后将耐酸砖揉压到位直到耐酸砖四周的胶泥满溢出来为止,然后刮去砌缝表面多余的胶泥,以免其固化后难以清理而影响美观及平滑度。铺砌完成后的次日胶泥还未达到完全固化状态下的强度,易于拆卸,可在次日对耐酸砖铺砌质量进行自查,当检查出空谷、流挂、胶泥不满的现象时,可即时准确地进行维修。耐酸砖铺砌时必须错缝排列,不得出现十字缝。同层纵向缝或横向缝错开砖宽度的 1/2,不得小于 1/3;两层以上进行砌筑时不得出现重叠缝,层与层之间的纵向缝与横向缝应错开砖宽度的 1/2,不得小于 1/3。酸洗线罐区侧墙高度较高,对从底部开始耐酸砖采取分层砌筑,每层砌筑高度不大于 1.5 m,待完全固化后进行第二层砌筑,以此类推直至设计高度。铺衬完成的耐酸砖常温下养护不少于 15 天。平整度应满足以下规定:

① 平整度允许空隙:4.0 mm。
② 相邻块材面层之间的高差:1.5 mm。
③ 坡度符合设计要求,做泼水试验时水能顺利排出。

3.5 施工缝耐酸防腐做法

酸洗工艺段及推拉酸洗工艺段结构长度较长,混凝土结构不能一次性施工完成,为防止结构不均匀沉降造成开裂必须设置伸缩缝。结构层伸缩缝处防腐做法一般是在伸缩缝处耐酸抗渗层上先铺设橡胶,橡胶上刷耐酸胶泥(伸缩缝宽度范围内不填塞耐酸胶泥),最后铺设耐酸砖并在伸缩缝处两块耐酸砖之间填塞 20 mm 宽耐酸硅树脂。此种防腐做法在一定程度上能起到耐酸防腐作用,但是耐酸硅树脂硬化后因脆性太容易开裂且橡胶板耐腐蚀性差,致结构层伸缩缝通常做法防腐变形能力差、抗腐蚀能力不强。

山钢集团日照钢铁基地 2 030 mm 冷轧工程结构伸缩缝防腐考虑到传统做法的弊端,而采用一种新的做法:先在伸缩缝处交替铺设耐候胶与耐酸胶板,再在上铺玻璃钢抗渗层;抗渗层上铺耐酸胶板,耐酸胶板上翻到耐酸砖面层处并在耐酸胶板里包裹圆形泡沫棒;耐酸胶板两侧与耐酸砖之间填塞耐酸树脂复合胶泥;最后在伸缩缝耐酸砖面层上侧增添附加保护层,附加保护层包括耐候胶封缝、耐酸树脂复合胶泥及耐酸砖附加保护。此种做法一方面增加了防腐层在伸缩缝处的伸缩变形能力,防止防腐层在伸缩缝处开裂,另一方面增强了防腐层耐腐蚀能力,耐久性有效提高。具体做法见图 2、图 3。

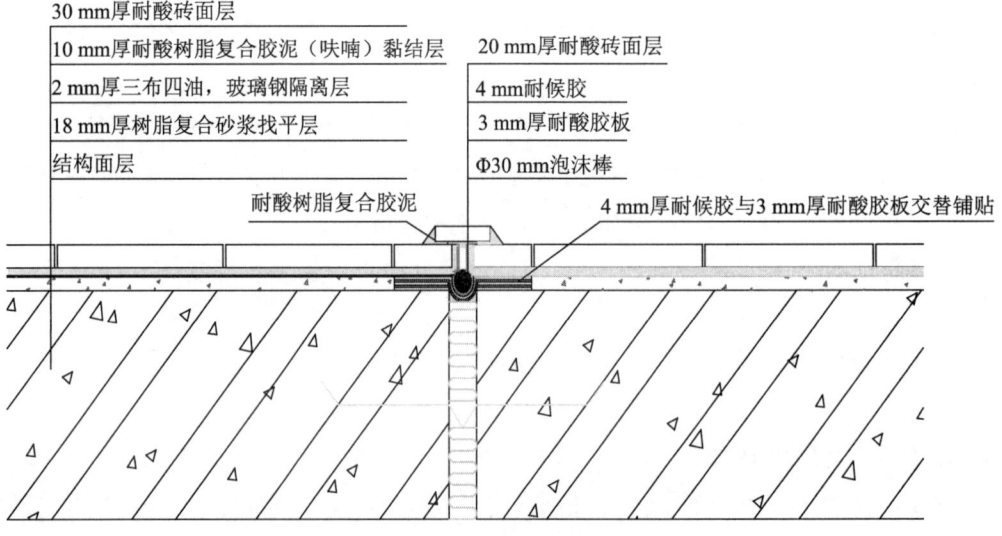

图 2　水平结构面伸缩缝防腐做法

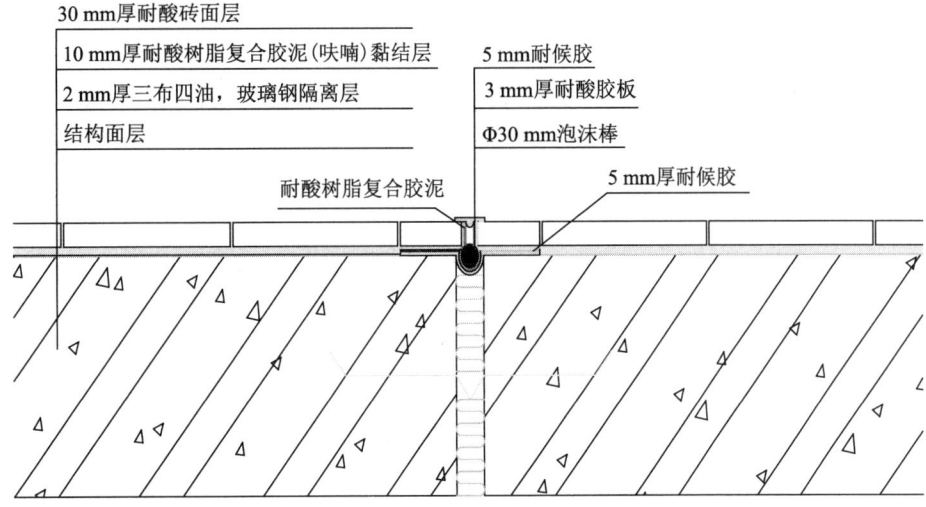

图 3 竖向结构面伸缩缝防腐做法

4 施工安全注意事项

耐酸砖防腐施工涉及众多有毒有害及易燃易爆危险制品,存在重大安全隐患,管理上稍有疏忽便可能引起重大安全事故,施工过程中应重点做好以下管控措施。

(1) 施工之前所有施工人员必须接受安全技术交底和安全教育,务必做到熟悉安全技术规程、劳动防护用品的使用和保管,经考核合格后方可上岗。

(2) 项目部安排专职安全管理人员对防腐施工区域及材料仓库进行重点巡查,巡查内容应包括:现场劳动防护用品的佩戴情况;密闭空间换风设备及运转情况;丙酮、溶剂、甲苯、促进剂等应分别存放于防火、防爆仓库内;施工区域内灭火设备配备及有效情况等。每天检查内容应登记备案。

(3) 促进剂与引发剂严禁直接混合。

(4) 施工中严禁使用明火或蒸汽直接加热。

(5) 玻璃钢隔离层施工时应佩戴防毒面罩,施工过程中专职安全管理人员应重点监护。

(6) 禁止使用合成纤维或毛织品做工作服和擦布。

5 结语

耐酸砖防腐施工虽不涉及结构主体工程,但牵涉后期的保养与维护、结构主体的耐用性,且有较多的易燃、易爆危险品存在,施工时也应格外加以关注。本文以山钢集团日照钢铁精品基地项目 2 030 mm 冷轧工程为背景,从主要材料进场检查验收、施工工艺流程、施工安全注意事项等方面进行了耐酸砖防腐施工阐述,特别是对结构伸缩缝处耐酸砖铺砌进行了创新施工,有效解决了通常施工做法防腐变形能力差、抗腐蚀能力不强的缺点,能为后续类似工程施工提供借鉴。

轧钢板材定宽机机械调宽装置安装新方法

中国二十冶集团有限公司工业工程公司　张利军

【摘要】 本文主要介绍热轧SSP定宽机机械调宽装置（又称丝杠调宽装置）的传统安装步骤与方法和新提出的安装步骤与方法。通过介绍对比体现出新方法更能高效、安全、经济地满足各种规范的要求。从而达到客户的使用要求，使客户满意。与此同时可借鉴优良的方法，改进旧工艺，提高工作效率。

【关键词】 SSP定宽机机械调宽装置　安装

1 概述

定宽机能有效对板坯减宽，减轻立辊轧机的工作压力，加强对板坯的控制。热交换轧制和热直接轧制能可自由被应用，以此来提高板材宽度精度，改善板材物理特性，提升产品质量。

目前，最常见的定宽机主要有西马克间接运动SSP定宽机和石川岛连续式定宽机。西马克定宽机由电动马达带动丝杠机构调整宽度，位于高位平台的主传动电机将扭矩传递到曲轴及连杆机构实现测压动作。石川岛连续式定宽机比西马克定宽机多一套同步机构，通过大小偏心连杆使坯料的前进与后退与定宽机同步，其宽度调整与测压动作与西马克定宽机相似。与西马克定宽机相比结构复杂。

2 定宽机机械调宽传统的安装方法

定宽机机械调宽传统的安装方法是：坐浆→安装调整底座→安装牌坊→安装横梁→安装机械调宽装置。由于机械调宽装置安装位置位于牌坊两侧位而牌坊又位于主传动减速机基础平台下方（图1），箭头指示为机械调宽装置安装位置，因此安装需要天车与手拉葫芦密切配合，并需制作辅助吊装小车。

图1　机械调宽装置安装位置

首先将吊装小车安装于牌坊之上并挂好手拉葫芦，然后把机械调宽装置吊装到牌坊侧面，使用吊装小车的手拉葫芦吊起机械调宽装置，摘掉天车钩头的吊索。然后再在纵向挂手拉葫芦并配挂绳索，通过机械调宽装置安装孔绳索被挂在机械调宽装置端面，利用手拉葫芦的牵引力使其缓缓进入安装位置。螺母被调入安装位置后可利用手拉葫芦配合杠杆转动丝杠使其进入设计预留长度（图2、图3）。

螺杆安装后再安装传动装置，由于传动装置安装在牌坊两侧（定宽机主传动减速机基础平台下方），因此需要在基础制作时埋设预埋铁件，安装前在预埋铁件上焊接4个吊点，悬挂手拉葫芦。将传动装置吊装至手拉葫芦外侧，利用手拉葫芦将传动装置吊装至安装位置并套在螺杆柄上（图4），横向安装一个手拉葫芦用来调整键槽（图5）。

图 2 丝杆安装图(1)

图 3 丝杆安装图(2)

图 4 传动装置安装

图 5 键帽调整

3 定宽机机械调宽新方法

定宽机机械调宽装置新安装方法是：坐浆→安装调整底座→将机械调宽装置与牌坊组装→安装牌坊→安装横梁。

具体操作步骤是：先将牌坊平放于垫高适当高度的道木上（有条件的可利用突起的基础），使其牌坊中心距离地面的高度大于定宽机机械调宽装置的半径，再将机械调宽装置直接吊至牌坊的安装孔位置（图6），直接将螺杆穿过安装孔后将穿过部分利用道木或支架垫起，然后重新挂钢丝绳（此方法灵感来源于大型电机穿心），然后一次性吊装到位（图7、图8）。最后安装传动装置，此项工作完成后整体吊装定宽机牌坊。

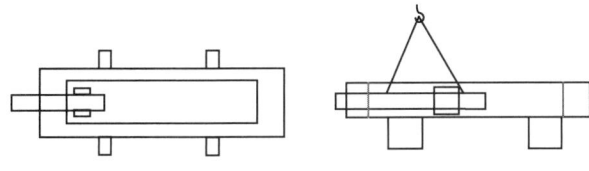

图 6 定宽机牌坊和机械调宽(1)

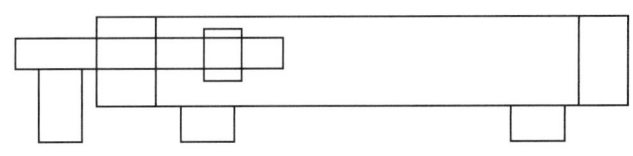

图 7 定宽机牌坊和机械调宽(2)

说明：牌坊重 90 t，机械调宽装置加传动装置重 8.6 t，每个牌坊两侧安装两套机械调宽装置。8.6×2+90=107.2 t。2 050 mm 热连轧的天车主钩是 120 t，所以起重重量不存在问题。定宽机牌坊高 2.88 m，长15.3 m，主轧线位于 7 m 平台，主钩最高起

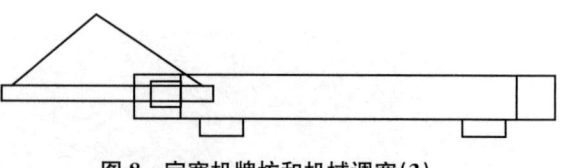

图8 定宽机牌坊和机械调宽(3)

重高度为 19.5 m，绳索拉直后 3 m，19.5－3=16.5 m，起重高度满足需求，由于牌坊两侧位于减速机基础下方，但两座基础三面无障碍且两座基础开口相反只需牌坊垂直进入后旋转 90°即可，所以安装空间足够使用。此方法一经提出就得到 SMS 专家认可，并被高度赞扬，SMS 专家表示以后要以此安装方法替代传统方法。

4 定宽机调宽装置安装新方法与传统方法相比具有的优势

（1）施工时间短，由于比传统安装少了部分施工步骤，使施工时间大大缩短。

（2）安全系数高，由于传统安装方法需要多次焊接吊装点用来悬挂手拉葫芦，埋件强度与手拉葫芦质量的好坏对安全的要求极其严格，一道环节出现披露就可能酿成安全事故。

（3）节省成本，传统方法需要制作吊装小车及焊接吊装点费时费力费人工且需要制作材料，需要5个人同时操作。新方法可有效省略此部分费用。

（4）可提高安装精度，在平地安装便于监控及测量安装过程中的各种装配数据。

5 结语

采用定宽机调宽装置安装新方法大大缩短了施工时间，提升了安装精度。节省了材料、人工成本，更重要的是增加了施工的安全性。

浅谈山钢日照 2 030 mm 冷轧工程连轧机组换辊系统

中国二十冶集团有限公司　郭东超　安　冬

【摘要】 本文以山钢日照冷轧工程酸轧机组换辊系统为背景,论述了换辊系统的工作原理及控制方式和换辊的工艺流程;并分析了在调试过程中遇到的问题及解决问题的方法。为满足通信及控制要求,自动化系统采用了西门子 S7-400 和 TDC 高性能控制器组成。

【关键词】 换辊系统　控制系统　工艺流程

在生产线生产过程中,更换轧辊是一个非常重要的环节,换辊效率的高低会直接影响生产线的产量,甚至会影响到下游生产线的生产,所以生产线工程技术人员有必要深入了解换辊工艺流程,从而降低换辊时间,增加生产效率,为企业创造更高的效益。

1　换辊控制系统配置

换辊控制系统采用西门子 S7-400 和 TDC 高性能控制器组成。西门子 TDC 高性能控制器功能强大,处理器采用 64 位 RISC CPU;这种控制器具有采样时间间隔短的特点,适用于闭环控制。TDC 与 S7-400 通过 PROFIBUS DP 通信,这种通信方式的优点在于二者之间的传输速率快,可以满足系统响应时间的要求。

其中 S7-400 主要控制中低压系统及换辊小车传动部分;TDC 高性能控制器主要控制液压系统、平衡缸系统、弯辊系统、斜楔阶梯等高压伺服系统。液压缸、中间辊、工作辊都装有位置传感器,通过模块读取位置传感器的数据,从而判断液压缸、中间辊、工作辊的实际位置。该系统中装有多个三线制的限位开关,大大提高了换辊过程中的精确性,进而提高了系统的自动化程度。

2　轧机换辊(工作辊及中间辊)工艺控制模式

2.1　换辊工艺流程

换辊工艺模式可分为手动模式、自动换辊模式和维护模式三种。当选择手动模式时,所有与换辊系统相关的设备都可以手动控制,各个流程可独立控制;当选择自动换辊模式时,各个流程按设计的逻辑依次完成,这种模式大大缩减了换辊时间,所以自动换辊模式是正常工作的主要应用模式;维护模式主要应用于现场进行大维修的情况,此模式下所有控制的连锁条件被屏蔽,因此这种模式下换辊不具备相应的保护,需要操作人员十分关注,避免误动作或者操作不当而造成设备损坏。换辊工艺流程共分为 8 个流程:

(1) 行走车移动至等待位。
(2) 卷帘门动作。
(3) 轧辊拉出准备。
(4) 轧辊拉出。
(5) 横移小车动作。

(6) 轧辊推进。

(7) 轧制准备。

(8) 行走车移动至磨辊间。

本条生产线均为六辊轧机，总共有 5 个换辊系统，以 1# 轧机为例，2# ～ -5# 轧机原理与 1# 轧机相同。换辊前将新辊先放入横移小车内。

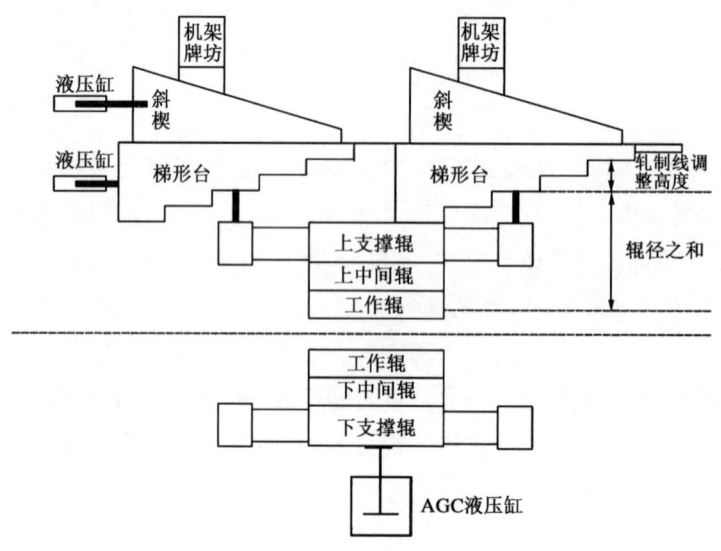

图 1 六辊轧机结构示意图

2.2 各流程工艺控制逻辑

（1）行走车移动至等待位。此流程里面包含行走车和推拉车，行走车和推拉车都采用变频电机，电机轴端安装绝对值编码器，可以实现变频调速，从而精确地控制小车的行进速度，在行走车和推拉车各自的轨道上安装限位开关，PLC 通过接近开关的信号状态控制小车启停。

首先行走车从起始位置（距机架最远端）高速前进，当行走车行进至减速位，PLC 收到减速位限位开关的信号，PLC 控制小车低速继续前行，当小车继续行走至等待位时，PLC 控制小车停止运行。与此同时，推拉车上的 2 个工作辊和 2 个中间辊的拉钩都应该释放到位，PLC 应该收到拉钩释放到位的信号（共四个拉钩）。然后推拉车高速前进，前进至减速位，PLC 控制小车继续低速前行，当小车继续行走至等待位时，通过 PLC 控制小车停止运行。

（2）卷帘门打开。当换辊小车就位后，紧接着应打开卷帘门，PLC 控制卷帘门电机启动，当 PLC 收到卷帘门打开到位的信号后，卷帘门停止动作。

（3）轧辊拉出准备。上述流程完毕后，工作辊和中间辊弯辊平衡，轧辊冷却停止，防缠导板缩回，PLC 收到防缠导板缩回位置的限位开关信号。满足以上条件后，行走车高速前进，前进至减速位，行走车低速前进，继续前进至前进位停止运行，换辊小车入口侧和出口侧锁紧缸锁紧至工作位。行走车动作的同时，工作辊和中间辊弯辊平衡撤销，支撑辊平衡缸撤销，2 s 后支撑辊平衡缸平衡，之后将斜楔减少到最小位停止，将阶梯也减少到最小位停止，然后支撑辊平衡缸上升、中间辊弯辊、工作辊弯辊平衡；上中间辊高速窜辊至换辊位置后停止，下中间辊窜辊至换辊位置后停止。具体工艺控制逻辑图如图 2 所示。

（4）轧辊拉出。满足上述条件后，让推拉车工作辊和中间辊挂钩都处于释放位置，PLC 应收到对应的释放位置限位开关信号；让接轴托架上升，PLC 上升到位收到限位信号后停止上升；然后推拉车低速

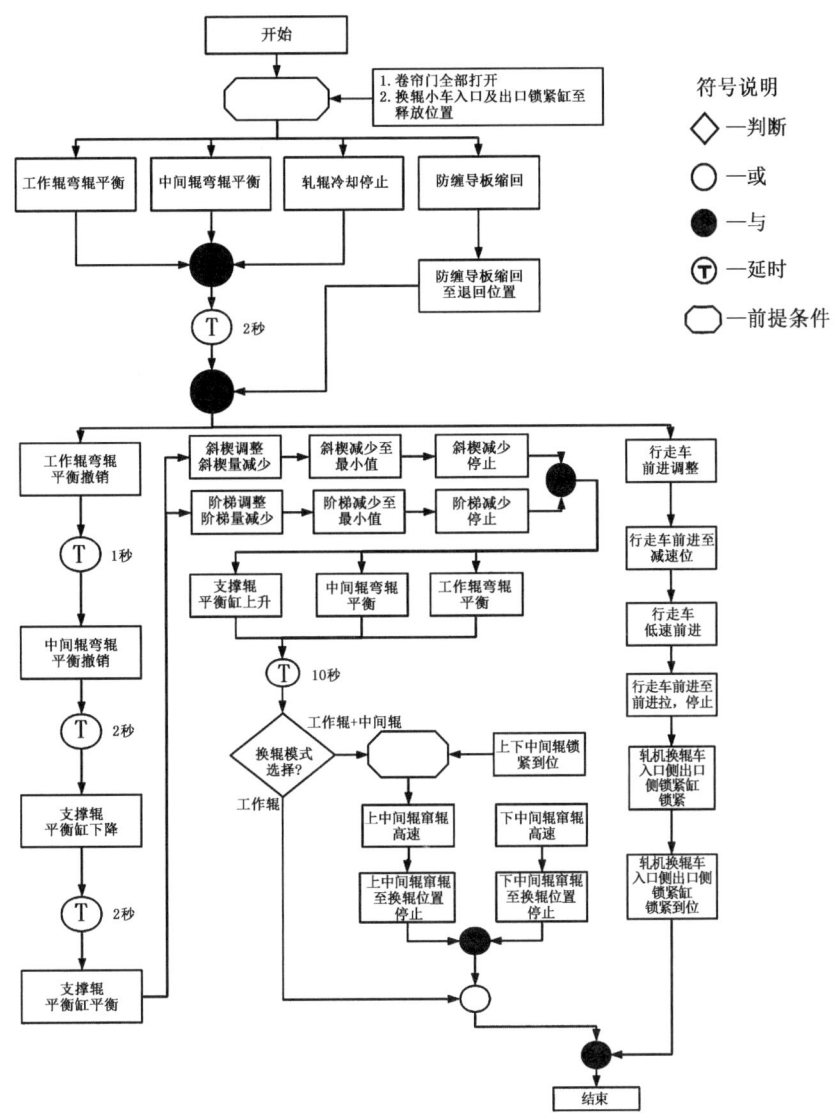

图 2 轧辊拉出准备

前进,推拉车前进至停止位;推拉车中间辊、工作辊挂钩至工作位;然后中间辊轴向锁紧打开,工作辊轴向锁紧打开,PLC 应收到对应限位开关信号,当且仅当四个锁紧打开信号都收到后,推拉车高速后退至减速位后,推拉车低速后退至后退位后,推拉车停止后退;最后推拉车工作辊和中间辊挂钩释放至释放位置。

(5) 横移小车动作。横移小车上有两个仓位,一个是用来装需要更换的新轧辊,另一个仓位是用来装换下来的旧轧辊,小车上装有位置限位开关,由于换辊前已将新的轧辊放入横移小车内,假设将新的轧辊放入横移小车的左面,此时 PLC 会受到横移小车左侧的限位开关信号,PLC 会判定新辊在左侧位置,右侧位置为拉出来的旧辊。此时将推拉车横移至左侧,PLC 应收到对应左侧位置限位开关信号;接着主轴定位,PLC 应收到主轴定位限位开关信号,确保用于拉出旧辊的空位对准机架。如果横移小车处在右侧位置,操作方法同上。

(6) 轧辊推进。推拉车 2 个工作辊和 2 个中间辊挂钩应处于工作位,PLC 应收到对应 4 个挂钩工作位的限位开关信号,推拉小车先低速前进 3 s 后高速前进,当行走至减速位后,PLC 收到减速位限位信号,PLC 控制推拉车减速前进,继续前进至前进位,PLC 控制推拉车停止前进,然后工作辊和中间辊都应在轴向锁紧,此时 PLC 应收到工作辊轴向锁紧的限位开关信号,同样也应收到中间辊轴向锁紧的限位开关信号。然后接轴托架应下降到位,PLC 收到对应的下降到位限位开关信号,推拉车工作辊和中间辊挂钩都应释放到位,PLC 收到对应的 4 个释放到位的限位开关信号。

(7) 轧制准备。当满足上述条件后,即支撑辊平衡上升,工作辊弯辊平衡,中间辊弯辊平衡,工作辊轴向锁紧,中间辊轴向锁紧,推拉车工作辊挂钩释放,推拉车中间辊挂钩释放,接轴托架下降到位,防缠导板退回到位。然后让上中间辊窜辊到位,下中间辊窜辊到位;支撑辊平衡下降,中间辊平衡撤销,工作辊平衡撤销,紧接着支撑辊平衡投入;进而调整斜楔至合适位置,调整阶梯至合适位置;调整完毕后,压下缸快速压下,辊缝调整在 $-8.5\ mm$,压上缸压下停止;然后支撑辊平衡上升,中间辊平衡,工作辊平衡,轧制准备结束。具体工艺控制逻辑图如图 3 所示。

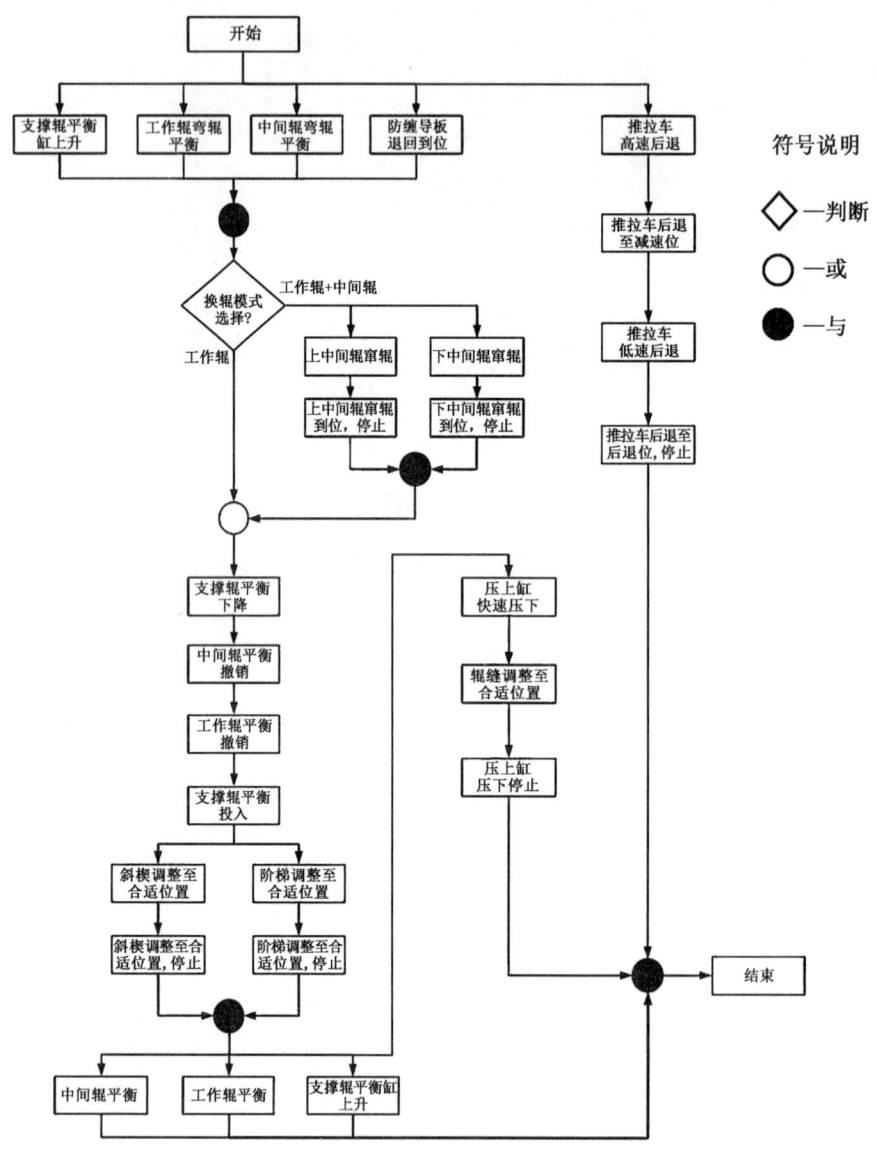

图 3 轧制准备

(8) 行走车移动至磨辊间。行走车锁紧缸释放到位,行走车高速后退至减速位,行走车低速后退,后退至后退位停止;行走车后退到等待位的位置时,将卷帘门关闭,PLC 收到卷帘门关闭到位信号时停止。利用行车等专用工具将换下来的辊子运送至磨辊间。

3　换辊系统调试过程

由于换辊系统中含有大量限位开关、位置传感器、压力传感器、电磁阀、比例阀、电机编码器、测温等电气元件,因此电气元件能否正常工作和检测元件的检测精度决定了换辊系统的工作效率。下面从换辊小车系统和机架内液压系统两个方面来简述一下换辊调试过程及调试过程中应该注意的问题。

3.1　马达调试

首先将换辊小车上的推拉车和行走车电机轴承脱开,对两台电机进行空载考核,考核内容包括电机的启动性能和运行性能。启动性能主要包括启动转矩、启动电流。一般情况下,启动转矩越大越好,启动电流越小越好。运行性能包括效率、功率因数、温升、最大转矩倍数、振动噪声。其中效率、功率因数、最大转矩倍数越大越好,温升振动、噪声越小越好。另外要注意电机编码器,尤其是换辊系统中大部分电缆路径需要经过坦克链,所以电缆从电气室到设备本体需要经过两个中间端子箱,一定要确认每段电缆在连接过程中务必经过渡端子可靠连接,控制电缆的屏蔽也要连接可靠。尤其要注意的是编码器电缆应采用多芯屏蔽电缆且两端都要屏蔽接地,避免信号干扰影响控制精度。空载考核合格后,接上电机轴承再次进行电机考核,考核合格后,根据设计要求对拖拉车和行走车各自行走轨道上的限位开关进行定位。需要注意在行进路线一定不要有干涉,避免造成设备损坏。然后对推拉车上工作辊和中间辊上的所有限位进行标定,确保每个限位的准确度。

3.2　机架内液压系统调试

机架内 AGC 液压缸、上下支撑辊、上下中间辊、斜楔、阶梯的位置都是由对应的位移传感器判定,工作辊弯辊和中间辊弯辊的位置有压力传感器检测。首先液压系统单动,保证每个单体设备可靠准确动作,然后对各个单体设备对应的位移传感器、压力传感器进行标定,确保现场的实际位置与位移传感器检测的位置完全吻合,同时对机架上的限位开关进行标定,确保动作过程中无干涉且位置标定准确无误。每个点位都调试完毕后,模拟进行换辊,验证是否符合设计逻辑,直至完全符合设计,调试完毕。

3.3　调试过程常见问题及解决方法

3.3.1　电机编码器控制精度

电机编码器控制精度不准确主要原因是电机出厂时的编码器在本体上只引出一根自带线,未设置接线端子盒,施工接线采用对接方式接线,由于拖链频繁往复动作,对接的接口出现松动,导致对接不牢固,从而导致控制精度不准确。

处理方法:在电机本体上加一个过渡端子箱,控制电缆采用柔韧性较高的软电缆,从而保证电机编码器控制精度准确。

3.3.2　位置传感器接线有误

由于位置传感器都装在液压缸里面且密封严密,导致看不到设备的铭牌,所以不能核对接线方式。主要原因是设计院跟供货厂家资料对接过程中出现问题,设计图纸与传感器接口对应错误,导致所有位置传感器读数有误。

解决方法:通知业主联系设计院找到传感器说明书,核对无误后修改接线。在今后的调试过程中,一定要先核对好设备本体与设计图纸接口是否正确,确认无误后方可上电调试,避免类似问题发生。

3.3.3　液压调试过程中液压缸动作失灵

液压缸动作失灵主要表现为不动作、速度达不到设计要求、动作过程中有异响、缓冲效果不好。主要原因:一方面是工作腔压力的缺失,应当检查液压系统的故障情况,从而来判断液压缸是否存在内外泄漏;第二方面是工作腔内有压力,但是压力值达不到设计要求,出现内泄漏,应当检查液压控制回路是否存在故障;第三方面是压力达设计值但不动作,原因可能是阀头插口虚接。

3.3.4 AGC系统在辊缝调整过程中一侧无动作导致倾斜超限

可能的原因有:

(1) 电磁溢流阀阀芯卡死,一直处于卸荷状态。查看阀体是否异常发热以及是否有卸荷的声音。处理办法:更换电磁溢流阀,注意更换后需要调节至设计压力值。

(2) 伺服阀航空插头信号线脱落。应及时更换航空插头。

(3) 伺服阀内泄严重,应更换伺服阀。

4 结语

换辊的效率直接影响到生产线的产量,间接影响到企业的利润,所以生产技术人员要熟知换辊工艺流程,尤其是要熟知相关电气元件的工作原理、接线方式以及换辊系统的机械原理、构造。

参考文献

[1] 邹家详.轧钢机械[M].3版.北京:冶金工业出版社,2004.

[2] 许劫.热轧精轧换辊自动化控制系统研究[J].自动化与仪表,2009,24(2):38-42.

山钢日照 3 500 mm 炉卷工程轧机牌坊液压顶升安装技术[①]

中国二十冶集团有限公司工业工程公司　梁　阔

【摘要】 轧线设备安装过程中,其核心技术均为轧机牌坊安装。轧机牌坊几何尺寸大,重量远超车间行车额定起重能力,吊装难度大;轧机牌坊没有设计吊装用吊耳,需设计专用吊具,给吊装增加了难度;吊装空间狭小,轧机坑内基础尺寸大且不规则,填充量大且支撑困难。通常冷轧、热轧生产线轧机牌坊安装采用双行车抬吊作业,但厚板生产线的轧机牌坊重量远超双行车额定起重量,无法采用双行车抬吊作业,利用中国二十冶集团有限公司自行研发的液压顶升装置将牌坊安装就位。本文主要总结山钢日照 3 500 mm 炉卷轧机牌坊液压顶升安装技术。

【关键词】 轧机牌坊　液压顶升　安装技术

冶金类建筑安装项目以轧线设备安装为核心,轧线设备安装的核心为轧机牌坊吊装,其特征为几何尺寸大、单件重量重、安装精度高、作业空间小等,在轧线设备安装前,都需要充分考虑本项目的轧机牌坊吊装方法,是采用双行车抬吊还是采用液压顶升方法。

1　总体策划

根据现场设计设置实际情况及以往类似工程的施工经验拟采用液压顶升法,利用 4 台 150 t 液压千斤顶进行牌坊卸车(山钢日照 3 500 mm 炉卷项目轧机牌坊裸重 354 t),当现场达到横移条件后,再将牌坊缓慢下降至横移小车上,通过设置在换辊基础上的临时轨道牌坊水平位移到主轧跨的安装位置,利用中国二十冶集团有限公司自行研发的液压顶升装置将牌坊吊装就位。

2　施工准备

2.1　吊装作业条件

(1) 设备基础交接复核完毕,具备轧机设备安装条件。

(2) 厂房屋面封闭,主轧跨车间 100 t 行车行程贯穿轧机牌坊吊装作业区域,行车安装、调试完成,并经过当地特种设备监督检验部门检验合格,具备使用条件。

(3) 轧机底座安装完毕,并经过业主方、监理方共同检查确认合格。

(4) 牌坊吊装位置的支撑体系布置实施完并符合方案设计要求。

(5) 液压顶升装置组装并调试试运行完毕。

(6) 按照方案设计要求,轧机牌坊的运输道路、拐弯半径、承载力均能满足要求并保持畅通。

[①] 轧机工艺设备图纸、建筑施工图及相关文件资料。

2.2 技术准备

(1) 熟悉图纸、技术文件,掌握轧机牌坊所有相关参数及吊装作业环境因素。通过业主、制造厂确定轧机牌坊尺寸、重量与设计图纸的符合性。

(2) 编制轧机牌坊吊装专项方案,通过专家论证,并报业主方、监理方审批。

(3) 根据工程特点,辨识危险源因素,编制详细的、具有可操作性的安全技术交底书,并向作业人员进行书面和口头两种形式的安全技术交底。

3 技术方案

3.1 轧机牌坊运输卸车

3.1.1 轧机牌坊装车要求及进场顺序

传动侧牌坊:传动侧牌坊首先进场,在装车时要求将牌坊的顶部位于车尾方向,底部位于车头方向,且内侧向上,外侧向下。

操作侧牌坊:操作侧牌坊在装车时要求将牌坊的顶部位于车尾方向,底部位于车头方向,并且内侧向下,外侧向上。

进场时先进传动侧牌坊,后进操作侧牌坊。

3.1.2 轧机牌坊运输路线

轧机牌坊运输道路要求用碎石、渣土垫平、压实,其拐弯半径、承载力均能满足要求和保持畅通。

3.1.3 轧机牌坊卸车

轧机牌坊根据进场顺序要求进场,进场前根据牌坊安装横移位置确定具体卸车位置,将运输轨道做好标记拆除,在运输车辆开到指定位置后,由 4 台 150 t 液压千斤顶同步进行顶升,轧机牌坊稳定后运输车辆缓慢驶出,恢复运输轨道,安装横移小车。

3.2 轧机牌坊的吊装

3.2.1 液压顶升装置和运输轨道的下部支撑

(1) 换辊基础坑处用 ϕ610 钢管支撑,ϕ610 钢管之间用 10# 和 16# 槽钢连接,ϕ610 钢管上铺设 260 mm 厚钢坯,板坯底部标高为 -1.450 m,钢坯上面再铺设运输小车轨道,轨道上表面标高为 -1.060 m(图 1、图 2)。

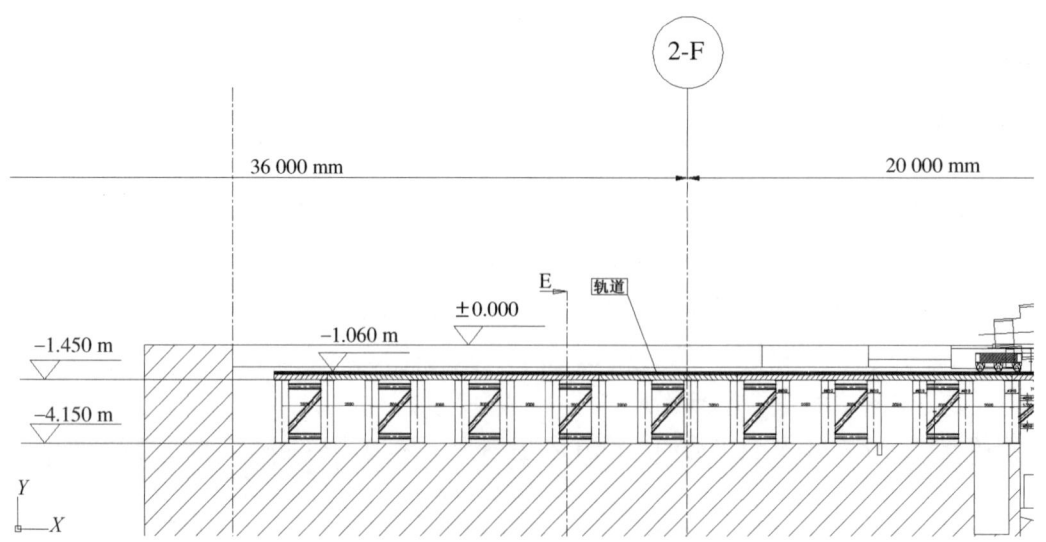

图 1 换辊坑支撑图

(2) 运输轨道安装要求：

① 轨道跨度的允许偏差值为±2 mm。

② 轨道沿长度方向上，在平面内的弯曲，每 2 m 检测长度上的偏差不大于±1 mm；在立面内的弯曲，每 2 m 检测长度上的偏差不大于±2 mm。

③ 轨道中心线与安装基准线的水平位置偏差不大于±2 mm。

④ 轨道顶面标高与设计标高的偏差不大±于 5 mm；同一截面两平行轨道的标高偏差不大于±5 mm。

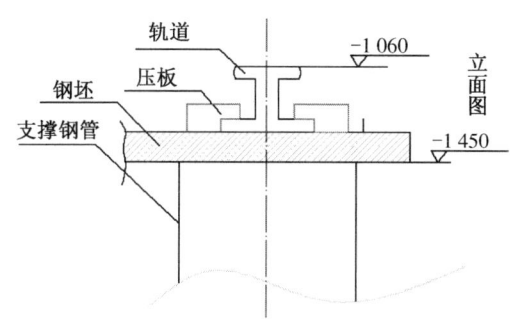

图 2　轨道安放示意图

(3) 运输轨道在轧机基础坑内部分用 Φ508 钢管支撑，Φ508 钢管之间用 Φ219 钢管连接，Φ508 钢管上铺设 260 mm 厚钢坯，板坯底部标高为 −1.450 m，钢坯上面再铺设运输小车轨道，轨道上表面标高为 −1.060 m，注意两轨道间中心必须与轧机中心线重合。

(4) 液压顶升装置底部铺设 220 mm 厚钢坯，钢坯底部标高为 −0.140 m，液压顶升装置立柱正下方及两立柱之间中心处钢坯下利用 DN350 钢管支撑，DN350 钢管之间用 DN200 钢管连接。

(5) 支撑结构焊接要求：

① 焊工必须有相应的资质证书，持证上岗。

② 选择合适的焊条，且有质量证明书。

③ 焊件表面潮湿、下雨、下雪期间，焊工及焊件无保护措施时，不应作业。

④ 所有支撑先进行电焊或花焊，经有关人员再次检查确认无误后再进行满焊。

⑤ 焊接前按规范打坡口，严禁在坡口之外的母材表面引弧和试验电流，防止电弧擦伤母材。

⑥ 焊肉应饱满、焊透，不应有夹渣、气孔和裂纹缺陷。

利用轧机基础坑内混凝土墙壁上预埋件对支撑体系进行固定，运输轨道的支撑管与液压顶升装置的支撑管之间以及它们与轧机基础墙壁之间用 DN200 钢管连接成刚性整体。对轧机坑内主体支撑结构的强度和稳定性以及利用轧机底座进行支撑部分的强度进行验算。

3.2.2　液压顶升装置的组装

液压顶升装置在正式吊装前首先进行现场预组装，组装完成后，采用与轧机牌坊等重量的板坯进行升降试验，试验 3 次合格后再投入到正式轧机牌坊液压顶升工作。

液压顶升装置由底部横梁、立柱、上横梁、牛腿、液压系统、气动系统以及其他辅助设备组成（图 3），单件最大重量约 6.7 t，总重为 50 t，组装后尺寸为：7 000 mm×7 440 mm×15 150 mm。

首先在位于驱动侧牌坊的安装位置上利用 50 t 吊车进行液压顶升装置的组装；当驱动侧牌坊安装工作完成之后，利用水平移位液压缸将液压顶升装置整体从驱动侧牌坊的安装位置平移推至操作侧牌坊的安装位置上。

以下为液压顶升装置的现场组装及吊装就位步骤。

(1) 测量放线。划出液压顶升装置在试验场地内的纵横向中心线和底部横梁的纵横向中心线。

(2) 安装底部横梁。横梁的定位必须以为基准，底部横梁的水

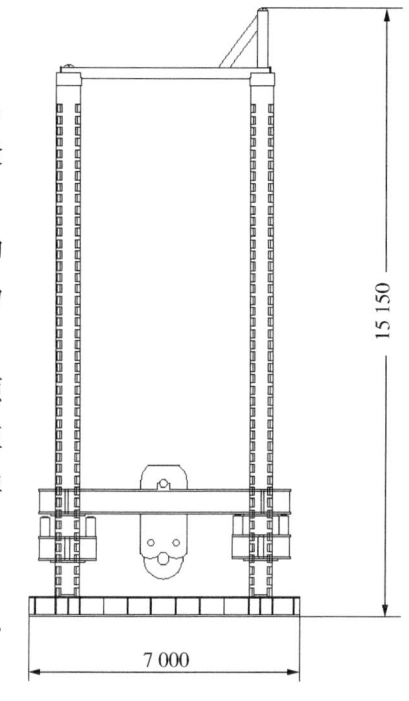

图 3　液压顶升装置示意图

平度要找好,并确保4根立柱底部安装标高一致。调整底部横梁时下面可以用垫板进行,底部横梁周围焊接挡块进行固定。

(3) 底梁的安装要求:

① 单个底梁的水平度偏差为不大于±1 mm,同一截面内两底梁间的水平度偏差为不大于±1 mm;

② 底梁中心线与安装基准线的水平位置偏差不大于±1 mm;

③ 底梁顶面标高与设计标高的偏差不大于±5 mm;

④ 两底梁中心线间距偏差不大于±2 mm。

(4) 吊装立柱。先将牛腿和横梁摆放到正确的位置,摆放时要求牛腿和横梁必须同心,且要处于水平状态,卡板要分别放在横梁和牛腿的下面。然后用50 t吊车吊装立柱,立柱就位时注意方向不要搞错,定位销定位后将固定螺栓拧紧(图4、图5)。

立柱的安装要求:立柱垂直度偏差不超过±$L/1\,000$;4根立柱底部标高偏差不超过±1 mm。

(5) 连接顶部支架。

(6) 测量立柱垂直度,复查中心线,设置拖拉绳。

(7) 安装16只顶升气缸和8只锁紧气缸等气动系统,设置液压装置和连接液压软管等。

图4 底梁安装图

图5 立柱安装图

3.2.3 轧机牌坊的水平运输

3 500 mm轧机牌坊的水平运输是指轧机牌坊自磨辊间通过运输小车运至牌坊吊装位置的过程。运输小车的移动由两只横移推拉缸实现。

牌坊运输顺序:先驱动侧,后操作侧。

(1) 驱动侧牌坊运输。在轧机牌坊卸车位置,利用4台150 t液压千斤顶同步下降,将牌坊水平放置在牌坊运输小车上,要求将牌坊顶部向着运输前进方向,利用横移推拉液压缸推动使轧机牌坊慢慢进入液压顶升装置。

(2) 操作侧牌坊运输。操作侧牌坊的运输同驱动侧牌坊的运输基本是一致的,同样是要求将牌坊顶部向着运输前进的方向,并且要求牌坊内侧面向下将牌坊水平放置在牌坊运输小车上,利用水平液压缸推动使得轧机牌坊缓慢进入液压顶升装置。

注：运输过程中换辊坑底板基础的强度要提前校核。

3.2.4 轧机牌坊的顶升

(1) 顶升吊耳的组装。由于牌坊本身没有吊耳，所以为满足本次牌坊顶升专门设计了对夹式吊耳，由夹具前板和夹具后板构成(图6、图7)，前夹板上设有Φ280 mm的轴，与液压顶升装置下钩板结合，夹具前后板用M72的螺栓紧固在牌坊侧面上，依靠夹具前后板与牌坊之间的摩擦力保证夹具与牌坊的可靠连接，组装时用跨内行车配合，M72的螺栓采用液压螺母紧固。组装好的对夹式吊耳如图8所示。

图6 夹具前夹板

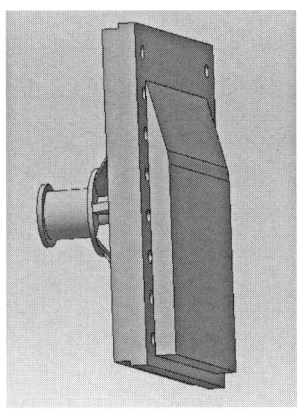

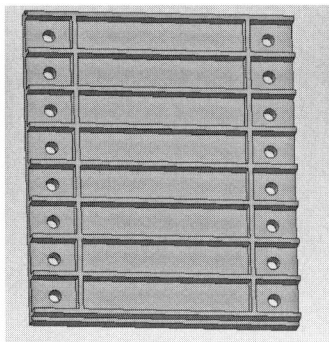

图7 夹具后夹板

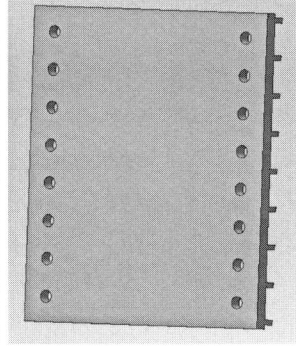

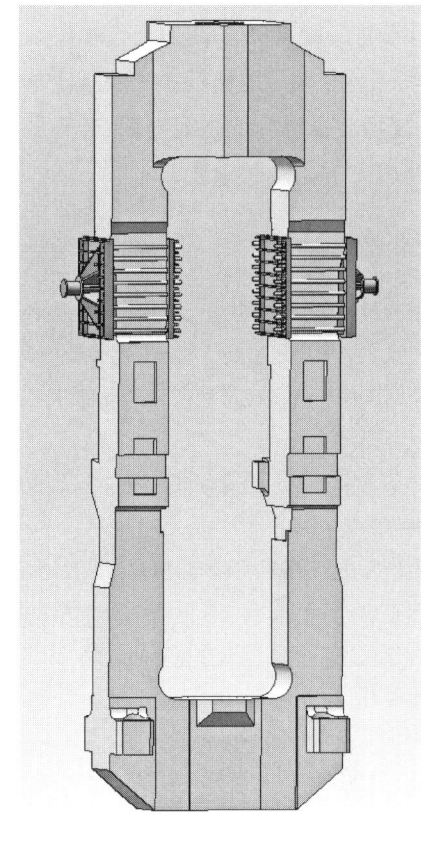

图8 夹具组装位置图

前夹板重量为5.6 t；后夹板重量为3 t。

吊装夹具的强度及夹具与牌坊间的夹持力均要提前进行计算。

夹具制作完成后要对焊缝进行无损探伤，保证焊接质量合格。

(2) 牌坊顶升。组装工作完成后，液压系统空负荷动作几次，检查确认软管连接的正确性和是否有渗漏油现象。无误后再确认轧机是否达到吊装条件。操作步骤如下：

(3) 传动侧牌坊吊装。传动侧牌坊运至液压顶升装置内后，在牌坊两侧安装顶升装置与吊耳之间的提升夹板，提升夹板安装紧固后检查牌坊的位置，使夹板的轴线与液压顶升装置的钩板中心线重合，然后将夹板与液压顶升装置钩板结合，可以进行顶升作业。先将移动牛腿处于锁紧状态，而横梁处于能上下移动状态，操作液压缸使之同步顶升，从而带动横梁上升一个行程(280 mm)，当上升到上限位后，将移动横梁锁紧(卡板旋转45°)，然后启动气动缸，带动牛腿上升一个行程(280 mm)，随后牛腿再锁紧(卡板旋转45°)，横梁解除锁紧再上升，通过重复这一过程使横梁带动重物逐渐升高。需要注意的是吊装用的板钩在吊装时必须处于垂直状态。当牌坊升到要求的高度，停止操作，将牌坊底部的钢坯拆除，并检查牌坊的位置是否合适,无误后用相反的方法逐渐下降。直到牌坊就位为止。

(4)操作侧牌坊吊装。传动侧牌坊吊装完毕后,利用液压缸把液压顶升装置整体推至操作侧牌坊吊装站位位置。操作侧牌坊吊装过程同传动侧牌坊吊装。

吊装时顶升装置的整体稳定性要提前进行校核,在现场同时要合理布置拖拉绳的固定位置。

4 结语

通过本工程轧机牌坊液压顶升安装技术的实际应用,为"大型热轧板带工程绿色高效建造技术研究与应用"在2019年度荣获冶金科学技术一等奖奠定了坚实的基础,此技术主要适用于厚板、中厚板这类工程项目上。在采用轧机牌坊液压顶升安装技术时,要充分考虑轧机牌坊的装车方向、运输道路的承载情况、现场支撑措施的强度核算、液压顶升装置的操作规程,俗话说"七分准备,三分干",系统化、合理化的选择施工方法至关重要。

参考文献

[1] 国家技术监督局,中华人民共和国住房和城乡建设部.机械设备安装工程施工及验收通用规范:GB 50231—2009[S].北京:中国计划出版社,2009.

[2] 中华人民共和国住房和城乡建设部.轧机机械设备工程安装验收规范:GB 50386—2017[S].北京:中国计划出版社,2017.

[3] 中华人民共和国住房和城乡建设部.起重设备安装工程施工及验收规范:GB 50278—2010[S].北京:中国计划出版社,2010.

[4] 中华人民共和国国家质量监督检验检疫总局,中国国家标准化管理委员会.起重机械安全规程 第5部分:桥式和门式起重机:GB/T 6067.5—2014[S].北京:中国标准出版社,2015.

[5] 中华人民共和国住房和城乡建设部.建筑施工起重吊装工程安全技术规范:JGJ 276—2015[S].北京:中国建筑工业出版社,2015.

[6] 中华人民共和国住房和城乡建设部.钢结构焊接规范:GB 50661—2011[S].北京:中国建筑工业出版社,2012.

山钢日照 3 500 mm 炉卷工程卷曲炉设备安装技术

中国二十冶集团有限公司工业工程公司　吴晓星

【摘要】　山钢集团日照有限公司炉卷生产线生产薄规格及中厚规格的钢板产品,设计产能130万吨/年。本文总结了炉卷生产线卷曲炉设备安装技术特点,为将来同类型项目的施工提供借鉴参考。

【关键词】　炉卷　卷曲炉　安装

1　工程概况

热轧生产线适合轧制薄而相对较窄的产品,常规中厚板生产线适合轧制厚而相对较宽的产品。山钢集团日照有限公司炉卷生产线则是集中了前二者的优点,适合生产薄且宽的产品。两座卷曲炉是炉卷生产线的重要设备,分别布置在炉卷轧机的入口侧和出口侧,在轧制过程中,薄板在入口和出口卷曲炉中间往复卷曲加热,使其保持一定的温度以满足轧制要求(图1—图3)。

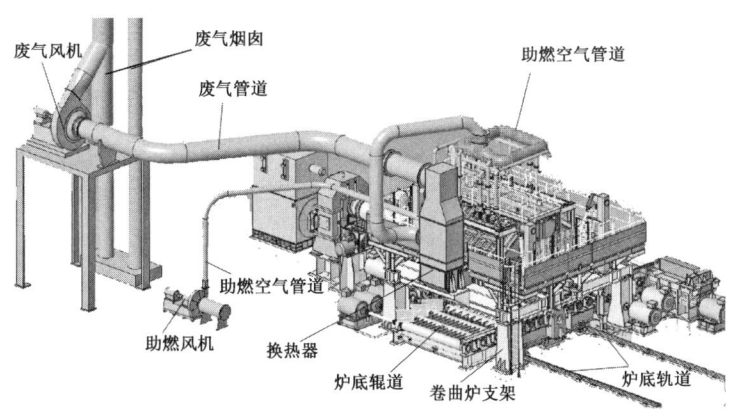

图1　卷曲炉系统模型

图2　卷曲炉实物图

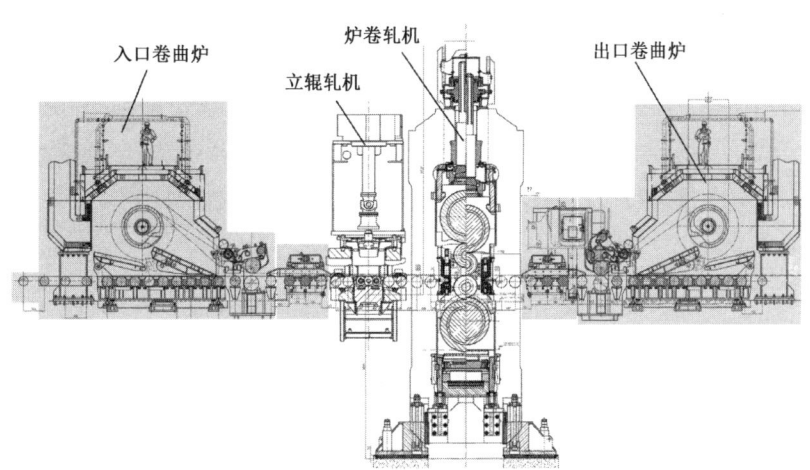

图3　卷曲炉布置图

2 卷曲炉构成及工艺

卷曲炉主要由两条炉底轨道、一组炉底辊道、卷曲炉支架、炉底摆动门、下炉壳、卷筒、上炉壳、燃烧系统、废气系统、平台、驱动系统等组成。炉底辊道的作用是输送钢板，为钢板的移动提供动力。炉底摆动门的作用是钢板非卷曲时摆动门提升将炉底密封起来，减少卷曲炉内部热量损失，不影响钢板的正常通过（图4），钢板卷曲时摆动门分别由各自的控制缸打开形成进入卷曲炉内部的通道，引导钢板进入卷曲炉，并将钢板端部导入卷筒的槽口中，钢板随卷筒转动卷曲并被加热（图5）。

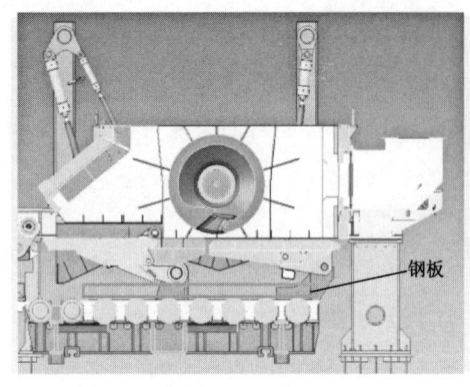
图4 钢板通过炉底辊道示意图

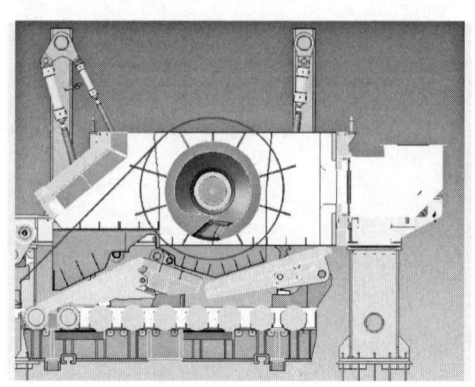
图5 钢板进入卷曲炉示意图

可旋转的卷筒安装在卷曲炉内部，在炉卷轧机轧制薄板的过程中用来卷曲钢带。卷筒由两个轴承座固定在支撑炉体卷曲炉支架上。卷筒与减速机相连，由卷曲炉电机提供动力。另外，在炉卷轧机两侧与卷曲炉之间装有夹送辊，用于精准控制带钢端部进入卷曲炉卷筒的槽口中。

燃烧系统由焦炉煤气管道、助燃空气管道、助燃风机、氮气管道、燃烧器、火焰监测器、点火器、热电偶等组成。卷曲炉通过焦炉煤气燃烧对钢板加热，利用助燃空气调节内部温度，氮气是用来控制管道上的气动开关及进行氮气置换，保证卷曲炉点火安全。

废气系统由废气管道、废气风机及废气烟囱组成。卷曲炉内部燃烧产生的高温废气，由废气阀及废气风机控制，强制通过废气烟囱排出。因废气温度高，废气管道及烟囱内部需要做耐材砌筑。由于管道及烟囱直径偏小，分段制作时应与耐材砌筑同时进行，以防管道太长无法砌筑。

3 卷曲炉安装程序

3.1 安装前的准备工作

运用BIM技术，对卷曲炉设备进行建模，利用三维模型模拟设备安装全过程，检查设备安装过程中是否存在干涉，保证设备安装精度。发挥三维模型可视化的优势进行技术和安全交底。

卷曲炉设备安装前应做好基础交接、设立标高基准点、纵横中心线及辅助中心线。中心点的设置应依据工艺布置图及设备外形尺寸确定，方便设备纵向、横向等偏差调整。标高点应设置在设备基础边缘便于观察的位置，以便对设备进行调整时使用。然后利用设置的基准点及中心线对已办理交接的基础进行复测，确保设备基础符合规范要求。

3.2 炉底轨道安装

为方便检修卷曲炉炉底辊道，炉底辊道设计为可抽出式辊道，整组辊道直接安装在两条轨道上，检修时直接将辊道从炉底侧面沿轨道方向抽出。因此首先安装两条轨道，轨道安装完成（表1）待验收合格后再进行灌浆。

表 1　轨道安装允许偏差

项次	项目	允许偏差/mm		检验方法
		Ⅰ级	Ⅱ级	
1	钢轨中心线相对机架中心线	0.3	0.5	拉钢丝线、吊线坠、用钢尺检查
2	同一截面内两钢轨轨面高低差	±0.2	±0.3	用水准仪检查
3	钢轨纵向每米长度内的水平度	0.5	0.8	用水准仪检查
4	两钢轨的轨距	0.3	0.5	用钢尺检查

3.3　炉底辊道安装

待炉底轨道灌浆料达到设计强度后，开始安装炉底辊道。按照图纸要求，炉底辊道直接安放在轨道上。安装到位后，4 台定位液压缸将炉底辊道固定，对炉底辊道的纵横中心线、标高、水平度、平行度偏差进行复查，允许偏差（表 2、图 6）。

表 2　辊道安装允许偏差

项次	项目		允许偏差/mm		检验方法
			Ⅰ级	Ⅱ级	
1	中心线	根据中心线安装	1.0	1.5	拉钢丝线、吊线锤、用钢尺检查
		根据已安设备安装	0.5	1.0	拉钢丝线、吊线锤、用钢尺检查
2	标高	根据基准点安装	±0.50	±1.0	用水准仪检查
		根据已安设备安装	±0.25	±0.50	用水准仪检查
3	机架相对辊道纵向中心线的水平度		0.15/1 000 全长不大于 0.30	0.2/1 000 长不大于 0.40	拉钢丝线、用内径千分尺检查
4	机架上面基准点的对角线差		0.5	0.5	用钢盘尺、衡力指示器检查
5	辊面水平度		0.05/1 000	0.10/1 000	用平尺和水平仪检查
6	基准辊相对机组纵向中心线的垂直度		0.10/1 000	0.15/1 000	拉钢丝线、用摇臂、内径千分尺检查
7	相邻两辊子（含组与组间）的平行度		0.30/1 000	0.30/1 000	用内径千分尺检查
8	辊子平行度累计误差		0.60/1 000	0.60/1 000	吊线锤、用内径千分尺检查
9	减速箱、分配箱水平度		0.15/1 000	0.20/1 000	用水平仪检查

图 6　炉底辊道安装实物图

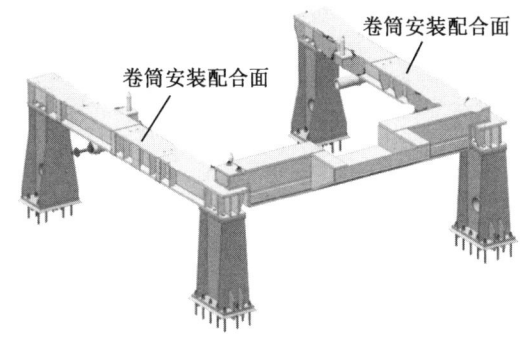

图 7　卷曲炉支架安装示意图

3.4　卷曲炉支架安装

卷曲炉支架由 4 根立柱和 3 根连接梁组成（图 7），两根纵向梁的中部为安装卷筒的位置，因而支架安装调整时，要以卷筒安装配合面为基准，测量调整支架偏差。支架安装精度（表3），验收合格后进行灌浆。

表3　卷曲炉支架安装允许偏差

项目		允许偏差/mm	检验方法
热卷箱本体	机架纵向中心线	0.3	拉钢丝线、吊线锤、用钢尺检查
	机架横向中心线	0.5	拉钢丝线、吊线锤、用钢尺检查
	机架标高	±0.3	用水准仪检查

3.5　摆动门气缸及立柱安装

待到卷曲炉支架灌浆料强度达到设计要求时，安装带有8个气缸，用来升降摆动门的4根立柱。立柱直接用螺栓固定在卷曲炉支架上（图8），复查4根立柱的位置、标高满足图纸要求。

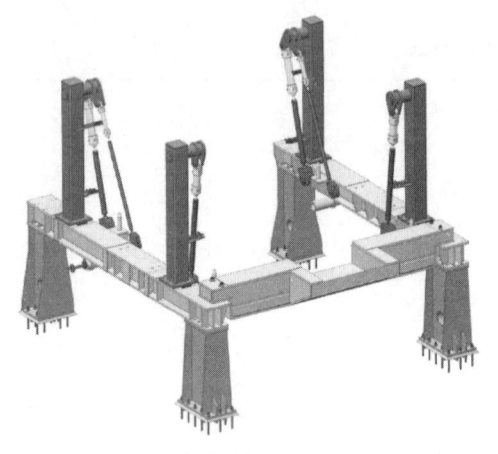

图8　卷曲炉支架及立柱安装示意图

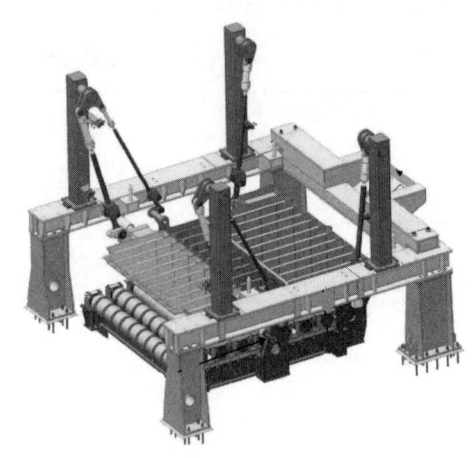

图9　卷曲炉摆动门安装示意图

3.6　摆动门安装

将摆动门吊装到炉底辊道上面，并与控制气缸连接（图9）。

3.7　卷筒安装

入口卷曲炉和出口卷曲炉对称分布在轧机两侧，两个卷筒的零件图相同，但在安装时应特别注意，出入口卷筒安装方向相反，否则卷筒槽口无法卷曲钢板。安装方向（图10、图11），卷筒安装后，应对卷筒的中心线、标高、水平度、垂直度进行复查，重点是安装精度（表5）。

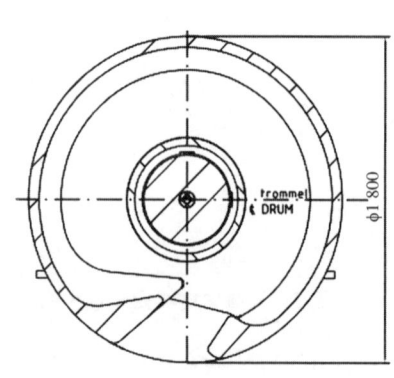

图10　入口卷筒操作侧剖面图

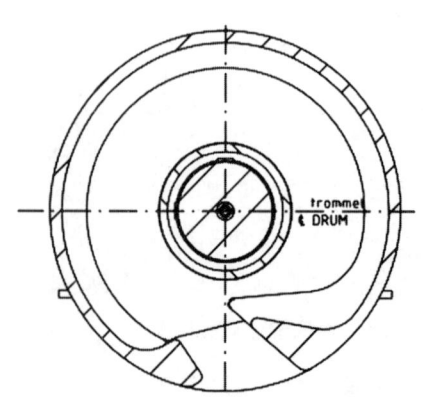

图11　出口卷筒操作侧剖面图

表 5 卷筒安装允许偏差

项次	项目		允许偏差/mm		检验方法
			Ⅰ级	Ⅱ级	
1	纵向中心线		1.0	1.5	拉钢丝线、吊线锤、用钢尺检查
2	横向中心线		0.5	1.0	拉钢丝线、吊线锤、用钢尺检查
3	标高		±0.50	±1.00	用水准仪检查
4	水平度	底座水平度	0.05/1 000	0.10/1 000	用水平仪检查
		卷筒水平度	0.05/1 000	0.10/1 000	用吊线锤、用摇臂、内径千分尺检查
5	卷筒相对机组中心线的垂直度		0.05/1 000	0.10/1 000	用平尺和用水平仪检查

3.8 下部炉壳安装

下部炉壳是由两个半炉壳组装而成，安装时，将两个半炉壳分别吊装就位，炉壳安装孔挂到卷曲炉支架上方的 4 个定位销上，然后用螺栓将下炉壳连接固定为一个整体（图 12、图 13）。转动卷筒，卷筒应转动灵活，无卡涩，复查炉壳与卷筒间隙符合要求（图 14）。

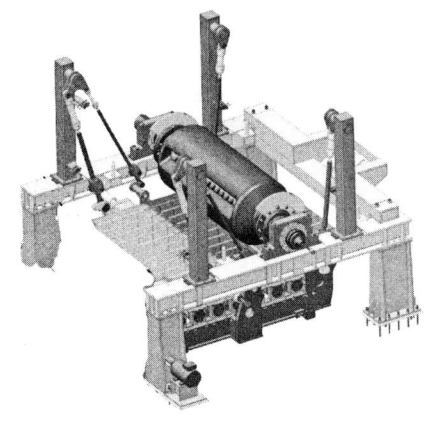

图 12 卷曲炉支架、立柱、摆动门及卷筒安装示意图

图 13 卷曲炉安装过程实物图

3.9 耐材砌筑

下炉壳复测合格，做好工序交接后交给耐材砌筑班组施工。

3.10 上炉壳安装

入口、出口卷曲炉上炉壳零件图相同，但安装方向对称，因此安装时应提前标记好，以免出现混淆、安装错误的情况。出入口卷曲炉上炉壳分别装有 6 个烧嘴，烧嘴方向不同，相应与之连接的管道方向也不同，因此应严格按照出入口的图纸进行安装。烧嘴安装完成后，须在上炉壳内部进行模块化陶瓷纤维安装，起到保温和保护炉壳的作用。上炉壳顶部为管道及管道支架，为便于施工，先将上炉壳放在地面上制作

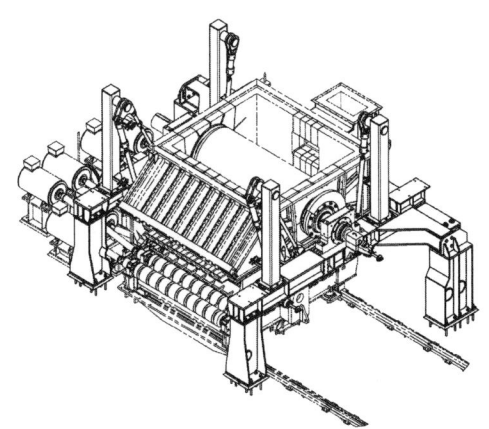

图 14 卷曲炉下炉壳安装示意图

安装管道及管道支架（图 15），待全部安装完成后，再将上炉壳吊装就位（图 16）。上炉壳安装前，上下炉壳接触面应铺一层陶瓷纤维毯，起到保温密封的作用。上炉壳顶部的管道分别为煤气管道、助燃空气管

道、废气管道、氮气管道。助燃空气管道从厂房外的助燃风机接出，接至卷曲炉换热器上，主管从换热器出来，绕卷曲炉上部一周，支管从主管上接出分别与 6 个烧嘴连接。焦炉煤气管道与氮气管道从阀站引出，在助燃空气管道内侧绕卷曲炉一周，支管分别与烧嘴连接。焦炉煤气管道支管上安装有手动切断阀、气动燃气切断阀、燃气流量孔板等实现对煤气的控制。

图 15　上炉壳地面制作安装管道及支架　　　　图 16　上炉壳吊装就位

4　结语

卷曲炉是炉卷生产线的核心设备，其安装的好坏将直接影响生产线的产能。因此必须加强过程管理，确保设备安装精度达到规定要求，从而最大限度发挥出炉卷生产线的优势，创造更高价值。

山钢日照 3 500 mm 炉卷工程液压润滑管道安装技术

中国二十冶集团有限公司工业工程公司　刘　锐

【摘要】 钢铁产业是国家的支柱产业,钢铁生产线为国家建设提供各种规格线材板材、型材等。液压润滑系统又是钢铁生产线主机设备中的重要组成部分。液压润滑设备、管道的安装质量,是液压润滑系统能否可靠、高效运行的关键环节,必须科学、合理地完成安装过程中的每个工序,才能使液压润滑系统能够正常运行,充分发挥其效能。

【关键词】 液压润滑　材料　制作　焊接安装

1　工程概况

山钢日照 3 500 mm 炉卷工程(一标段)施工区域主要指热轧区域。具体包括板坯库、加热区、轧钢区、冷床区、磨辊间等区域。其中轧钢区、冷床区液压、润滑系统共有 12 套。液压系统:入口卷曲炉液压系统、轧机高压液压系统、出口卷曲炉液压系统、轧机低压液压系统、预矫直机液压系统、热分段剪液压系统、热矫直机液压系统、冷床液压系统。润滑系统:入口卷取炉稀油润滑系统、轧机稀油润滑系统、油膜轴承润滑系统、预矫直机稀油润滑系统、热矫直机稀油润滑系统。

2　工程特点

(1) 液压、润滑系统分散于各个机组,施工区域范围较广。
(2) 液压管道材质为 316 不锈钢无缝钢管,润滑管道为 304 不锈钢无缝钢管,焊接要求较高。
(3) 管道规格较多,放置要求高,避免混用、乱用。
(4) 施工区域高差较大,周围孔洞较多,安全防护要求高。

3　安装前的准备工作

(1) 熟悉施工现场施工程序和施工进度计划以及施工图纸。
(2) 准备好施工过程所需要人员、机械设备、物资材料等。
(3) 做好液压设备的现场交货验收工作,根据设备清单进行验收。通过验收掌握设备名称、数量、随机备件、外观质量等情况,发现问题及时处理。
(4) 根据设计图纸对设备基础和预埋件进行检查,对液压设备地脚尺寸进行复核,对不符合要求的地方进行处理,防止影响施工进度。

4　液压设备的安装

(1) 根据平面布置图把液压设备就位,但是要注意大型成套设备吊装就位时一定要先里后外。
(2) 液压设备就位后,根据施工图纸要求对液压设备中心线、标高、水平进行调整,保证泵吸油管处于水平、正直对接状态。调整好的液压设备要及时与监理沟通进行验收,验收合格后交接给土建专业施工方灌浆固定。

（3）安装完成的液压设备一定要注意成品保护更重要的是尽量减小现场施工过程中对设备的污染。

5　材料验收与保护

（1）管道、管件到货后,按有关行业标准对其外观进行检查验收。

（2）管道、管件应提供相应的材质证明文件及合格证,防止材质不同无法焊接,影响工程进行。

（3）管道、管件运到现场后,安装焊接前应保证其两端封扎严实,防止管道内部污染。

（4）不同材质管道、阀门及管件应分类堆放,并做好标识。

（5）不锈钢钢管与管件不得与碳钢直接接触,以防渗碳生锈。

6　管道制作

（1）管道一般应用机械方法切割,切割表面必须平整,不得有裂纹、重皮。管端的切削粉末、毛刺、熔渣、氧化皮等必须清除干净。

（2）切口平面与管道轴线垂直度公差为管外径的1%。

（3）管道弯制后的椭圆率不应超过8%,弯曲角度偏差不应超过±1.5 mm/m。

（4）管道采用冷弯,弯管的最小弯曲半径应不小于管外径的3倍,且应在专用弯管机上进行此项工作,以保证管道弯制质量。

（5）软管的弯曲半径：当外径大于30 mm时,最小弯曲半径应不小于管外径的9倍；当外径小于和等于30 mm时,最小弯曲半径应不小于管外径的7倍。管道和管件在安装前必须清理干净,不能及时安装的管道应包扎好管道端口。

7　管道支架的制作及安装

本工程液压管道全部采用铝合金管夹,除润滑管道采用铝合金管夹外,还有部分回油、泄漏油管道采用U形管夹固定。采用U形管夹固定的管道,支架与不锈钢钢管之间,需垫入氯含量不超过50 ppm的橡胶板或1~2 mm不锈钢板。所有支架要严格按照设计图纸中支架的位置进行安装,并保证支架上表面处于同一标高,以保证管道安装横平竖直。

制作支架的角钢、槽钢及H形钢在制作成支架后,除固定侧外,其余切边需进行倒角。支架上所有的焊缝均为80%的板厚。

所有管卡(管夹)安装前应反复核对管卡(管夹)的形式及结构尺寸。

采用U形管夹的支架,螺栓孔应进行配钻,除特殊情况外禁止开孔。

管道支架与管夹底板(钢板)的焊接可采用E4303型焊条。在没有埋设件处安装支架及管夹时,可以先用膨胀螺栓将钢板或支架(座)固定到基础或墙面上,然后安装和焊接。

管路安装时,支架或管夹间距值见表1。

表1　管道间距值

管道外径/mm	~10	>10~25	>25~50	>50~80	>80
支架间距/mm	500~1 000	1 000~1 500	1 500~2 000	2 000~3 000	3 000~5 000

管路安装时还可按具体情况适当变动,在管路拐弯处附近必须安装支架或管夹。

8 管道安装

(1) 管道敷设位置应便于装拆、检修,且不妨碍生产人员的行走,以及机电设备的运转、维护和检修。

(2) 对于同排管道,应将各管的法兰、活接头等连接件相间错开 100~200 mm,便于装拆。

(3) 管道外壁与相邻管道管件边缘的距离应不小于 100 mm。

(4) 机体上的管道应尽量贴近机体,但不得妨碍机器动作。

(5) 在管道安装时应注意对阀台及管道内部保洁,管道安装间断期间应用塑料布将管口包扎好,防止灰尘进入。

(6) 管道走向应按照设计技术文件执行,水平管道平直度允许偏差为 2/1 000,且不大于 10 mm;立管垂直度允许偏差为 3/1 000,且不大于 10 mm,按照设计技术文件,规定的坐标位置和标高尺寸安装管道,坐标位置允许偏差为 15 mm,标高允许偏差为 ±15 mm。

(7) 对有坡度要求的管道应按照有压让无压,先大后小的原则,先安装回油管,后安装给油管。

(8) 管路走向及管件固定可根据现场实际适当调整,管路不得干涉设备的动作。所有管线在不影响设备运行的情况下,优先考虑固定在设备底座上;所有管线不得影响设备的运行。配管时管路要等间距布置、排布合理、美观,如两管干涉,则小通径管让大通径管,有压力管让无压力管。

9 法兰及阀门仪表安装

(1) 法兰的材质、规格及工作压力必须符合设计要求,安装时两片法兰端面平行。垫片必须针对不同的流体根据设计文件及规范选取,安装是应检查法兰密封面及密封垫片,不得有影响密封性能的划痕、斑点等缺陷。现场安装时,尽量减少中间管路连接法兰,减少后续生产会泄漏的检修点。

(2) 阀门仪表安装前,应按设计文件核对其型号,并应按介质流向确定其安装方向。注意仪表阀门与机械阀门的安装要点。施工人员必须严格按照现有规范和要求施工。如管路上需要安装压力、温度传感器时,要使用电钻开孔,并用内磨机将孔内毛刺清理干净,避免影响油冲洗效果。

10 管道焊接

(1) 所有液压、润滑管道均采用氩弧焊打底焊接,为保证管道焊透,所有焊缝必须打好 V 形坡口,坡口加工采用机械加工,坡口间隙为 2~3 mm。

(2) 焊工应按有关规定接受考核,取得所施焊范围的合格证书后方能参加本施焊范围的作业。

(3) 本工程液压润滑管道,壁厚>4 mm,管径>100 mm 管道,宜采用氩电联焊(氩弧焊打底,电焊盖面);当管径≤100 mm,壁厚<4 mm,采用全氩焊接。

(4) 焊条、焊丝的选用应符合设计文件的要求,焊条要在规定的温度和时间烘干后才可使用,且要有专人负责管理。烘干后的焊条进入施工现场,要有专用的保温桶存放,不得随意乱放,本工程根据管道材质选用的焊丝、焊条见表 2。

表 2 焊丝、焊条选用表

管道材质	焊丝型号	焊条型号
316L (022Cr17Ni12Mo2)	ER316L	A022
304(06Cr19Ni10)	ER308	A102
20#	ER50	E4303

(5) 不锈钢管道与低碳钢的异种钢焊接,采用 ER309 氩弧焊丝和 A302 焊条。

(6) 焊缝距离弯管起弯点不得小于 100 mm,且不得小于管道外径。

(7) 环焊缝距管道支架、管夹净距不应小于 50 mm。

(8) 按照图纸要求安装三通的管件,禁止在管道焊缝及其边缘上开孔。

(9) 施焊前应对坡口附近宽 20 mm 范围内的内外管壁进行清理,除净其上的油、水、漆、锈及毛刺等。

(10) 对管道进行点焊、固焊时,点焊、固焊的工艺措施及所用焊接材料应与正式焊接一致。点焊、固焊后应认真检查焊肉,如发现焊肉有裂纹等缺陷,应及时处理。

(11) 对不锈钢管道焊接时应在管道内充盈惰性气体后再施焊,这样可防止材质氧化。对接焊口的组对应做到内壁齐平,内壁错边量不宜超过壁厚的 10%,且不大于 2 mm。

(12) 不得对管道强行组对焊接。对不锈钢管道进行电焊焊接前,要在焊缝两端 100 mm 内,采取防飞溅玷污措施。管道焊接完毕,应将焊缝表面熔渣及其两侧的飞溅清理干净,并做好记录。

11 管道焊缝检查

(1) 根据现场管道实际排布,绘制管道焊缝单线图,对每道焊缝进行编号并对应施焊焊工编号,由现场监理指定拍片焊口号。

(2) 如设计文件未规定焊缝检查比例,则根据《冶金机械液压、润滑和气动设备工程安装验收规范》(GB 50387)中的规定进行焊缝检测(表 3)。

表 3 焊缝检查比例

工作压力/MPa	焊缝抽查比例	焊缝质量合格标准
<6.3	5%	Ⅲ
6.3~31.5	15%	Ⅲ
>31.5	100%	Ⅱ

(3) 本工程采用射线探伤进行焊口检测,焊缝合格等级符合《工业金属管道工程质量验收规范》(GB 50184)对接焊缝内部质量的规定。

12 结语

针对山钢日照 3500 炉卷工程液压、润滑系统的安装,要严格控制好每道施工工序,尤其是管道焊缝施工质量,对后续的管道试压、油冲洗影响较大。

参考文献

[1] 中华人民共和国住房和城乡建设部. 工业金属管道工程施工质量验收规范:GB 50184—2011 [S].北京:中国计划出版社,2011.

[2] 中华人民共和国住房和城乡建设部. 冶金机械液压、润滑和气动设备工程安装验收规范:GB 50387—2017 [S].北京:中国计划出版社,2018.

液压管道高效油冲洗技术

中国二十冶集团有限公司工业公司　魏尚起

【摘要】 本项目主要以液压管道油冲洗为研究对象，本着"节能、降耗、环保"的理念，从清洁工艺、智能油冲洗、环路快速连接、防乳化、压力试验等方面进行了系列研发；主要解决了液压管道系统油冲洗效率低、环路材料浪费严重和系统试压不全的难题，最终形成系列油冲洗技术。

【关键词】 液压管道　油冲洗　试压

1 项目背景

随着科学技术的发展，尖端技术在国民经济各个行业中得到了广泛应用，液压系统的使用日益广泛、必不可少，液压管道就像整个工程的"血管"，提供动力和精准控制。而管道油冲洗质量直接影响着"血管"的畅通，是保证生产线安全可靠运行和设备、元件使用寿命的先决条件。若液压系统污染、堵塞，轻则导致生产事故，重则危及人身安全、环境污染。因此液压系统对液压油的清洁度有着苛刻的要求，而保证液压系统可靠性的关键是控制液压管路的冲洗质量。

传统液压管道施工工艺中存在诸多问题：

(1) 传统的施工工艺中需要进行管道酸洗，操作过程存在一定的危险性，环境污染严重。

(2) 液压管道在线油冲洗时冲洗效率低、人工操作控制多、能耗高、劳动强度大。

(3) 液压管道系统制作环路的材料不可重复利用，造成巨大的资源浪费。

(4) 液压管道系统油冲洗前，油品常常发生乳化，造成油品无法使用。

(5) 传统施工中，阀台后的管道无法进行压力试验，试验范围不全面，存在管道漏油或爆裂等安全隐患。

随着社会的进步，传统的液压管道油冲洗施工工艺和装备已无法满足节能、环保的要求，迫切需要在传承的基础上勇于创新，研究开发符合国家节能环保要求的施工新技术，以适应新形势下市场的需求。

2 液压管道高效油冲洗技术

2.1 气液环保型油冲洗新技术

气液环保型油冲洗新技术的基本原理是先利用压缩空气推动不同密度、不同材质的海绵球体在管路内高速旋转前进，摩擦、吸收、吹扫管道内壁的污物，达到洁净管道内壁的目的，再利用特制的油冲洗装置，对管道进行高压力、高流速、大流量的冲洗，最终保证管道系统的清洁度要求。通过对液压管道油冲洗的研究，创造性地提出了气液混合冲洗新技术，发明了紊流油冲洗装置，将管道高效、耐磨清洁球技术和紊流油冲洗及油清洁度在线快速检测技术相结合，解决了小管径液压管道的快速油冲洗难题，油冲洗效率高既节能又环保。

2.1.1 管道高效清洁技术

采用压缩空气作为动力源推动高密度的聚亚氨酯泡沫体在管道内部高速旋转前进，摩擦、吸收管道内壁的杂质,达到清洁管道的目的,改变管道内部清洗由化学过程为物理过程,实现了液压管道清洗过程中盐酸等化学物质的零使用、零排放,避免了环境污染,环保性效果好。通球原理见图1,海绵清洁球和通球气枪见图2。

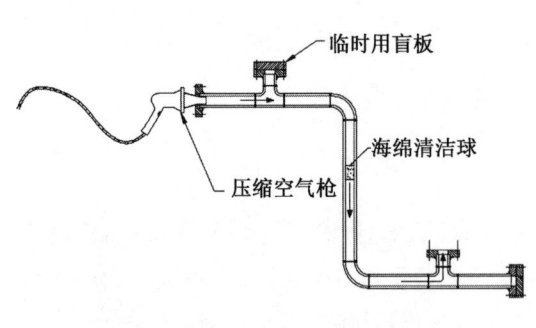

图1　通球示意图

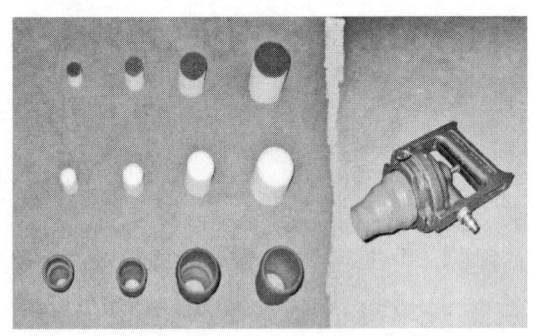

图2　海绵清洁球和通球气枪

实施具体步骤如下:

步骤一,选择气源,可以利用生产车间内的压缩空气管道气源(0.6～0.8 MPa),也可以用空压机代替车间气源;选择海绵清洁球:清洗软管或管道在选用海绵球时,应选用比软管或管道内径大约20%直径的海绵球。

步骤二,将要清洗的管道从与设备及阀台相连的法兰处断开,形成"通球"回路。如果有三通的支管,要用临时的盲板将不通球的支管堵住。准备一只尼龙网罩:用于收集射出的海绵球体,尼龙网罩能对海绵球体起到缓冲作用和保护好海绵球体。

步骤三,通球过程:选择好一定数量的相应规格两种海绵柱球,一种是不带磨砂的海绵柱球接合型(C型),另一种是一头带磨砂头的磨粒型(A型)。然后将通球气枪接上气源,再缓缓将气源的阀门打开,调整压力到0.6～0.8 MPa,气体压力太小会影响清洗的效果。

首先在枪内塞入带磨砂头的海绵柱球,进行"通球"准备。扳动通球气枪的扳机,海绵球从管道的一头开始高速摩擦管道内壁后从另一头飞出,弹射到收集尼龙网罩内。然后再往枪内加入另一个带磨砂头的海绵柱球再一次通球,这样重复几次后对小桶内的海棉球进行检查,当磨砂面没有大颗粒杂质时可以换用不带磨砂的海棉球进行"通球",否则再重复用磨砂头柱球继续通球。用不带磨砂的海绵柱球"通球"过程中,不断检查海绵球表面的洁净情况,直至海绵球表面基本上看不出脏物时。在"通球"过程中海绵球可以重复利用几次,管道"通球"结束后就可以进行在线油冲洗。

步骤四,根据不同的管径选择不同规格的软管与要试压和冲洗的管段用法兰相连接。供回油的软管都连接以后,再把试压泵的供油口与冲洗油的供油点相连接,并确认冲洗供回油的阀门都处于关闭状态,以上准备工作做好后就可以开始试压。按下试压装置的电源开关,然后打开试压装置的供油阀门,管道内开始充油,此时注意压力表的读数,待达到试验的压力时再关闭试压的阀门。然后开始检查管道的焊缝、法兰连接处、活接头等连接处是否有漏点。在查无漏点后再进行保压试验。待保压试验合格后直接进入管道的油冲洗工序。

步骤五,把试压装置的供油口与冲洗油的接点先断开。然后打开冲洗泵的电源开关,调整溢流阀,使溢流的压力满足冲洗的要求。然后打开供回油阀门,让冲洗油在管内高速循环冲洗。如果管段比较长,弯头较多形成阻力较大,那么还需要提高溢流的压力。在冲洗过程中可以根据取样分析仪显示屏所显示的冲洗油等级报告来判断是否还需要进一步冲洗。

2.1.2 紊流油冲洗及在线快速检测技术

在管径、冲洗液和环境温度一定时,雷诺数的值主要由液体流量决定,流量越大,雷诺数越大,油分子窜动越剧烈,冲洗效果愈佳。利用该原理自主研制了液压系统油冲洗装置(图3)。

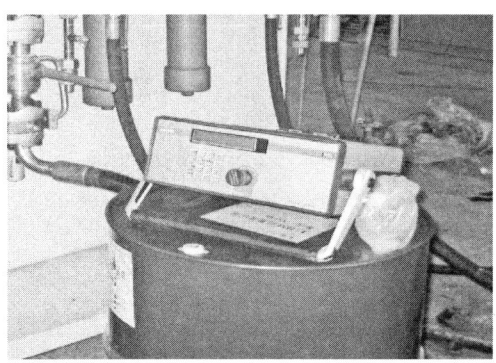

图3　紊流油冲洗装置及在线检测仪

流量大且集试压、冲洗和检测为一体,机动灵活、冲洗过程可与管道敷设同步进行,适合流水作业。采用在线检测技术替代油样试验室检测,实现了冲洗环路的智能切换,冲洗效率提高28%,达到了小管径液压管道(DN40)快速油冲洗的目的。

2.2 智能化高效节能油冲洗新技术

发明了液压润滑管道双向油冲洗方法,研制了智能化高效节能环保型管道在线油冲洗装置和双向油冲洗装置,实现了对大规模、复杂液压管路的智能高效油冲洗,冲洗效率高,冲洗质量好,节能环保效果好。

2.2.1 智能化高效节能双向油冲洗技术

智能化高效节能油冲洗技术:研制了智能化高效节能环保型管道在线油冲洗装置(图4),该装置具有智能多模式冲洗功能,可根据需要选择调试模式、手动模式、智能冲洗模式。本装置通过自动化控制系统,对冲洗中的参数:冲洗压力、流量、油温、液位、过滤器压差进行连锁及实时监控,动态调整各项参数,自动进行检测和回路切换,使管道系统保持最有效的冲洗状态,实现智能化高效冲洗,冲洗效率提高41%。

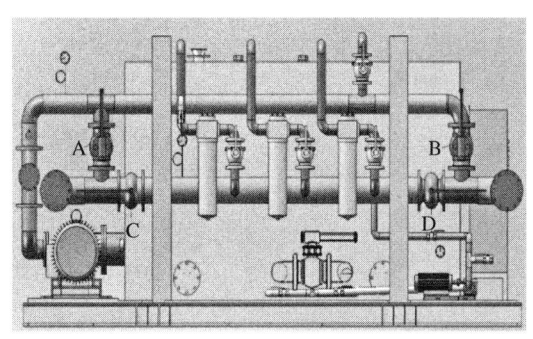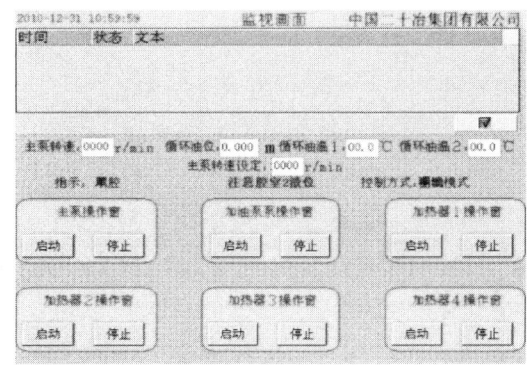

图4　智能化高效节能环保型管道在线油冲洗装置

双向油冲洗技术:研制了双向油冲洗装置(图5),通过控制阀门A、阀门B、阀门C、阀门D的开闭来实现正反双向冲洗。正向冲洗时,冲洗油由大管径流向小管径管道,这时大管径管道冲洗压力大,流速快,利于大管径管道的冲洗;反向冲洗时,冲洗油由小管径流向大管径管道,这时小管径管道冲洗压力大,流速快,有利于小管径管道的冲洗。该技术克服了传统油冲洗只能单向冲洗,解决了大液压系统中小管径管道冲洗效果不佳的难题,节约能源32%。

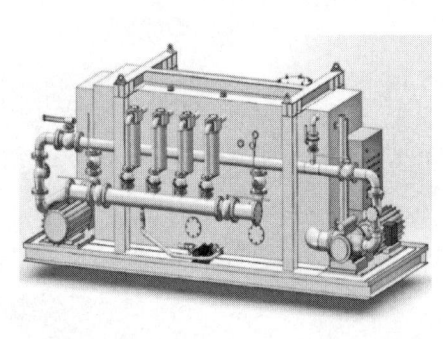
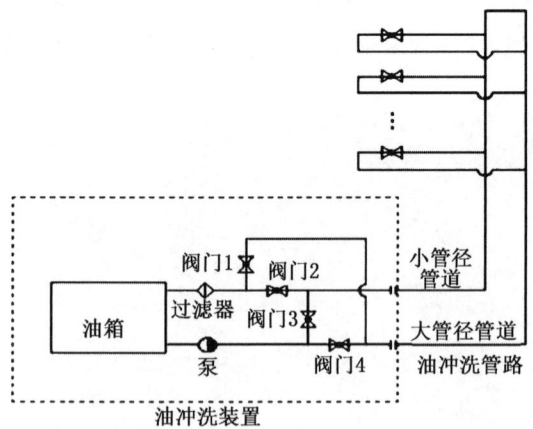

图5 双向油冲洗装置

实施具体步骤如下:

步骤一,在冲洗泵源的出口和小管径管道间增加一个阀门3,在过滤器的出口和大管径管道间增加一个阀门1。按液压润滑管道双向油冲洗原理图将油冲洗装置、4个阀门和油冲洗管路进行环路连接。

步骤二,正向冲洗时,关闭阀门1和阀门3,开通阀门2和阀门4,即进行由大管径管道流向小管径管道的冲洗,这时大管径管道冲洗压力大,流速快,有利于大管径管道的冲洗。

步骤三,反向冲洗时,关闭阀门2和阀门4,开通阀门1和阀门3,即进行由小管径管道流向大管径管道的冲洗,这时小管径管道冲洗压力大,流速快,有利于小管径管道的冲洗。

2.2.2 管道环路快速连接技术

研制的设备与管道快速连接装置(图6)和阀台处管路快速连接装置(图7),实现了设备与待冲洗管道主管、主管与阀台后支管之间的快速连接,解决了油冲洗回路中临时管道因无法重复利用而浪费材料问题,而且能同时满足酸洗、冲洗、阀台前后管道压力试验,施工效率提高约31%。快速连接装置制作简单、连接快速、通用性强、可重复利用,环路制作费用节约大约43%。

设备与管道快速连接装置:由于各工程中液压系统规模不同、所用标准不同、管道处理所用设备不同,导致现场的接口各不同。制作接口比较麻烦,且不能重复使用,造成材料和人工的浪费,耽误施工和试车时间。发明的设备与管道快速连接装置可实现设备与待冲洗管道主管进行快速连接,且可重复利用。

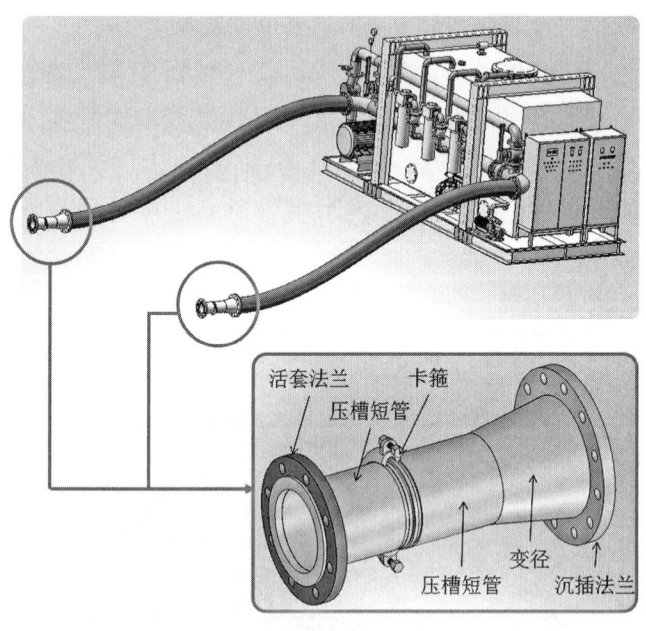

图6 设备与管道快速连接装置

阀台处管路快速连接装置:轧钢工程中每个阀台因为所控制执行机构的数量、工作压力、流量及阀台类型不同,制作环路时阀台处的集管各不相同,这也是集管无法实现重复利用的原因。发明的阀台处管路快速连接装置,用于替代传统集管,可适用于各种阀台处管道环路的制作,该装置制作简单、连接快速、通用性强、可重复利用。

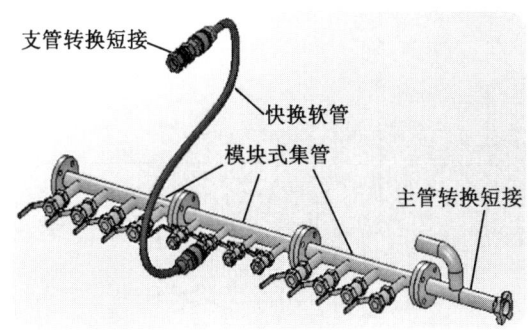 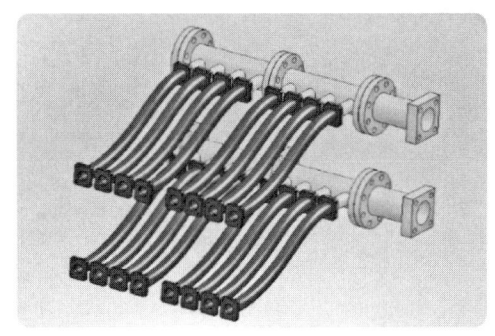

图 7　螺纹连接型和法兰连接型快速连接装置

2.2.3　管道在线油冲洗防乳化技术

研制的串联式两级油品净化装置集精密油品过滤和高效油水分离两种功能于一体,能高效去除油品中的水分,处理后油品含水率低,还能去除油品中的杂物,保证了过滤后油品的质量和纯度。在冲洗过程中,外接油品净化装置对油箱内油品进行持续循环净化,有效避免冲洗时发生油品乳化,同时还可对已经发生乳化的油品进行净化,实现油品的再生利用,如图 8 所示。

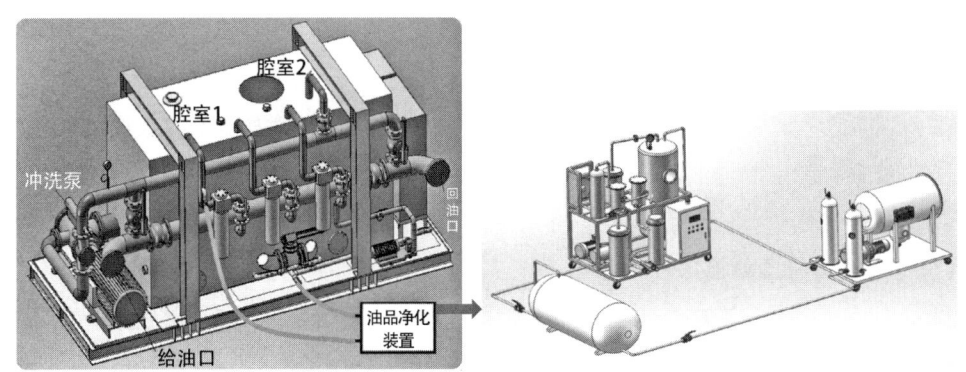

图 8　管道在线油冲洗防乳化示意图

2.2.4　管道在线油冲洗防乳化技术实施具体步骤

油箱中的油液从出油口流出,经过阀门 V(图 9)和吸油过滤器 2 后进入输油泵 3;再经过单向阀 V2 后进入过滤器 4,滤除杂质后的油液经加热器 5 加热后进入聚结分离器,恒温控制器 6 控制加热温度恒定。在经过聚结滤芯 9 后,由于聚结滤芯材料独特的极性分子的作用,油液中的游离水及乳化水在通过滤芯后聚结成为较大的水珠,油液中较大的水珠在重力作用下沉降到容器下面的积水槽;分离滤芯 10 由特殊的亲油疏水滤材制成的,油液通过分离滤芯时,水珠被挡在滤芯的外面,油液进入滤芯并从出液口 7 排出,挡在滤芯外面的水珠经过相互聚集,尺寸逐渐增大,最后由于重力原因沉降到容器下部的积水槽中,深度脱除油中的水分,油水界面仪 8 可以显示积水槽中水的深度,定期排水。真空分离系统由充气盘 12、分离塔 13、雾化器 14、真空分离罐 15、真空表 16、冷凝器 17、真空泵 18 组成。油液经过聚结分离系统,脱除油中大量的水分后,再进入真空分离系统。在真空分离系统内通过雾化器 14 喷淋到分离塔 13 上,形成厚度很薄的油膜,使油膜曲线向下运动,使曝气面积较大,曝气的时间有一个滞留过程,同时充气盘 12 不断从底部充入干燥空气,增大了油液的曝气面积,从而可以充分进行油、气分离。蒸发的水蒸气、其他气体所形成的混合气体通过冷凝器 17 冷凝成液体,不凝气体被真空泵 18 抽出,再次深度破乳除掉油中的水分。脱水后的油液经真空分离罐 15 底部排油口经过排油泵 19 和单向阀 V7 和阀门 V8 后通过回油口回到油箱 1 完成一次过滤过程。

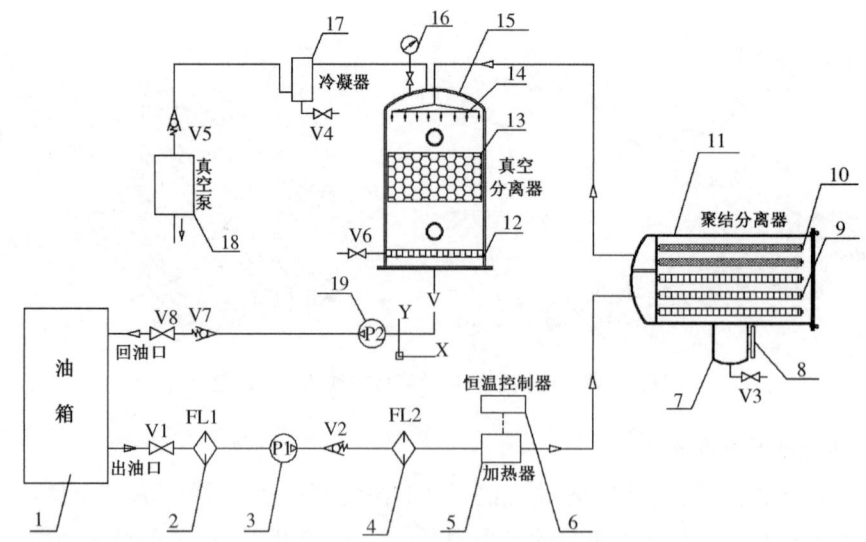

1—油箱；2—吸油过滤器；3—输油泵；4—过滤器；5—加热器；6—恒温控制器；7—出液口；
8—油水界面仪；9—聚结滤芯；10—分离滤芯；11—聚结分离器；12—充气盘；13—分离塔；
14—雾化器；15—真空分离罐；16—真空表；17—冷凝器；18—真空泵；19—排油泵；V—阀门。

图9　串联式两级油品净化原理图

正式冲洗前，将腔室1内油快速注入油品净化管道系统内，带出管内残余的杂质液体至腔室2，再通过外接油品净化装置将腔室2内油品进行净化，然后注入腔室1。冲洗过程中，外接油品净化装置对油箱内油进行持续循环净化。

2.3　液压系统管道整体打压新技术

在传统施工中液压润滑管道在线压力试验的常规做法是利用正式液压站作为液压源，只对阀台前的P管道（高压管道）进行打压，而阀台后与设备连接的A、B管（高压管道）不进行打压，压力试验范围涵盖不全，易产生油品泄漏、人身伤害等隐患。

发明了液压系统在线整体压力试验技术（图10），通过引入外置高压泵作为动力源，用高压集管和高压阀门制作临时环路替代阀台，解决了大规模、复杂液压管道阀台后A、B管道系统压力试验的难题，真正实现了阀台前后液压管道压力试验的全覆盖，保证了试运行和生产期间管线运行的可靠性，提高了系统的安全性。

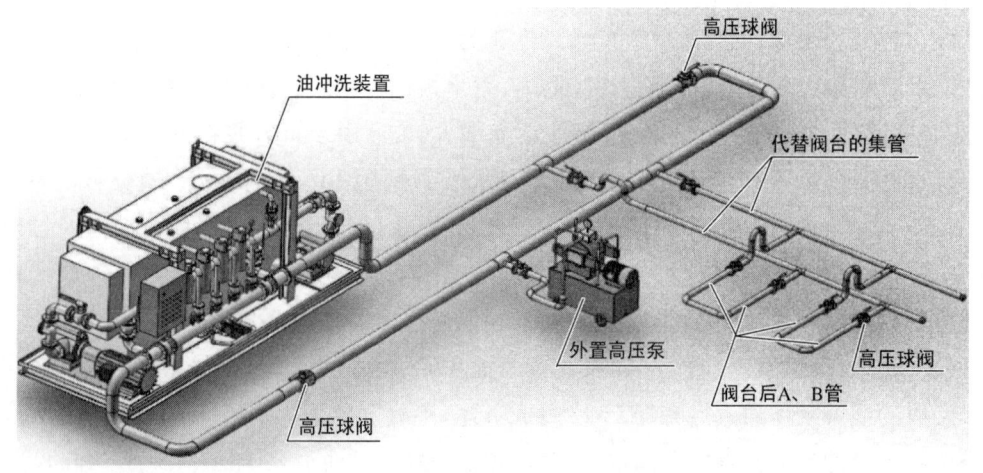

图10　液压管道整体打压示意图

2.4 液压系统管道整体打压新技术试验步骤

压力试验时,启动油冲洗装置(图11),高压球阀3关闭,其他高压球阀全部打开,先作低压循环,让冲洗介质灌满整个环路。关闭油冲洗装置后的高压球阀2和高压球阀1,打开高压球阀3、11,让外置高压泵和P管、A管、B管连接,启动外置高压泵,在压力升至3 MPa和5 MPa时分别在高处设置的排气阀处再次放气。而后试验压力逐渐升高,每级宜稳压3~5 min,达到试验压力后(设计压力的1.5倍),稳压10 min,然后降至工作压力进行全面检查,以系统P管、A管、B管所有焊缝和连接口无漏油,管道无永久变形为合格。

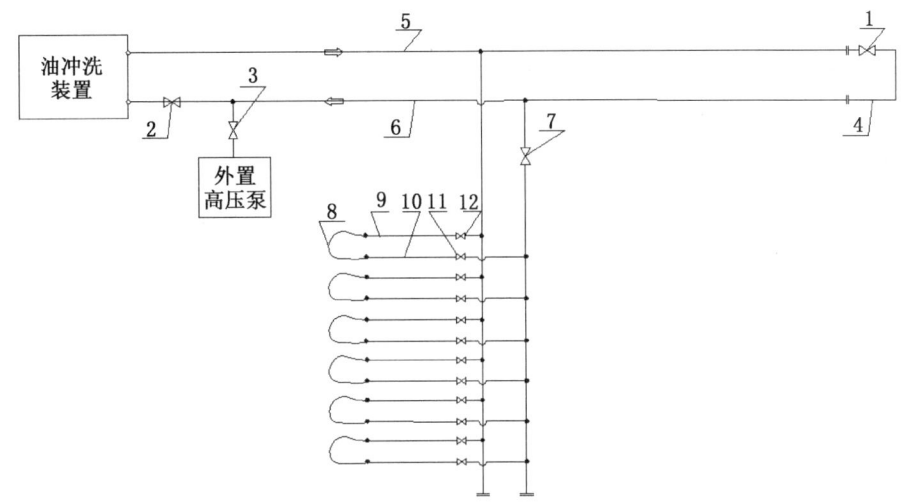

1,2,3,7,11,12—高压球阀;4,5,6—高压管道;8,9,10—高压管道。

图11 液压管道在线打压原理图

3 推广应用情况

该技术解决了液压管道油冲洗、油品净化和整体压力试验等难题,具有冲洗效率高,冲洗质量高,节能环保,安全性、可靠性高,施工成本低等优点,推动了现代工业工程油冲洗技术的进步,响应了国家节能减排、低碳环保的可持续发展战略,受到业主、设计和监理的充分肯定,为公司赢得良好声誉,增强企业核心竞争力,同时也为今后类似工程积累了经验和奠定了良好的基础,具有广阔的应用前景。

参考文献

[1] 中华人民共和国住房和城乡建设部.冶金机械液压、润滑和气动设备工程安装验收规范:GB/T 50387—2017[S].北京:中国计划出版社,2018.
[2] 中华人民共和国住房和城乡建设部.冶金机械液压、润滑和气动设备工程施工规范:GB 50730—2011[S].北京:中国计划出版社,2012.

山钢日照2 050 mm热轧工程高压水除鳞泵安装技术

中国二十冶集团有限公司工业工程公司　刘亚东

【摘要】 高压水除鳞泵是整个热轧高压水除鳞系统的核心设备,除鳞泵安装过程中安装质量控制直接影响除鳞系统后期使用及故障的发生率。除鳞泵安装过程中对基础的要求较高,对参数控制点较多,对安装精度要求较高,对作业和复检人员技术水平要求较严格。本文阐述山东日照钢铁精品基地2 050 mm热轧工程高压水除鳞泵安装方法、安装质量控制要点及注意事项。

【关键词】 安装准备　泵体安装　找正　复查

本文阐述山钢日照2 050 mm热轧工程高压水除鳞泵安装编制的设备安装调整实施过程方案,以便于施工过程中作业人员、复检人员对除鳞泵安装要求、施工工序、施工精度控制的掌控,确保泵组长期连续运行的稳定性和可靠性。

1 泵组基础要求

除鳞泵的基础应由设计院根据设备供货厂家提供的设备重量和设备基础布置尺寸图设计,建造按设备基础结构图进行施工。基础完成后应保证除鳞泵在高速运行时,基础变形量满足规范要求,且基础的外观不得有裂纹、蜂窝、空洞、露筋等缺陷。基础尺寸偏差应符合土建基础图及相关技术要求(本文涉及的设备固定螺栓采用预留孔钩头地脚螺栓)。

2 除鳞泵安装前的准备

除鳞泵到场为分体包装运输到现场,泵组安装前必须对主体、附属设备及零部件进行核实规格和数量,然后进行安装校正。需要注意的是除鳞泵是高速运转设备,即使是整体运输的泵组因吊装和运输等因素的影响,在安装现场也应重新校正。

2.1 基础检查(表1)

表1　基础尺寸及位置的允许偏差

检查部位	检查内容		允许偏差/mm	检测方法
基础台面	基础各不同平面的标高		−0.5 −5.0	水准仪或拉线、钢尺检查
	基础平面的水平度	每米全长	2 <10	水平尺、塞尺检查 水准仪或拉线、钢尺检查
预留地脚螺栓孔	孔之间的中心距		±10	钢尺检查
	孔深度		+20 0	钢尺检查
	孔与基础中心线的关系尺寸		±10	钢尺检查

2.2 基础表面修整

(1) 安装泵组底座前,应对基础表面进行必要的处理,将基础表面杂物清理干净,特别是地脚螺栓孔两侧制作放坐浆垫板处。基础预留孔地脚螺栓孔内的碎石、泥土等杂物及积水必须清除干净。

(2) 检查底座的加工表面是否有因吊装、运输等因素造成的撞伤或毛刺等缺陷,并用锉刀或砂轮打磨平整。

2.3 安装前准备的工具

(1) 安装钳工配套的工具一套:扳手、倒链、千斤顶、手锤等。

(2) 水平标尺(或激光水准仪)1 把。

(3) 200 mm,精度 0.02 mm/m 的框式水平仪 1 套。

(4) 100 mm,精度 0.02 mm/m 的框式或条式水平仪 2 套。

(5) 磁性表座和百分表 4 套。

(6) 内径千分尺、游标卡尺各 1 套。

(7) 塞尺、塞块各 2 套。

2.4 安装前准备的材料

(1) 各种厚度的安装垫片(0.05 mm,0.10 mm,0.3 mm,0.50 mm,1 mm,3 mm,5 mm 铜皮或铁皮)。

(2) 安装调整用平斜垫铁(平垫板 150 mm×100 mm×16 mm;斜垫铁 150 mm×100 mm×8/16 mm)。

(3) 其他安装辅件。

3 泵组的安装

3.1 底座安装

(1) 以泵组中心线和进出口中心线进行定位,将泵组进行试安装,初步确定泵组各设备的位置,找出基础地脚孔是否有误差,确定坐浆垫板的位置和标高。

(2) 安装坐浆垫板,要求各坐浆垫板的标高误差不大于 1 mm。

(3) 在每根地脚螺栓下端圆环内穿 1 根直径Φ16、长度适当的圆钢,并焊接牢固;一同放入余力螺栓孔内。将底座吊起,放在坐浆垫板上的成对斜铁上,并将地脚螺栓穿过底座的螺栓孔,带上垫圈和螺帽,一泵组中心 A 线和泵进出口中心线为基准进行初步调平底座。初步校正底座的水平度允许偏差约 0.1 mm/m,此时保证下侧的斜铁比上侧的斜铁向外伸出 25~30 mm。

(4) 初调完成再由厂家及监理确认验收,验收完成将预留螺栓孔内浇入流动灌浆料,做好灌浆料养护工作,按规定的凝固时间等待进行下一步施工。

(5) 精调平底板。将底板的加工接触面清理干净,必要时可以用磨光机打磨清理。在加工面上选择好位置放置水平标尺,标尺中部放置水平仪(200 mm,精度 0.02 mm/m 的框式),进行横向、纵向和对角等几个方向调整(图 1),直到检查底座的水平度达到规定值(0.06 mm/m)。

(6) 底座的水平度调整好后,点焊成对斜铁之间的接合处,防止成对斜铁松动。清理底座内和基础面上的杂物,在底座内的空腔内浇灌灌浆料,需使灌浆料完全填充底座内的空腔。

(7) 泵组本体就位前在底座加工面安装位置设置预留垫片厚度 1.5~2.5 mm 调整垫,用于泵组检修更换调整,其大小尺寸应与加工面尺寸相当。

3.2 泵的安装固定

(1) 依次吊装泵、液力耦合器,在就位前清理、平整设备与底座的结合面。初步确定设备相对位置后,同时考虑调整中心的要求(图 2)。

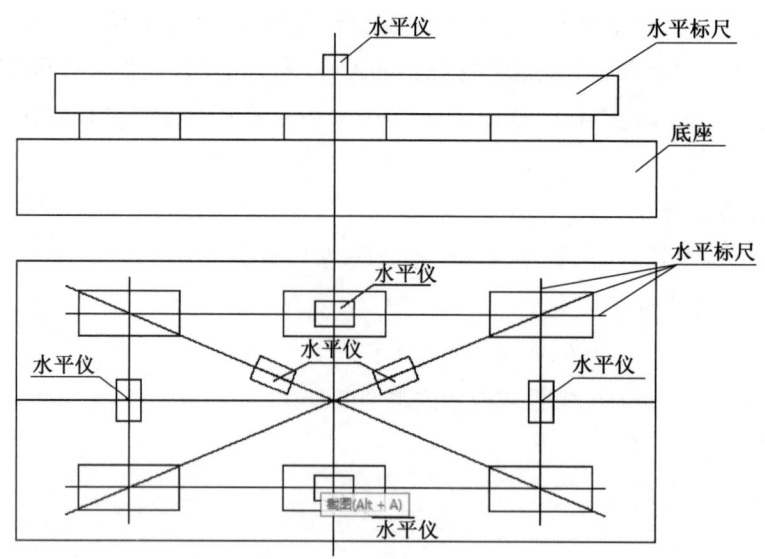

图 1　泵底座调整示意图

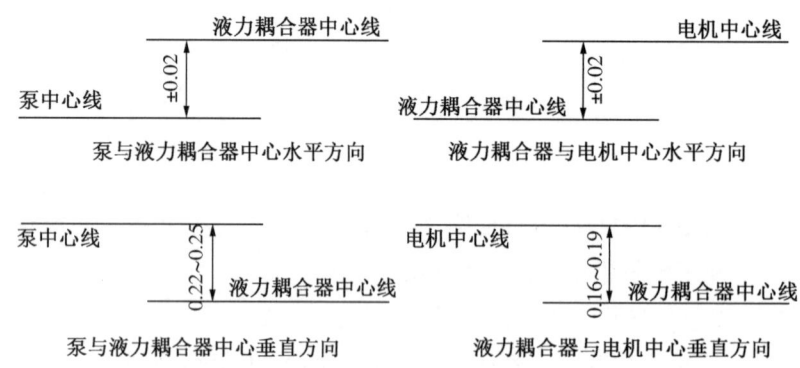

图 2　泵、液力耦合器、电机中心调整要求示意图

（2）松开泵支座上面与泵连接的螺母,再紧固泵支座下面与底座的连接螺栓的螺母。

（3）拆开泵前后轴承的上轴承盖,取出轴瓦内放置转子转动的纸垫,并清洗各零件上涂抹的防锈蜡。

（4）在滑动轴承位置的两泵轴径上表面放置水平仪,用千斤顶顶泵托架下侧,使泵轴径达到水平(注意考虑轴因转子自重造成的弯曲等因素,两水平仪水泡偏向两侧)。

（5）用塞尺检测泵与三支座上加工面各接合面的间隙(注意每一加工面要测量 4 个角),并做好记录;在相应的间隙部位垫入铜皮或钢垫片,所加垫片的厚度比测量间隙尺寸约大 0.05 mm。再旋紧泵三支座上面与泵连接的螺母。

（6）检查泵轴径水平值是否达到规定值,特别注意:双面推力轴承的前后瓦块不得混淆;取下轴瓦时,一定要把轴抬起,轻取轴瓦,前后轴瓦不得混淆;回装时上下轴瓦与轴承体的编号一一对应。

3.3　泵组的中心对重调整

电机可以与其底座固定为整体(必须在电机底座加工面上设置预留垫片厚度 1.5～2.5 mm)后,初步找正后在将底座地脚螺栓进行二次灌浆,精调中心后再将底座腹腔内填充灌浆。

泵组的对中调整通过联轴器找正的方式泵和电机中心线的偏差控制在允许范围内,以泵轴中心线为基准依次调整液力耦合器和电机。由于泵组在长期连续运行时,各设备产生的温升不同,热膨胀值也不相同,泵组的中心调整应预先考虑各设备的热膨胀值(表2和表3)。

表2 泵与电机直联机组对中调整的允许偏差

检查部位	检查内容	允许偏差/mm	说明
联轴器找正	水平径向偏差	±0.02	电机中心可以在泵中心左右
	垂直径向偏差	0.06~0.09	泵中心应高于电机中心(对于轴承支撑外置的电机的允许偏差为±0.02 mm)
	水平方向端面张口偏差	<0.03	联轴器端面靠外圆处
	垂直方向端面张口偏差	<0.03	联轴器端面靠外圆处

表3 泵与电机配置液力耦合器调速机组对中调整的允许偏差

检查部位	检查内容	允许偏差/mm	说明
泵与耦合器联轴器找正	水平径向偏差	±0.02	耦合器中心可以在泵中心左右
	垂直径向偏差	0.22~0.25	泵中心应高于耦合器中心
	水平方向端面张口偏差	<0.03	联轴器端面靠外圆处
	垂直方向端面张口偏差	<0.03	联轴器端面靠外圆处
耦合器与电机联轴器找正	水平径向偏差	±0.02	电机中心可以在耦合器中心左右
	垂直径向偏差	0.16~0.19	电机中心应高于耦合器中心
	水平方向端面张口偏差	<0.03	联轴器端面靠外圆处
	垂直方向端面张口偏差	<0.03	联轴器端面靠外圆处

3.3.1 联轴器找正

(1) 联轴器找正前应对各设备的滑动轴承加少许润滑油,保证在盘动设备时不会损伤轴瓦。检查联轴器各需测量设备的形位公差并做标识,由此确定找正方法。如果端面形位公差大于0.04 mm,最好采用同步旋转的方法找正;如果端面形位公差小于0.04 mm,采用三块百分表或一块百分表一套内径千分尺的方法均可。

(2) 以泵为基准,百分表座放在泵联轴器盘上。固定表座必须牢靠,表连接杆不宜太长,必要时可以制作专用工具来实现。

(3) 根据形位公差将测量联轴器盘分度:设定0°,90°,180°,270°四个位置。安装三块百分表在泵联轴器盘上,对应的百分表指针在所测部位上,顺次是外圆(径向数值)0°位置,侧端面(轴向数值)90°位置和270°位置。将百分表调至"零"位并记录。旋转泵联轴器盘,记录每个表在每个位置上的数值,并对测得的数值进行校对复核。

(4) 比较对称点(水平方向:0°和180°。垂直方向:90°和270°)上的两个径向值和轴向数值,径向数值的偏差值的一半即为泵组中心线的径向偏差值;同位置两百分表数值之和与对侧两百分表数值之和的差值的一半即为联轴器端面张口值(图3)。

3.4 精调(复查)泵组的中心对中数据

在电机空转确定磁力中心线后进行。调整、测量的方法与调整中心相同。当泵组中心线的径向偏差或者联轴器端面张口值未达到规定时,对液力耦合器或电机进行重新调整(调整方法移动或增减垫片)。

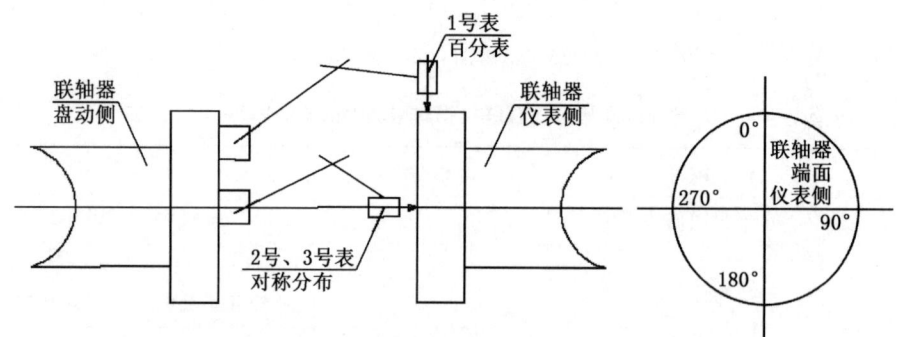

读数计算：1号百分表，0畸数A1，90畸数A2,180畸数A3,270畸数A4；
计算结果：中心高差=(A1+A3)/2(注意方向)
中心左右偏差=(A2+A4)/2(注意方向)
读数计算：2号百分表，0畸数B1，90畸数B2,180畸数B3,270畸数B4；
3号百分表，0畸数C1，90畸数C2,180畸数C3,270畸数C4；
计算结果：中心高差=(A1+A3)/2(注意方向)
计算结果：上下张口=(B1+B3-C1-C3)/2(注意方向)
左右张口=(B2+B4-C2-C4)/2(注意方向)

图 3　泵组轴对中检测仪表安装示意图

4　结语

除鳞泵组安装要求精度较高。泵组的对中调整阶段，是泵组安装过程中最重要的环节，其施工质量必须满足相关规范要求。施工过程每步数据检测必须经现场专业监理及设备厂家三方确认后，方可进入下一阶段的安装施工。且在泵组连续运行 24 h 后停机，在泵组热态下复核中心对中值，如偏差值不大于 0.05 mm 更有利于设备投入使用。

山钢日照 2 050 mm 热轧工程汽包液位测量偏差的研究与分析

中国二十冶集团有限公司工业工程公司　牛建荣

【摘要】　汽包是加热炉水系统的"心脏"。气体和水分在汽包内融合提高了气体的压力,汽包上层蒸汽通过管道输送至管网。下层气水冷却后形成水位压力,在加热炉与汽包之间循环。汽包液位测量不同于其他的容器设备,单室平衡容器或者双室平衡容器辅助差压变送器进行测量,形成汽包自动补水和放水的闭环系统。汽包液位出现虚假液位,对加热炉的稳定生产带来不确定因素,甚至发生汽包水位调控失常,水梁等冷却设备烧裂,缩短使用寿命。对汽包液位的准确测量,是加热炉安全生产的保障。

【关键词】　汽包　双室平衡容器　差压变送器

1　案例概述

案例:山钢某热轧加热炉调试项目,汽包设计水位 $-600\sim+400$ mm。加入水后汽包磁翻板液位计显示液位 500 mm,DCS 系统显示液位值 300 mm,两个液位计测量同一个汽包液位,出现偏差 200 mm。用 HART 手操器对横河川仪 EJA 差压变送器进行零点调整、量程修正后,偏差问题依然没消除。从现场实际查看后,能制约液位的因素有差压变送器安装位置、双室平衡容器及导压管连接等,从这个方向来分析影响汽包液位测量的偏差点。汽包液位如图1所示。

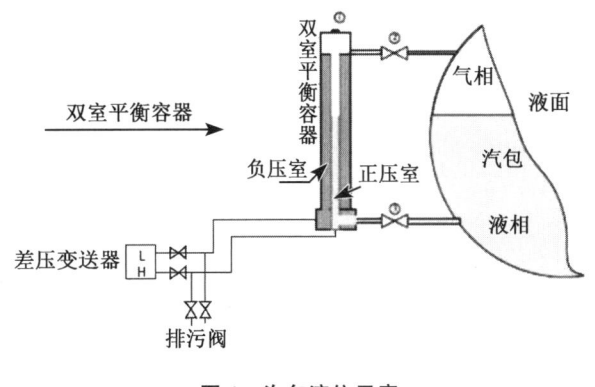

图 1　汽包液位示意

根据横河川仪 IM-1C21B1-01CY 第九版第四章,对变送器的安装规范要求,现场变送器实际安装位置高于汽包取压口 200 mm,直接导致汽包液位测量误差。随即对汽包及除氧器等其他压力容器设备的液位变送器,安装位置更改为取压口以下 100 mm 处。

2　测量汽包液位的容器

测量汽包液位的容器有单室平衡容器和双室平衡容器之分。单室平衡容器从汽包气侧取样孔引一管至平衡容器,进入平衡容器的饱和蒸汽通过与外界换热不断凝结成水,多余的水由于溢流原理自取样管流回汽包,使平衡容器内的水位保持恒定。因此,差压变送器的高压侧由于平衡容器有恒定的水柱而维持不变,低压侧随着汽包水位的变化而变化,通过测量正负管路差压,得出汽包的真实水位。

双室平衡容器结构在单室平衡容器基础上,由内外两层容室构成,有一定的补偿能力的汽包水位测量装置。平衡器的外层容室与汽包的蒸汽相连且充满了冷凝水;内层容室经平衡器下侧导压管与汽包内水相连,所以内层容室水位高度跟随汽包水位而变化,双层容器保证了外层容室和内层容室的水温基本相同,因而可以减少由于温度不同所产生的测量误差。

3 双室平衡容器汽包液位的测量

热轧项目使用的是双室平衡容器,这里汽包与差压变送器有两种连接方式。第一种是将双室平衡容器负压室凝结水产生的压力,导向变送器的高(H)压侧。汽包中动态的水位产生的正压室压力,传递给变送器的低(L)压侧,与变送器高压侧的压力比较计算出汽包水位。如图2所示。

第二种是将双室平衡容器负压室凝结水产生的压力,导向差压变送器的低(L)压侧。将汽包中动态的水位产生的正压室压力,传递给变送器的高(H)压侧,与变送器低压侧的压力比较计算出汽包水位。如图3所示。

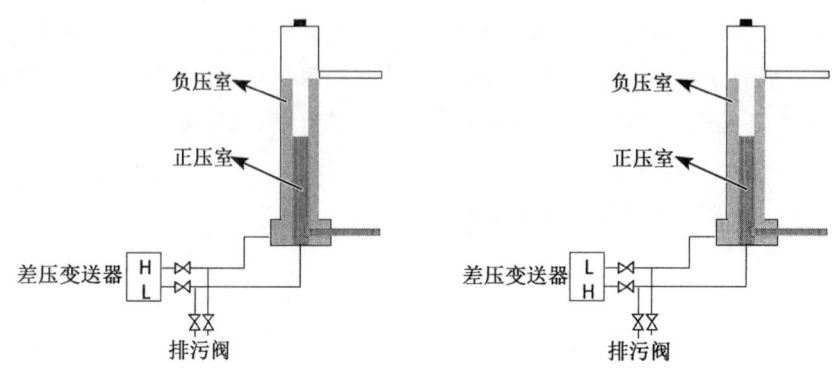

图2 双室平衡容器正压传递示意图　　图3 双室平衡容器负压传递示意图

双室平衡容器负压室凝结水是汽包蒸汽不断冷却后聚集在负压室内,即使有多余的冷凝水也会顺着取压口回流至汽包中。而正压室是跟随汽包内液位的浮动而变化,只有在汽包满水位,正压室的压力才等于负压室的压力。所以双室平衡容器正压室的压力永远小于负压室的压力。

那么,汽包设计水位高度1 000 mm。根据液体压强公式为

$$P = pgh \tag{1}$$

代入公式(1)得出:1 m水位压强 $P = pgh$
$$= 1.0 \times 10^3 \times 10 \times 1$$
$$= 10 \text{ kPa}$$

第一种连接的测量方式,差压变送器的量程设置为0~10 kPa。关闭双室平衡容器正负压室与汽包连接手阀,按照双室平衡容器调试规程。此时打开双室平衡容器顶部注水口螺钉,在负压室加注满标准高度1 000 mm的水柱,和差压变送器的H端相连;正压侧连通与差压变送器的L端相连。关闭变送器平衡阀,打开变送器高低压测手阀,因为变送器高压侧有10 kPa的压力,低压侧没有压力,所以有变送器表头显示读数100%,输出20 mA。

根据双室平衡容器正压室的压力永远小于负压室的压力结论得出,第一种连接方式,汽包液位在零位时变送器输出最大值20 mA,汽包液位上升的同时,变送器输出反而在下降,可以在DCS系统里进行数据的转换来使用。直至满液位时正压室与负压室压力相等,变送器输出最小4 mA。

第二种连接的测量方式,使得变送器低压侧一直有10 kPa的压力。由于双室平衡容器负压室的压力大小与正压室的压力不同,变送器输出最小值无法进行测量。此时将变送器进行零点迁移,改变变送

器上、下限值为-10~0 kPa,量程的大小不变,只是变送器的零点由负压差开始测量。这种改变称为全负迁移。如图4所示,将原来的零点向负方向迁移了。

零点负迁移后,根据第二种连接方式,在汽包零液位时,变送器输出最小,变送器高压侧随着汽包液位的变化而变化,变送器输出程线性,直至满液位时变送器输出满量程。

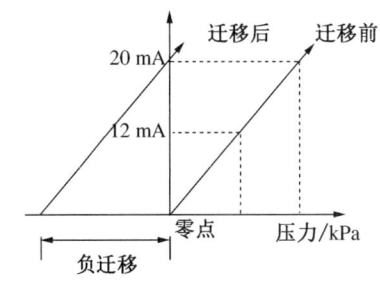

图4 零点负向迁移示意图

用第二种测量方式在测量汽包这种密闭容器上,非常实用。例如,双室平衡容器负压侧漏水,外室负压侧冷凝水减少引起测量结果会偏离,但是当汽包蒸汽在外室的冷凝量大于外漏量,负压室的压力就能保持稳定,也不会引起变送器输出变化。

双室平衡容器是从单室平衡容器基础上发展而来的,单室平衡容器没有保温功能,所以在测量的结果没有双室平衡容器测量得准确,可以用在一些对测量要求不高的设备上。

4 结语

双室平衡容器与差压变送器两种方式都可以测量汽包液位。第一种连接可以用正迁移来修正测量的偏差,但是和第二种连接方式相比较,还是第二种连接方式更直观、实用性高。双室容器既能隔离高温介质,又能保持负压室压力恒定;差压变送器在HART手操器的协议下,可以根据现场要求,设置零点、量程以及相应的参数。根据第二种连接方式,调试双室平衡容器和变送器后,在汽包注水以及烘炉期间测量准确。对汽包水位进行了跟踪监测,在汽包液位设定的零点位置上进行自动调控,从烘炉开始到热轧生产,能满足负荷生产的要求。

参考资料

[1] EJA110A差压变送器说明书。
[2] 边燕梅,刘瑞英. 双室平衡容器在汽包液位测量中的应用[J]. 电源技术应用,2014(2):191.

山钢日照 3 500 mm 炉卷工程 35 kV 变电所系统差动试验分析

中国二十冶集团有限公司工业工程公司　杨　朔　郑维波

【摘要】 系统差动试验是通过低通短路试验产生的电流来验证回路中互感器及继电器保护装置配置是否正确,本文依据山钢日照炉卷工程 35 kV 变电所设备的差动试验,通过每一步骤的详细讲解,阐述该试验的具体过程以及相关关键数据的分析和判断。

【关键词】 系统差动　数据计算　试验步骤

1 主变系统差动试验的原理

主变系统差动试验是对主变一次施加低电压,主变二次回路短接产生短路电流,该短路电流与一次回路电流的流向来判断继电保护装置与主变系统两侧的电流互感器配置是否正确。根据基尔霍夫电流定律,正常情况下或保护范围外发生故障时,两侧电流互感器二次所测电流大小相等且方向相反,相位相同,因此流经继电器的差电流为零(图1),差动继电器不动作。反之,如果在保护区内发生短路故障,流经继电器的差电流大于零,当该差电流大于继电器的正定值时,差动继电器动作,被保护设备的断路器跳闸,使故障设备断开电源,从而起到保护作用。

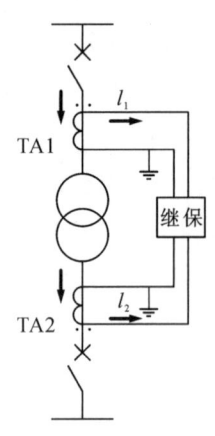

图 1　差动保护安装示意图

2 试验前准备

在进行系统差动试验前,要根据主变系统与其相关设备的实际参数计算出实际的试验数据。在试验前准备好符合计算数据要求的相关试验材料。

2.1 试验相关参数

山钢日照精品钢基地 3 500 mm 炉卷工程 35 kV 变电所的主变选用为山东鲁能泰山电力生产的 35 kV 有载调压变压器,型号为 SFZ11-40000/35,其主变参数如下:

容量(Se)为 40 000 kVA;

额定电压(Ue_1/Ue_2)为 (35±8X1.25%)/10.5 kV;

额定电流(Ie_1/Ie_2)为 659.8/2 199.4 A;

短路阻抗($X\%$)为 8.11%;

变压器高压侧高压柜内的 CT 变比为 1 000/5、变压器低压侧高压柜内的 CT 变比为 3 000/5。

2.2 试验数据计算

设高压侧额定电压为 Ue,试验电源容量为 S,试验电源电压为 U,主变高压侧试验电流 I,主变低压侧试验电流 I',差动综保采集到两侧的电流为 I_1,I_2;根据电学变压器容量计算公式可知:

$$Se = Ue^2/Ze \tag{1}$$

$$Ie = Ue/Ze \tag{2}$$

当实际试验时,主变低压侧回路需短接,主变高压侧施压试验电源,则公式为

$$S = U^2/(X\%Ze) \tag{3}$$

$$I = U/(X\%Ze) \tag{4}$$

试验前,现场实际测量到的主变高压侧试验电压为 408 V,则根据以上公式计算出:

$$S = 67 \text{ kVA};$$

$$I = 94.8 \text{ A};$$

$$I' = 2199.4/659.8 \cdot I = 316.1 \text{ A}$$

则此时综保装置上应显示的电流值为

$$I_1 = I/(1\,000/5) = 0.474 \text{ A}$$

$$I_2 = I'/(3\,000/5) = 0.527 \text{ A}$$

此时,差动电流 $I_d = I_2 - I_1 = 0.053$ A;根据设计院给出差动保护的启动定值为 1.5 A,则此时差动保护不动作,系统差动试验成立,验证了主变、两侧高压柜内 CT 的极性正确且综保检测回路正常,主变差动保护系统可正常投用。

2.3 试验前准备工作

2.3.1 试验电缆的选择

依据试验计算的数据可知,本次试验的主变低压侧短路电流为 316.1 A,主变高压侧试验电流 94.8 A,电流很大,为确保试验安全,要充分考虑到试验用短接导线的载流量。

查询《电力工程常用数据速查手册》中,表 8-28(表 1)交联聚氯乙烯绝缘阻燃电力电缆的载流量(ZR-YJV 0.6/1 kV)。

表 1 ZR-YJV 0.6/1 kV 电力电缆的载流量推荐值表

型号及电压登记	ZR-YJV0.6/1 kV		
标称截面面积 /mm²	参考外径/mm	载流量推荐值/A	
		空中敷设	埋地敷设
3×10	15.3	63	80
3×16	17.5	83	104
3×25	21.0	112	136
3×70	27.4	208	240
3×95	30.6	254	285
3×120	34.0	299	326
3×150	38.6	346	367
3×185	43.3	404	415

因现场可用电力电缆规格多为 3 芯电缆,则根据表 1 查询可确定:

主变高压侧试验电缆选用规格为 $3 \times 25 \text{ mm}^2$,长度 200 m。

主变低压侧短接电缆选用规格为 $3\times150\ mm^2$，长度 2 m。

2.3.2 试验电源的选择

在临时用电开关箱中，选用满足计算出试验电源容量为 67 kVA，电流为 $1.2\times94.8\ A=113.76\ A$ 以上的开关。

3 试验流程及操作注意事项

试验步骤及具体流程如下（图 2）：

（1）用 $3\times150\ mm^2$ 的电缆将 10 kV 进线高压柜 A、B、C 三相短接，短接点设置在低压侧高压柜 CT 后。

（2）用 $3\times25\ mm^2$ 的电缆将变压器高压侧 A、B、C 与试验电源相连接，连接点设置在主变高压侧高压柜 CT 前。若变压器高压侧已安装 CT，则可直接连接到变压器进线端。

（3）在综保装置处，将六相差动测试仪的测试线连接好，分别测量综保保护电流采集回路中对应侧的电流。高压侧的 A、B、C 三相的电流（I_A、I_B、I_C）及低压侧 A、B、C 三相的电流（I_a、I_b、I_c）。试验时，观察测试仪图形以及综保显示的数据，并做好记录。

（4）在连接好的主变高压侧电缆电源端和主变低压侧短接端，需试验人员用钳形电流表测量实际电流，并记录试验数据与计算值比对，数值在浮动范围内应基本与计算值一致。

（5）变压器室及高压室内做好试验区域警戒，挂安全标志牌及警示带，并安排监护人员。

（6）准备工作完成，试验开始。首先测量试验电源的电压正常、相序为正相序；然后将试验电源合闸，将电送至变压器，并在变压器低压侧的高压柜测量此时的电压及相序，确认变压器变比，变压器工作正常。

（7）确认工作完成后，将短接点接入主回路中，实现主变低压侧回路短接状态，此时测量变压器高压侧与低压侧的电流并记录试验数据。

（8）此时综保装置处，观察六相差动测试仪上的图形并记录，观察综保装置显示的各项差动电流值与制动电流值，记录试验数据。

（9）试验完成，试验电源开关断开、停电，变压器低压侧高压柜短接点退出主回路，然后拆除低压侧高压柜短接连线；变压器高压侧试验电源电缆拆除，变压器恢复正常备用状态。

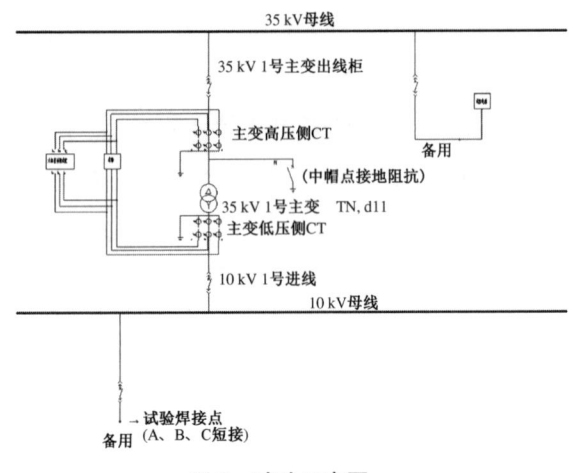

图 2 试验示意图

4 试验结果分析

根据 YND11 联结组别变压器的两侧差动 CT 二次回路的典型六角图作为参考（图 3）。

I_A 与 I_a 之间逆时针夹角 210°；I_B 与 I_b 之间逆时针夹角 210°；I_C 与 I_c 之间逆时针夹角 210°；因两侧差动 CT 二次回路电流存在角度关系，则需对变压器两侧差动 CT 二次回路电流进行相位补偿，消除角度对电流幅值的影响。一般对于非全 Y 形接法的变压器，均是对非 Y 侧进行相位校正。对于本次事例 Y/△-11 的接线，其矫正公式如下：

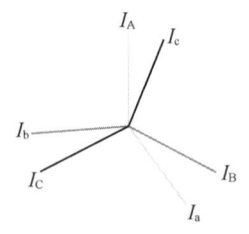

图 3 YND11 联结组别变压器的两侧差动 CT 二次回路的典型六角图

$$\begin{cases} I_{a'} = (I_a - I_b)/\sqrt{3} \\ I_{b'} = (I_b - I_c)/\sqrt{3} \\ I_{c'} = (I_c - I_a)/\sqrt{3} \end{cases} \quad (5)$$

式中 $I_{a'}$，$I_{b'}$，$I_{c'}$——Y侧矫正后各相电流；

I_a，I_b，I_c——Y侧电流互感器二次所测电流。

通过试验过程中记录的数据和六相差动测试仪测量的图形(图4)与试验前的计算数据进行比对，如表2所示。

表2 系统差动保护试验报告

单位工程： 35 kV炉卷变电站工程　　　工程编号： SGLJ-A01

施工单位	中国二十冶工业工程公司		设备名称	35 kV 1号主变
试验日期	2018/12/30	试验种类 交接	设备编号	/
设备参数	变压器容量/MVA	40	高压侧CT变比	1000/5
	高压侧电压额定值/kV	35	低压侧CT变比	3000/5
	低压侧电压额定值/kV	10.5	高压侧电流额定值/A	659.8
	短路阻抗	8.11%	低压侧电流额定值/A	2199.4
	接线方式	YNd11		
计算参数	主变高压侧试验电压/V	408	主变高压侧电流/A	94.8
	—	—	主变低压侧短路电流/A	316.1

二次短路试验，试验电压408 V

相别	主变高压侧电流值/A	主变低压侧电流值/A
A	93.8	315.4
B	93.6	315.2
C	93.8	315.4

差动保护电流

相别	一次电流		二次电流	
	幅值/A	相角/(°)	幅值/A	相角/(°)
A	0.474	0	0.527	−151.1
B	0.473	−121	0.526	92
C	0.474	119	0.527	−31

相别	差动电流值/A	制动电流值/A
A	0	0.5
B	0	0.5
C	0	0.5

通过图4与表2中的数据对比，发现一次与二次电流夹角数据不一致。图4显示一次与二次电流夹角150°，而表2中显示的数据为−150°。通过向量及坐标系的分析得知，图4中，仪表测量的图形角度为顺时针走向，而表2试验报告的数据是根据向量坐标系的规则为依据的。即以一次所测A相电流为基准，在X轴上为0°，则二次所测A相电流顺时针旋转150°落在第三区间为−150°或A相电流逆时针旋

转210°落在第三区间为-150°,其他以此类推。

在排除电压波动干扰的情况下,试验数据与计算结果基本一致,统差动试验成立,验证了主变、两侧高压柜内CT的极性正确、两侧CT变比匹配符合参数要求且综保检测回路正常,主变差动保护系统可正常投用。在试验过程中常见问题如下:

(1)六相差动测试仪显示图形错误。图形中显示相位错误或缺相,首先应检查试验电源相序是否正常,测试仪表连接线是否正确,再检查综保电流采集回路是否连接正确,最后检查CT回路是否连接正确,核对两侧CT是否为反极性连接。

(2)六相差动测试仪中未采集到某一侧的三相电流。若为综保低压侧无电流显示,停电检查回路二次短接点是否设立在低压侧CT后。若为综保高压侧无电流显示,停电检查回路一次侧电源连接点是否设立在高压侧CT前。

(3)试验过程中综保动作,对应变压器的断路器跳闸。检查综保动作记录,是否是因为某一侧CT极性反接,导致差动电流变为两侧电流之和,大于正定值引起误动作,更改CT二次引出线接法。

(4)试验过程中综保无动作,但对应变压器的断路器跳闸。

检查试验电源是否跳闸,选用开关是否符合要求。

检查试验电源上一级开关是否跳闸,其容量是否满足需求,其他回路是否有大功率设备同时使用。

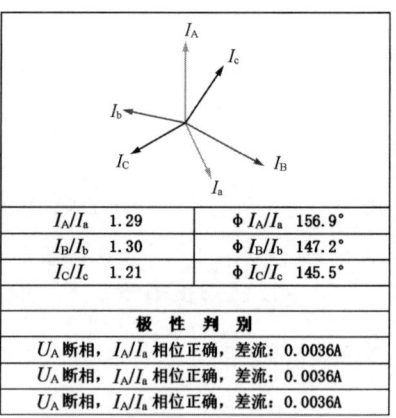

图4 六相差动测试仪图形

5 试验总结

依据对差动原理的分析,结合试验过程中的每一步操作,总结得出试验前的充分准备工作与试验前数据的精确计算是本项试验中十分重要的两个关键点。

6 结语

变压器差动保护反映变压器内部相间短路故障、高压侧单相接地短路及间层间短路故障等,其运行情况直接关系到变压器的安危。通过对试验的总结和理论知识的相结合,不断归纳与创新,争取探索新的技术手段以完善并发展出更合理、更优化的试验过程,确保试验结果的准确性。

参考文献

[1] 沈国芳,陆志明,杨左勇.变压器综合差动保护系统试验方法探讨[J].宝钢技术,2006(4):66-68,72.

山钢日照2 050 mm 热轧工程电磁流量计在轧钢工程中的安装和调试

中国二十冶集团有限公司工业工程公司　王　佳

【摘要】 随着自动化仪表在大型工业企业的广泛应用,电磁流量计的使用也越来越广泛,其技术也在不断地更新,本文结合实际工作中的一些经验,对电磁流量计的结构、主要特点、工作原理以及安装工序、要点及调试关键技术进行介绍。

【关键词】 电磁流量计　传感器　信号转换器　安装　调试

1　概述

电磁流量计是20世纪50—60年代随着电子技术迅速发展起来的,是利用法拉第电磁感应定律制成的新型流量测量仪表,可用来测量封闭管道中导电液体和浆液的体积流量,适用于化工、电力、冶金、给排水、造纸、医药、食品等行业。电磁流量计由电磁流量传感器和信号转换器两部分组成。传感器安装在工业介质管道上,它的作用是将流进管道内的液体体积流量值线性地转换成感应电势信号,并通过传输线将此信号送到转换器;转换器安装在离传感器不太远的地方,它将传感器传送的流量信号进行放大,并转换成与流量信号成正比的标准电信号远传输,并进行显示、累计和调节控制。

电磁流量计在冶金行业常被用于连续铸钢、连续轧钢、炼钢电炉温度冷却水的流量控制。冶金行业中的流量测量结果多半用于过程监视与控制,对精确度要求不高,但对稳定性、可靠性要求高。

电磁流量计在冶金系统中常见的应用如下:
(1) 热轧过程测量钢材冷却水流量。
(2) 冷轧钢板时清洗钢板用水量。
(3) 冷轧钢板时清洗钢板的药液(酸碱)流量。
(4) 表面处理过程中测量药液的流量。
(5) 公辅水处理部门测量给水和废水排放流量控制和总量控制。

2　电磁流量计的主要特点

电磁流量计的主要特点如下:
(1) 测量不受流体密度、黏度、温度、压力和电导率变化的影响。
(2) 测量管内无阻碍流动部件,无压损,无机械惯性,测量反应灵敏。
(3) 测量范围宽,流速范围一般为1~6 m/s,也可扩展到0.5~10 m/s。流量范围可测每小时几十毫升到每小时十几万立方米。
(4) 可测含有固体颗粒、悬浮物或酸碱盐溶液;也可测脉动流量,并可进行双向测量。
(5) 流体的体积流量与介质的温度、压力、密度、黏度、流体流动状态等无关,所以电磁流量计只需用水标定后,即可用来测量其他导电介质的体积流量而不用修正。

（6）采用数字信号转换器，参数设定方便有瞬时流量及总量显示等功能，可输出与流速成比例的线性模拟信号或脉冲信号。

3 电磁流量计的工作原理

电磁流量计测量原理是基于法拉第电磁感应定律。电磁流量计的测量导管是内衬绝缘材料的非导磁合金短管，两只电极沿管径方向穿通管壁固定在测量管上，其电极头与衬里内表面基本齐平。当一对励磁线圈励磁时，将在与测量导管轴线垂直方向上产生一磁通量密度为 B 的工作磁场。此时，如果具有一定电导率的流体流经测量导管时，流体将切割磁力线感应出电动势 E，电动势 E 正比于磁通量密度 B、测量管内径 D 与平均流速 $\overline{V}$ 的乘积，即：$E \propto B \times D \times \overline{V}$，电动势 E（流量信号）由电极检出并通过电缆送至转换器。转换器将流量信号放大处理后，输出脉冲信号或模拟电流（4～20 mA DC）信号，用于流量的显示、记录、累计、控制或调节。

4 电磁流量计的安装

4.1 安装前的检查

检查电磁流量计的铭牌型号编码与订货编码是否相符，是否能满足设计和生产工艺的要求，检查其法兰、衬里、壳体和出线处有无损坏（图1）。

4.2 安装地点的选择

在 2 050 mm 热轧项目中，电磁流量计主要用于精轧后超快冷却系统区域，用于测量超快冷却系统冷却水流量。为了使变送线路工作可靠稳定，在选择安装地点时应该注意以下几方面的要求（图2、图3）：

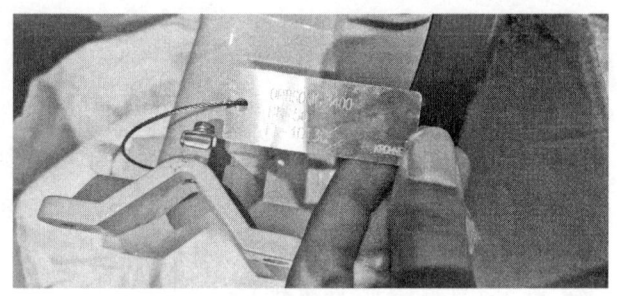

图 1 电磁流量计安装前的检查

图 2 电磁流量计在 2 050 mm 热轧厂的安装部位

图 3 电磁流量计的安装位置

（1）尽量避开铁磁性物体以及具有强电磁场的设备（如大电机、大变压器等），以免强电磁场影响电磁流量传感器的正常工作。

(2) 电磁流量计应安装在水泵后端,绝不能在抽吸(真空)侧安装;阀门应该安装在电磁流量计的下游侧。

(3) 应尽量避免强烈震动和日晒雨淋,避免环境温度高于60℃及相对湿度大于95%,同时要防止腐蚀性滴漏的液体对仪表造成的损害。

(4) 应尽量安装在干燥通风、不潮湿、不易积水的部位。

(5) 选择便于维修方便的位置。

4.3 安装要求

为了正确测量,在选择管道安装位置时应该注意以下几点:

(1) 注意传感器本身不能作为荷重支撑点,它不能支撑毗连的工作管道,必须由夹持它的管道承重,同时,传感器安装时应当使其不受过大的拉紧应力,应考虑消除毗连管道因热膨胀产生的应力影响。

(2) 安装时传感器上的箭头方向应与流体方向一致,为电磁流量计测量的正方向。

(3) 在传感器邻近管道进行焊接时,要采取隔离防护措施,电焊机的负线搭接点与焊接点应位于传感器的同一侧,防止焊接电流流过传感器,防止传感器损坏。

(4) 传感器既可在直管道上安装,也可以在水平或倾斜管道上安装,但要求二电极的中心连线大至处于水平状态。

(5) 介质在安装位置应该满管流动,为使传感器测量导管内始终充满液体,传感器可以安装在U形管道最底部,避免不满管及气体附着在电极上。

(6) 对于含固定颗粒的流体,最好采用垂直安装,使传感器衬里磨损均匀,延长使用寿命。

(7) 流量计安装位置介质不满管时,可采取抬高流量计后端管路的方法,使其满管,严禁在管道最高点和出水口处安装。

(8) 修改管道的方法:当介质流速达不到要求时,应当选用比较小口径的流量计,这时应使用异径锥形管或修改部分管道,使其与其传感器同口径,但前后直管段至少需满足:前直管段≥10 D,后直管段≥2 D(D为管径,下同)。

(9) 在传感器的上游侧的直管段应不小于5~10 D,下游侧不小于2 D。若现场达不到这一要求,则要在上游侧安装流动整直器,消除流体流动中产生的漩涡,改善流速场的分布,提高仪表的测量精度及稳定性。

4.4 接地要求

(1) 传感器不要和其他电器设备共同接地,接地电缆不应传送干扰电压。

(2) 传感器测量导管的金属管体和流体应同为地电位,接地系统的接地电阻小于10 Ω。

(3) 在无绝缘体内衬的金属管道系统中,借助传感器同毗邻管道的连接,系统中液体可为地电位。

(4) 对不导电或有绝缘内衬的管道,为保证流体为地电位,需加装接地环,接地环应装在传感器法兰和管道法兰之间。接地环、流量计和测量接地之间必须互相连接。

(5) 对于系统采用了阴极防腐蚀保护的管道,或在流程中采用了电解工艺,则要采取一定措施,以保证工频电流不得流经传感器中的液体,流经传感器本体的任何工频电流不得超过10 A(有效值)。可使用绝缘套管及绝缘垫圈确保螺栓与管道法兰间的绝缘,对管道法兰绝缘的接地环必须同时安装在传感器的两端,以保证传感器与工艺管道间保持绝缘。接地环、流量计和测量接地之间必须相互连接。在传感器两侧工艺管道法兰上加装旁路连接线,旁路连接线应有足够的载流容量,用于旁路阴极保护电流。

4.5 流量计的接线

(1) 若采用分体式电磁流量计,安装连接的信号电缆应尽可能采用定制的专用电缆线,电缆长度与流体电导率和现场电气干扰等因素有关,为保证测量精度和减少干扰,要求转换器尽量靠近传感器安装。励磁电缆长度与信号电缆相同。

(2) 接线应严格按厂家说明书的要求连接。各屏蔽层的连接应正确,可靠。使传感器和信号转换器之间没有电位差。

(3) 信号电缆必须与其他电源严格分开,不能敷设在同一管道内,不能绞合在一起,应分别单独穿管。

(4) 信号电缆和励磁电缆应尽可能短,不能将多余的电缆卷在一起,应将多余电缆剪掉,电缆进入转换器电气接口时,应尽量使用葛兰锁紧头(密封效果好),在端口处做成 U 形,这样可以防止雨水渗入转换器中。

5 电磁流量计的调试

5.1 连接电缆检查

检查信号线与励磁线各芯线的导通和绝缘电阻,检查各屏蔽层接地是否完好。

5.2 电磁流量计参数的设置

电磁流量计安装完毕通电后,调试人员可通过信号转换器上的功能键或手持终端(HART 通信器)进入功能设置菜单,根据设计要求对所有运行参数、数据进行逐项检查校对。电磁流量计的所有运行参数以及相关数据一般在出厂前由制造厂家根据用户订单要求的技术规范已进行了设定,可直接投入运行。但新装、工况改变、更换备件后以及用户订货时没有提出参数要求的,调试人员必须根据工艺要求对以下参数进行重新检查和设置:

(1) 工业量单位。如体积单位(m^3),流量单位(m^3/h)。

(2) 使用量程。如流量下限(0 m^3),流量上限(500 m^3)。

(3) 与使用量程相对应的输出量程。如模拟量 4~20 mA。

(4) 定义流量值的正向。选择与传感器上的箭头方向一致或与传感器上的箭头方向不一致。

(5) 定义测量方向。如双向(正向加反向),正向,反向。

(6) 脉冲输出方向,脉冲方式,脉冲宽度。如双向(正向加反向),正向,反向。+24 V 脉冲,晶体管开关,0 与 1 的组合脉冲。方波为 5 ms×设定值。

(7) 模拟输出方向。如双向(正向加反向),正向,反向,绝对值。

(8) 每体积单位脉冲数。一般为 10 的整数倍率。

(9) 电导率测量和空管指示。选择空管时流量指示为零或不为零。一般选择空管时流量指示为零,反之,空管时流量指示波动较大。

(10) 小信号切除。如±0%,±1%,2%。根据设计要求设置。

(11) 传感器公称直径。单位为 mm,根据传感器铭牌中的数据来设置。

(12) 传感器系数(无量纲)。是指传感器在出厂前经实流标定获得的传感器修正系数,该系数决定了流量计的精度。也称为传感器仪表系数,K 值或 GK 值等。根据流量计传感器铭牌中的值选择。

5.3 电磁流量计信号转换器的检查

用标准仪表以及与电磁流量计型号相匹配的专用流量模拟器代替传感器提供流量信号进行调零和量程校准。校准包括零点检查和调整、励磁电流测量、电流、频率输出检查等。有些检查项目要与出厂值进行比较,是否有变化或变化是否超过了允许范围。

5.4 电磁流量计传感器的检查

通过对励磁线圈的检查和检查转换器所测得的励磁电流,间接评价磁场强度是否变化;测量电极绝缘电阻,评估电极表面受污秽和衬里附着层状况;检查各部位绝缘电阻以判断零件劣化程度,估计是否会由此引入干扰。

(1) 测量励磁线圈铜电阻。用高精确度数字万用表测量线圈电阻,必要时作温度系数修正后与仪表出厂值比较。确认线圈是否导通良好和无匝间短路现象。

(2) 检查励磁线圈绝缘电阻。励磁线圈及其接线端子受潮后励磁回路对地绝缘下降,很可能把励磁信号引入流量信号传输电路,使电极加上一个较大的绝缘电阻和信号电阻对励磁电压的分压,形成较大的共模干扰信号。如这一干扰信号超过转换器前置放大器的抑制能力,使转换器零点漂移。绝缘电阻下降不十分严重时,这一现象在仪表运行时不易被察觉。除 IP68 无接线端子盒外,工作中由于疏忽,接线端子盒未密封,进入了潮气,端子绝缘电阻下降到 5~6 MΩ 以下时易造成故障。通常吹干端子故障就可消除。

(3) 检查电极绝缘电阻。流量传感器的电极绝缘电阻应在新装仪表调试好后立即测量,并做好书面记录。以后每维护一次测量一次,分析比较这些数据有助于判断仪表故障原因。

电极与液体接触电阻值取决于接触表面的被测液体电导率。不同介质所测电阻值有明显区别。电极绝缘电阻可用指针式万用表在测量管充满液体时分别测量每个电极端子与接地间的电阻。经验表明分别测量两电极的接触电阻值之差应小于 10%~20%,否则表明有故障。

测出的电极绝缘电阻与原测量值比较,若不一致,可能有以下三种不同趋向:

① 两电极绝缘性附着层覆盖不一致,或某一电极信号回路绝缘电阻下降。

② 电阻值增加,原因是电极表面被绝缘层覆盖。

③ 电阻值减少,原因是电极附近衬里表面附着导电沉积层,或电极装配(如绝缘套圈)绝缘下降。有时虽然呈现以上现象,但未形成故障,则可作为预测产生故障的前兆,应预先采取有关措施。

用指针式万用表测量电极绝缘电阻时应注意:电阻值应在测量棒接触端子的瞬间读取指针偏转最大值,测量值应以最初一次为准。如重新测量因极化作用所测各值是不一致的。测两电极阻值时,接地端测量棒极性必须相同,即固定用同一根测量棒接电极,另一根测量棒始终接地。

(4) 测量电极/液体间极化电压。测量此电压将有助于判断电极是否被污秽或覆盖,由此可能形成零点不稳或输出晃动的故障。

用数字式万用表 2 V 直流档分别测两电极与接地之间的极化电压(电磁流量计可以不停电测量,也可停电测量)。极化电压大小决定了电极材料的电极电位和液体性质,测量值在几毫伏至几百毫伏之间。若运行中电极附着金属粉末则会改变极化电位;金属粉末交替地附着或脱离电极还会使输出不稳。

5.5 电磁流量计的系统调零

电磁流量计运行前,应首先进行系统调零。方法是使电磁流量计传感器中充满流体,确保静止状态,待显示器流量指示稳定后可选择自动或手动调零。选择自动调零即把当前流速测量值作为新的零点,选择手动调零需读出稳定后的流量值,并折算成 m/s 流速

$$V = Q/0.0007854 \times d \tag{1}$$

式中　V ——流速(m/s);

　　　Q ——体积流量(L/s);

　　　D ——传感器公称直径(mm)。

然后按此流速值设定该参数,即完成了系统调零。调零时应细心判断流量计相邻阀门有无泄漏,以免出现假零点影响测量。

5.6 运行期故障及排除

经初期调试并运行一段时期后出现的故障称为运行期故障。运行期故障的特点是出现的概率不固定，造成的原因是多方面的，既可能是外界因素的影响，如流量传感器内壁附着层、雷电击和环境条件变化等，又可能是内部因素的原因，如元器件损坏、电缆绝缘下降等。

1. 外部因素引起的故障

一般说来，外部因素引起的电磁流量计故障比较容易解决。因此，查找电磁流量计故障应先从外部因素着手。

（1）内壁附着层。由于电磁流量计测量含有悬浮固相或污脏体的机会远比其他流量仪表多，内壁附着层出现的故障概率也相对较高。若附着层电导率与液体电导率相近，仪表还能正常输出信号，只是改变流通面积，形成测量误差的隐性故障；若是高电导率附着层，电极间电动势将被短路。若是绝缘性附着层，电极表面被绝缘而断开测量电路。后两种现象均会使仪表无法工作，表现为电磁流量计流量值逐渐减小至接近零。这种故障的检查一般通过测量流量传感器两电极对地电阻值来判断，如电极被沉积物覆盖，则两电极对地电阻差别很大。干净的传感器电极对地电阻一般相等。解决这种故障的方法非常简单，将附着在电磁流量计内壁和电极上的沉积物清除即可。但如果安装时没有考虑清洗的需要而要拆下传感器才能清洗，那么清除流量传感器内部沉淀物也是一件非常麻烦的工作。因此，对于大口径的电磁流量计安装时如果考虑设置管预留入口，会大大方便将来的维护工作。

（2）雷、电击。雷、电击在线路中感应瞬时高电压和浪涌电流，进入仪表就会损坏仪表。雷、电损坏仪表有三条引入途径：电源线、传感器与转换器间的流量信号线（连接传感器测量电极）和激磁线（也称励磁线，连接传感器励磁线圈）。然而从雷、电故障中损坏的零部件分析，引起故障的感应高电压和浪涌电流大部分是从控制室电源线引入的，其他两条线路很少。发生雷、电击时，不仅电磁流量计出现故障，而且和它相连的计量前端也可能出现雷、电击事故。因此时要做好各种防护措施。电磁流量计转换器损坏，表现为转换器没有显示及输出，这种情况转换器无法修复，更换新的转换器即可解决，但转换器中储存的读数无法读出。

（3）环境条件变化。主要原因同调试故障的环境方面，只是干扰源不在调试期出现而在运行期再介入的。这种情况下，干扰源磁场引起电磁流量计测量管道产生杂散电流，使电磁流量计测量出现输出信号大幅度波动。要解决这个问题，需将电磁流量传感器浮空不接地，使传感器与其连接管道间电气绝缘，并将传感器上下游管道间用粗导线跨接，使传感器与被测水流处于相同电位，一般可以消除干扰源的影响。

2. 内部因素引起的故障

组成电磁流量计本身的传感器、转换器以及连接二者的电缆发生的故障，称之为内部因素引起的电磁流量计故障。一般来说，经过调试期运行正常的电磁流量计，在排除外部因素影响的原因后，这时，检查故障首先应从显示仪表工作是否正常开始，逆流量信号传送的方向进行，即按照转换器、转换器和传感器连接电缆、传感器的顺序进行。

（1）转换器的检查。首先复核转换器中管道口径、量程和计量单位等设定值，然后用模拟信号器测试转换器的量程和零点。曾有炼钢厂出现过传感器系数被修改的现象导致计量失真。

一般零点不容易检查，因为需要关闭水流使流量为零。通常情况下，用测试转换器量程的方法足够用来判断故障是否来自转换器。若是转换器故障，就可方便地调换转换器部件甚至调换转换器整机。

（2）转换器和传感器连接电缆的检查。通常人们检查电磁流量计测量故障，往往会忽略连接传感器和转换器的电缆系统，从以往制造厂现场服务调试和检修的故障示例来看，实际上出现连接电缆故障频度颇高。运行期电磁流量计因电缆产生故障的主要原因有：

① 将所附整根电缆割断后重新连接,使用一阶段后连接处吸入潮气,绝缘性下降。

② 不用规定型号电缆。

③ 电缆长度超过受液体电导率制约的长度上限。

④ 液体电导率较低而传感器和转换器相距较远,未按规定使用专用屏蔽电缆。

⑤ 信号线末端面未处理好,内屏蔽层、外屏蔽层和信号芯相互间有短接,或与外壳短接。

其中②—⑤较多出现在初装调试期,因此在运行期间对连接电缆的检查,主要是①所示的内容。如果电缆发生故障,需要对电缆连接处用热吹风排除潮气后重新连接,如有必要,则更换电缆,重做接口并密封。

（3）传感器的检查。通常只有在做完其他各项检查,排除转换器和连接电缆的因素后,才能最后决策,拆除转换器和连接电缆,在传感器上检测电极与液体接触电阻、励磁线圈绝缘电阻和铜电阻。必要情况下,还要卸下传感器以检测电极绝缘。

① 检测电极与液体接触电阻。电极与液体接触电阻值指电极与液体的接触电阻,它反映电极和衬里附着物的大体状况。其阻值大小主要取决于接触面积和液体电导率。一般结构电极测量生活水和工业用水的阻值约为 15 kΩ,蒸馏水约为 350 kΩ,盐水约为 200 Ω。当电导率略有不同,测量值存在差异。

测量方法：接触电阻的测量一般使用指针式万用表在管道充满液体时进行测量。测量时,用万用表的一根表棒接电极端子,另一根表棒始终接仪表地线,待指针偏转最大时读取数据。通过万用表测量接触电阻,虽然只是确定大体的值,却是判断管壁状况较方便的方法。电磁流量传感器的电极接触电阻在新装仪表调试时即测量并记录数据,以后每次维护时均被测量,并分析比较测得的各次电阻值,必须是用同一型号万用表的同一测量档测量的值。分析比较将有助于今后判断仪表故障,省去从管道上卸下流量传感器进行检查。如果所测电极接触电阻值比以前增加,说明电极表面被绝缘层覆盖或部分覆盖；如果比以前电阻值减小,说明电极和衬里表面附着导电沉积层。

② 检测励磁线圈绝缘电阻和铜电阻。励磁线圈对地绝缘电阻下降,励磁信号将通过绝缘电阻与传感器内阻分压,在电极上产生电压降,从而对仪表产生干扰信号。励磁线圈对地绝缘电阻应不小于 20 MΩ。可用兆欧表来测量励磁线圈对仪表地线之间的绝缘电阻。

测量方法：励磁线圈铜电阻可通过用数字万用表测量励磁线圈两个端子之间的电阻获得,以判断线圈是否良好导通和有无匝间短路现象。当励磁线圈开路时,测量电阻值为无穷大；当励磁线圈短路时,测量电阻值将小于出厂时的铜电阻值。

一般情况下,励磁线圈出现故障的现象是极少的。在流量计发生故障或日常检查时不要求一定要检测励磁线圈。

③ 检测电极绝缘。检测电极绝缘的方法是先卸下流量传感器,放空液体,用布擦干衬里内表面,不留液渍,使之干燥。然后用 500 V 兆欧表分别测试两电极对地电阻。通常要求电极绝缘电阻大于 100 MΩ,若检查结果确实是绝缘破坏,只能调换传感器。

6 结语

电磁流量计被应用于冶金行业,且用量较大,在改造项目中将会有大量的电磁流量计被需求。

通过在山钢 2 050 mm 热轧项目工作中的锻炼,笔者了解了轧钢过程中电磁流量计是用于保护冷却水泄漏监测和流量监测的,工作原理是比较进水端与出水端流量,若出现差值,即予报警,是要求测量准确和可靠的。电磁流量计归属计器仪表类,了解了正确的安装、调试步骤和注意事项后,安装和调试工作是比较容易操作的。

山钢日照 3 500 mm 炉卷工程过热保护试验分析与操作流程

中国二十冶集团有限公司工业工程公司　沈国文　杨　朔

【摘要】 山钢日照 3 500 mm 炉卷工程中,在对过热保护以及国内已知应用于大型电机的继电保护装置的调试的基础上,结合其综保装置说明书、相关资料以及试验数据进行试验分析。总结出过热保护试验数据相应的运算模式及验证方法。

【关键词】 电机　过热保护　运算逻辑　定值

过热保护作为电动机热过载的主保护及定子绕组或引出线相间短路的后备保护被广泛使用。过热保护综合考虑了电动机正序、负序电流所产生的热效应,为电动机各种过负荷引起的过热提供保护,也作为电动机短路、启动时间过长、堵转等的后备保护。

1　工程概况

山钢日照 3 500 mm 炉卷工程(一标段),工程内容主要包括:板坯库及加热炉区设备、高压水除鳞泵设备、轧机区设备、冷却矫直区设备、冷床区设备、磨辊间、循环水处理、旋流池等。其传动设备中高压电机应用广泛,综合继电保护装置均设置了电机过热保护,以本次工程为实例,对过热保护试验进行分析以及试验操作流程的总结。

2　过热保护原理及逻辑分析

基于普通相电流过流的电动机保护理论的基本原理是以电流幅值的增加作为故障判据的。从原理上讲,它只能反映严重对称故障,对非对称故障(如:断相、相间短路、接地、不平衡运行等)不能及时有效地保护。究其原因,一是各类非对称故障不一定出现明显的过电流,当断相故障时,只有电动机负荷率大于 70% 时,非故障相才会出现过流;二是非对称故障对电动机的危害不仅表现在过流引起的过热效应,更主要的是负序电流效应,由于负序会导致电动机端部发热、转子震动、减少驱动力矩等一系列问题,这时仅以过流大小来反映故障严重程度显然是不足以正确判断电机是否故障。

应用对称分量法在处理电动机内部严重故障的诊断与保护方面的研究已较为成熟。根据对称分量法,当发生不对称故障时,电动机电流可分解为正序、负序和零电流分量,其中负序分量和零序分量在正常运行时没有或很小,因此,其中正序分量可以反映电动机的过流程度,而通过检测负序和零序分量来判别各类不对称故障,且具有较高的灵敏度和可靠性。在实际运行中与过负荷保护互为冗余,同时与普通过流保护结合可以构成大型电动机的综合保护。

当电动机发生不对称故障时,相当于在故障点上接入一个附加故障分量电源,它将产生故障分量负序电流。利用故障点上接入等效附加故障分量电源的方法,可以利用负序功率的方向构成电动机故障诊断和保护。因为对于内部故障,各测量点上故障分量的负序功率均从保护区内流向保护区外部,而外部故障时则不满足这个条件,这就是故障分量负序功率方向保护的理论基础。

参考工程选用的 WGB-650A 微机电动机保护测控装置技术及使用说明书可以知道该型号综保装置的过热保护原理为：在装置内部设置一个模拟电动机的模型，综合电动机正序电流 I_1 和负序电流 I_2 的热效应，引入等值发热电流 I_{eq}，其表达式为

$$I_{eq}^2 = K_1 I_1^2 + K_2 I_2^2 \tag{1}$$

式中 K_1——正序电流发热系数，$K_1=0.5$（启动过程中），$K_1=1.0$（启动结束后）；
K_2——负序电流发热系数，$K_2=3\sim10$，一般可取为 6；
I_1——正序电流分量；
I_2——负序电流分量。

综保装置内部模拟的电机热积累模型采用的过热保护方程为

$$t = \frac{\tau_1}{\dfrac{I_{eq}^2}{I_e^2} - 1.05^2} \tag{2}$$

式中 I_e——电动机额定电流定值；
I_{eq}——等值发热电流；
τ_1——发热时间常数；
t——动作时间。

因为式中用来衡量负序电流发热系数 K_2 比用来衡量正序电流发热系数 K_1 大得多。而且在实际运行中，负序电流在转子中产生 2 倍工频电流使转子发热。即过热保护模型中相比负序电流，正序电流的影响可以忽略不计。那么模拟过热保护的思路可以简化为，提供一组负序电流并验证电流大小与动作时间的关系。

2.1 过热保护计算分析

在选择计算方法之前，先回顾一下正序分量及负序分量的计算方法。由于零序分量在此过程中不起作用，故不再赘述。

（1）正序分量：对原来三相向量图先作下面的处理：A 相的不动，B 相逆时针转 120°，C 相顺时针转 120°，因此得到新的向量。按上述方法把此向量三相相加及取三分之一，这就得到正序的 A 相，用 A 相向量的幅值按相差 120°的方法分别画出 B、C 两相。这就得出了正序分量。就是以 A 相为基准，B 相，C 相先逆时针旋转 120°，再与 A 相向量叠加，得到新的 A 的矢量的 3 倍，除以 3 之后，得到正序分量。

（2）负序分量：注意原向量图的处理方法与求正序时不一样。A 相的不动，B 相顺时针转 120°，C 相逆时针转 120°，因此得到新的向量。计算方法与正序分量计算方法相同，只是旋转方向不同。

经过分析，有两种计算方法提供负序电流，详细分析如下所述。

① 保证相角相序不变，调整 A,B,C 的幅值。
正序分量：B 相逆时针旋转 120°，C 相顺时针旋转 120°，则正序分量＝(9＋9＋6)/3＝8
负序分量：B 相顺时针旋转 120°，C 相逆时针旋转 120°，则负序分量＝(9－6)/3＝1
运算过程向量化见图 1。

② 保证 A,B,C 三相幅值不变，将 B,C 两相对调。
正序分量：B 相逆时针旋转 120°，C 相顺时针旋转 120°，则正序分量＝2－2＝0
负序分量：B 相顺时针旋转 120°，C 相逆时针旋转 120°，则负序分量＝(2＋2＋2)/3＝2
运算过程向量化见图 2。

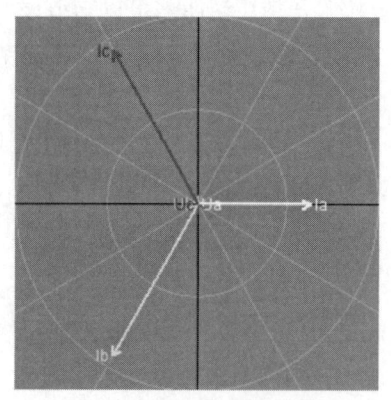
图 1 运算过程向量化 1

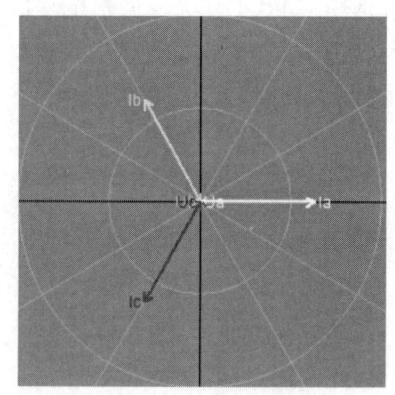
图 2 运算过程向量化 2

如上所述,采用第二种计算方式更加直观,下面以第二种方式结合现场试验计算出 5 组数据用以验证:

以本工程高压除鳞泵应用的过热保护为例,演示计算过程。根据设计院提供的过热保护定值表确定计算方程见表1。

表 1 过热保护定值表

保护名称	定值项目	正定范围	正定值
过热保护	电机额定电流 I_e	0.2~20 A	4.5
	发热时间常数	1~100 min	8.3
	负序发热系数	3.0~10.0	6
	过热告警	1 投入;0 退出	1

由于采用方案 2,所以简化了计算流程,只需要确定输入电流幅值,即可得知负序电流的幅值。为了更直观地体现动作时间与负序电流的反时限关系,5 组负序电流分别取 10 A,15 A,20 A,25 A 和 30 A。

将 5 组负序电流代入电机模拟热积累方程后,可得到对应的 5 个动作时间,分别为:17.45 s, 7.60 s, 4.24 s, 2.70 s 和 1.88 s。

二者关系见图3。

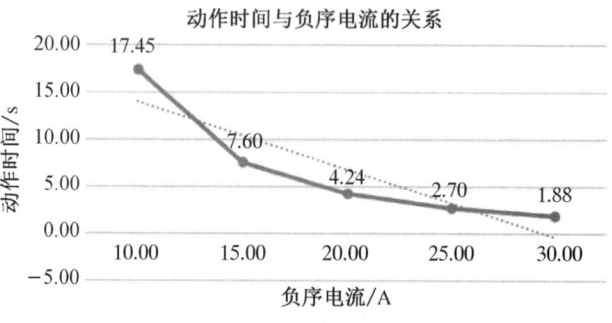
图 3 动作时间与负序电流的关系

2.2 散热方程及其影响

由于定时限过负荷保护不能完全满足某些场合下实际运行要求,因此配备反时限过热保护。另外,电动机的过热保护还应具有模拟和记忆电动机热积累功能。考虑到电动机过负荷消除后,电动机中积累的热量要逐渐散发掉的实际情况,反时限过热保护在具有模拟热积累功能的基础上,还应具有根据电动机的散热条件,正确模拟电动机热发散功能。

根据该综保装置的说明书可知,内置电动机模型的散热采用衰减指数模拟电动机的散热过程。

散热方程为

$$t = 3\tau_1 \ln \tau_1 \tag{3}$$

式中，τ_1 为发热时间常数，单位为 s。

以定值中的 $\tau = 8.3 \text{ min} = 498 \text{ s}$，散热时间为 $t = 9\,278.64 \text{ s} = 154 \text{ min}$。过热保护跳闸后，不能立即再次启动，等散热结束后方可再次启动。在需要紧急启动的情况下，可用"热复归"开入（综保端子 212）强制将热模型恢复到"冷态"。装置设有过热预告警功能，可由控制系统进行投退：当热积累值达到热跳闸值的 80% 时发过热预警信号，低于 75% 时告警返回。

2.3 试验中发热时间 τ 值的确定

通常由电动机厂家提供。这是得到 τ 值最简单有效的方法，但是在我国众多知名电机厂家并未提供此项数据（部分国外电动机有此参数）。如果遇到这种情况可以依靠启动状态下的定子温升推算 τ 值。

$$\tau = \frac{\theta_e \cdot K_{st} \cdot T_{st}}{\theta_0} \tag{4}$$

式中 θ_e——电动机的额定温升，K；

K_{st}——堵转电流倍数；

T_{st}——综保中电动机启动时间定值，s；

θ_0——电动机启动时的温升，K。

但是 θ_e 和 θ_0 的值同样需要厂家提供，所以此方法仍然具有局限性。还可以根据厂家提供的电动机热限曲线或一组过负荷能力的数据求解 τ 值：

$$\tau = t_{gh}[(I_{gh}/I_e)^2 - 1.05^2] \tag{5}$$

式中 t_{gh}——过负荷电流下的动作时间，s；

I_{gh}——过负荷电流，A。

此方法同样需要厂家提供数据，但此方程和热积累方程十分相近。如果我们能通过某种方法计算出 t_{gh} 和 I_{gh} 值，那么这个方法是可行的，并且计算出来的 τ 值和实际 τ 值应该是非常接近的。此方法在实际试验操作中有借鉴意义。

3 调试方法

3.1 试验前的准备

（1）电流信号的精度调试。将电流信号接入检测电流回路接线端子，通过保护测试仪输入电流 1 A，检查一次侧电流是否与电流表读数相同，如有误差，可及时更换电流表或调节装置互感器板上与之对应的增益电位器。

（2）设置综保装置参数。根据设计院提供的定值，将综保装置内的参数进行调整。同时投入"过热保护"压板，同时取消其他压板排除干扰。

3.2 试验步骤

（1）连接试验仪表。综保装置与试验仪表的接线方式（图 4）。

（2）设置试验参数。根据预先计算的 5 组数据（注意幅值与相角）分别设置试验参数。图 5 以一组数据为例，设置好起始值并设置好幅值变化步长，两人一组，一人负责操作试验仪表，另一人负责短接"热复归"信号。以确保试验有序快速进行。同时记录试验数据与计算所得的动作时间并进行对比，验证综保装置动作的准确性，并绘制试验数据曲线，以验证是否符合反时限关系（图 6）。

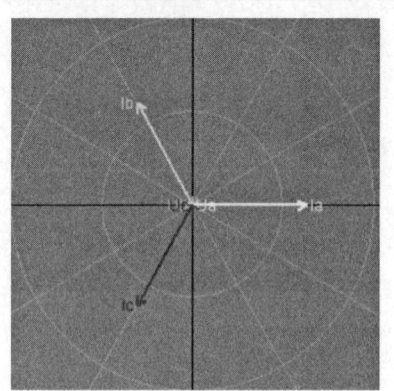

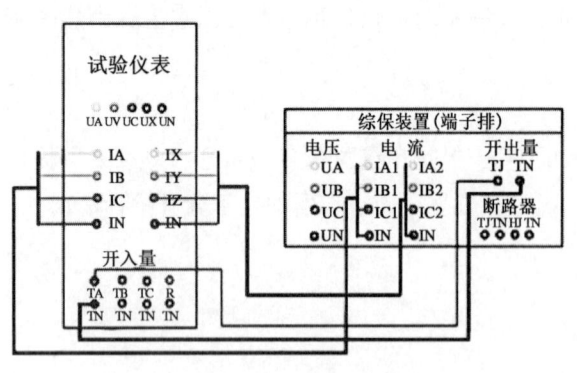

图4　综保装置与试验仪表的接线方式　　　　　图5　设置试验参数

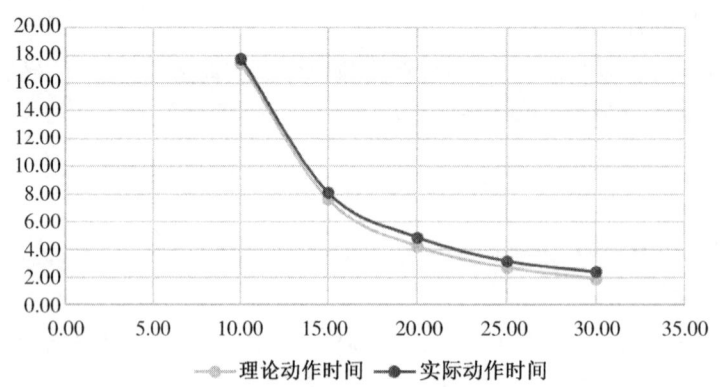

图6　试验结果与试验预期对比

3.3　试验过程应注意的问题

前面分析了过综保内置的电机模型的散热方程(3)。根据散热方程可知,在试验操作过程中每一次试验后如果等待系统内模型自行散热需要154 min,建议使用短接信号的方式进行强制"热复归"减少等待时间。

关于试验参数的设置也应该注意。因为选用的综保装置测试仪不能够长时间输出大电流。在电流>40 A时,输出3 s自动停机。所以为保证试验的成功以及保护试验仪表,应避开大电流长时间输出组合。

根据电动机可连续启动两次的原则,每次启动其热积累不应大于50%跳闸值,所以当热积累值达到50%以上时,装置合闸闭锁接点动作。热累计值(热比率)可从装置运行工况测量值中查询,面板循环显示中也可看到。过热保护跳闸后,装置的热记忆功能启动,合闸闭锁输出接点一直保持,直到热累计值下降到50%以下,过热合闸闭锁接点返回,这时电动机可以重新起启动。紧急情况下,要求立即启动时,可对装置进行"热复归"操作。用户可以通过投退压板来选择过热是否跳闸,而过热告警和闭锁功能不受压板控制。

4 过热保护的意义

电动机因其结构简单、价格低廉、机械特性较好、运行维护方便等优点在国民经济各行业中获得了广泛应用,特别是在冶金企业中,应用最广,需求量最大。其中很多核心工艺依赖高电压、大功率的大型电机完成。因此,做好大电机的保护工作具有非常重要的意义。

从理论上讲,温度保护是提高电动机可靠性最直接、最有效的方法,对任何原因造成的绕组温度过高均能实现有效保护。因此,特别适用于由于通风不良、环境温度过高、启动次数过于频繁、变动或冲击性负载等原因引起的电动机过热保护。但是,由于其成本高、体积较大、安装工艺比较复杂、存在热惯性、动作缓慢、返回时间长、保护温度选择的不确定性和传感器维护的困难,使其难以应用到中小型电动机保护中,目前主要作为大型电动机的辅助保护。在大型电动机的过热保护上还是以基于对称分量法的负序电流检测的过热保护为主。

因为在实际生产中造成电动机损坏的众多因素中,定子和转子绕组过热是最常见的。过热保护是电动机的专用保护,该保护的特点是能够正确反映正序电流和负序电流作用于电机定子和转子绕组时产生的热累积效果。其中的热累计值达到报警值时发出过热报警信号,达到过热跳闸正定值时,跳闸出口接点动作,停止电动机的运行。并具有过热禁止再启动功能,只要热模型中的热累计值未降低到允许再启动值以下时,操作员就不能启动电机。

所以,掌握大电机过热保护调试原理及方法是以低成本完成对重要生产设备保护的有效手段。

山钢日照 2 050 mm 热轧工程 10 kV 永磁电动机启动接地故障的分析与改进

中国二十冶集团有限公司工业工程公司　牛建荣

【摘要】 炉卷热轧加热炉项目，设计 1 座加热炉，10 kV 助燃风机、排烟风机、煤烟风机各 2 台，6 台电动机均为永磁同步电动机，带负荷试车发生电动机定子接地故障，以及联轴器撕裂破碎现象。根据对永磁同步电动机的优缺点，分析试车故障。综合考虑各方面因素，用液力耦合器来替代联轴器的刚性连接，调试中永磁电动机通过液力耦合器与负荷轴差速启动，实现了风机的软启动。改进连接方式后，使电动机带负载启动更加平稳。

【关键词】 同步电动机　永磁电动机　液力耦合器

1　案例概述

案例一：加热炉电气调试期间，对电动机进行相序确认、空载运转考核后，连接风机与电动机接手（联轴器），对电动机进行有载运行。1 号排烟风机在启动瞬间，操作箱故障指示灯点亮，排烟风机电动机在启动时伴随振动噪声，电动机底座观察孔有烟雾喷出，高压柜侧断路器跳闸，综合继电保护显示"B 相一点接地"跳闸报警。

电气调试人员在高压柜侧对电动机电缆进行绝缘测试，检查后发现电缆对地绝缘短路。并拆除电动机侧接线盒内电缆后，对电缆和电动机分别进行绝缘测试，结果电动机定子线圈对外壳短路，电缆绝缘良好，通过以上检测确认电动机线圈绝缘损坏。

案例二：调试人员对 2 号排烟风机进行有载运行调试，与 1 号排烟风机出现的情况相同，另外，电动机启动瞬间把接手（联轴器）撕裂飞出，风机房地面三处不同程度破损。观察接手（联轴器）残片，判断为铸铁件。未造成人员受伤（图 1）。

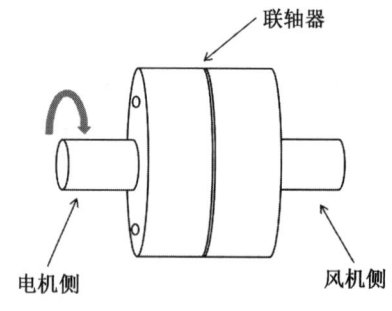

图 1　联轴器

2　故障分析

(1) 故障分析：排烟风机叶轮出现卡阻，启动困难；

排烟风机与电动机功率不匹配，存在小马拉大车现象；

电动机本身有问题。

(2) 排烟风机叶轮出现卡阻，启动困难分析。在试车前，风机入口电动执行机构开口度 5%；出口电动阀门均为关闭状态。现场设备实际状态与操作箱灯指示显示一致。

风机试车前，工人进入风机人孔，对叶轮室进行检查，清理仓室掉落的异物和一些水渍，按照风机叶轮轴承润滑脂要求，加注润滑脂。并对风机进行盘车试验，确定风机旋转平稳、无异常。根据以上检查结果，排除故障一的问题点。

(3) 排烟风机与电动机功率不匹配，存在小马拉大车现象分析。检查排烟风机与电动机铭牌参数，功率均 450 kW,不存在电动机带不动风机的说法。

(4) 电动机问题分析。加热炉 6 台 10 kV 风机电动机,设计选型为永磁同步电动机,在了解永磁电动机前,先从异步电动机开始分析,了解其与永磁同步电动机的区别。

2.1 异步电动机

(1) 异步电动机又称感应电动机,电动机转子是可转动的导体,通常多呈鼠笼状。定子是电动机中不转动的部分,定子绕组通入三相交流电,产生旋转磁场,旋转磁场切割转子导体,产生感应电动势,感应电动势在导体闭合回路内产生感应电流,转子电流与定子磁场相互作用产生电磁力,带动转子旋转,这个旋转的方向与定子的旋转磁场的方向一致。无外力影响的情况下,转子旋转的速度低于定子磁场旋转的速度(图2)。定子磁场旋转的速度与转子旋转的速度不同步。

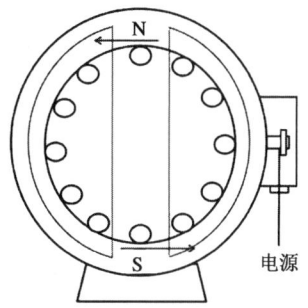

图 2 旋转磁场异步电动机

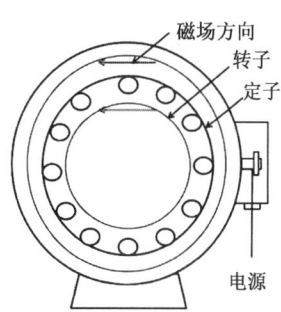

图 3 旋转磁场同步电动机

2.2 异步电动机与同步电动机的区别

(1) 电动机转子速度与定子磁场旋转速度是否一致。电动机的转子速度与定子旋转磁场相同(图3),称为同步电动机。

(2) 同步电动机与异步电动机的定子绕组是相同的,区别在于电动机的转子结构。异步电动机的转子是短路的绕组,靠电磁感应产生电流;而同步电动机的转子结构相对复杂,有直流励磁绕组,因此需要外加励磁电源。

(3) 同步电动机转速与电磁转速同步,而异步电动机的转速则低于电磁转速,同步电动机不论负载大小,只要不失步,转速就不会变化,异步电动机的转速时刻跟随负载大小的变化而变化。

2.3 永磁同步电动机的启动和运行

永磁同步电动机的启动和运行是由定子绕组、转子鼠笼绕组和永磁体这三者产生的磁场的相互作用而形成。电动机静止时,给定子绕组接入三相对称电流,产生定子旋转磁场,定子旋转磁场相对于转子旋转在笼型绕组内产生电流,形成转子旋转磁场,定子旋转磁场与转子旋转磁场相互作用产生的异步转矩使转子由静止开始加速转动。在这个过程中,转子永磁磁场与定子旋转磁场转速异步,会产生交变转矩。当转子加速到速度接近同步转速的时候,转子永磁磁场与定子旋转磁场的转速接近同步,定子旋转磁场速度稍大于转子永磁磁场,它们相互作用产生转矩将转子牵入同步运行状态。

在同步运行后,转子绕组内不再产生电流。此时转子上只有永磁体产生磁场,它与定子旋转磁场相互作用,产生驱动转矩。所以永磁同步电动机是靠转子绕组的异步转矩实现启动的。启动结束后,转子绕组不再起作用,由永磁体和定子绕组产生的磁场相互作用产生驱动转矩。

永磁同步电动机的转速,在分析定子与转子的磁动势间的转速关系时,如果转子的转速为 N (r/min),所以转子的磁动势相应的转速也为 N (r/min),所以定子的电流相应频率是 $f = pn/60$(其中 f 为频率、p 为极对数、n 转速、60 时间常数秒),因为定子旋转的磁动势旋转速度是由定子上的电流产生的,所以为:

$$n_1 = \frac{60f}{p} = \frac{60}{p}\frac{pn}{60} = n$$

可以看出转子的旋转速度与定子的磁动势的转速相等。

2.4 永磁同步电动机的优缺点

（1）优点：效率高、功率因数高；空载电流低、磁场大、扭矩强；节能、温升低、体积小、抗过载能力强。

（2）缺点：在冲击电流产生的电枢反应作用下，或在剧烈的机械振动时有可能产生不可逆退磁，使电动机性能下降。结合试车现场状况，永磁电动机的启动转矩大，风机从静止实现转动，需要一个转矩，还要克服永磁电动机自身的磁场力，排烟风机接手（联轴器）就是这样被撕裂的。

（3）解决方案：既然加热炉设计的时候，选择的高压永磁电动机，就是选择了永磁电动机优点，如果这时候再更换6台10 kV的高压电动机，来匹配现场的使用条件，无论在经济、环保、节点上都不是最好的解决方法。这时需要用一个综合考虑方案来解决这个问题，商讨后采用液力耦合器替代接手（联轴器）的方案被提了出来。液力耦合器，以液体为工作介质的一种非刚性联轴器，又称液力联轴器。它理论上能解决刚性联轴器的问题，还需要进一步验证。

3 液力耦合器

液力耦合器是利用液体的动能而进行能量传递的一种液力传动装置，它以液体油作为工作介质，在电动机驱动下旋转，叶片带动腔内液体油，在离心力作用下，这些液体油在离心力作用下被甩向泵轮叶片边缘，制造时泵轮和涡轮的半径相等，当泵轮的转速大于涡轮转速时，泵轮叶片外缘的液体油压大于涡轮叶片外缘的液压，在压差液体冲击涡轮叶片下，一边克服外阻力时，一边使涡轮开始转动将动能传给涡轮，使涡轮与泵轮同方向旋转。液体油动能下降后从涡轮的叶片边缘又流回到泵轮。液力耦合器靠液体油与泵轮、涡轮的叶片相互作用产生动量变化来传递扭矩。

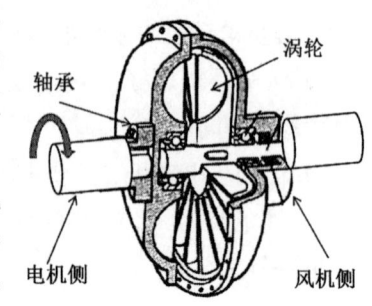

图 4 液力耦合器

液力耦合器特点：液力耦合器是一种柔性的传动装置，与普通的机械传动装置相比，能消除冲击和振动；输出转速低于输入转速，两轴的转速差随载荷的增大而增加；过载保护性能和启动性能好，载荷过大而停转时输入轴仍可转动，不致造成电动机的损坏；当载荷减小时，输出轴转速增加直到接近于输入轴的转速，使传递扭矩趋于零。

液力耦合器的特性因工作腔与泵轮、涡轮的形状不同而有差异。这次采用了壳体自然散热，不需要外部冷却的供油系统。检修时将液力耦合器的油放空，液力耦合器就处于脱开状态，起到离合器的作用。

4 结语

用液力耦合器替代接手（联轴器）方案，完美地避开故障点，从项目节点上、经济上、环保方面来说，是最佳解决方案。从应用液力耦合器开始至加热炉投产，保质保量提供加热炉的助燃空气和烟气抽排，对设备的稳定运行和生产，起到了关键性的作用。

参考资料

[1] 中华人民共和国住房和城乡建设部.冶金机械液压、润滑和气动设备工程安装验收规范：GB/T 50387-2017 [S].北京：中国计划出版社，2018.

[2] 中华人民共和国住房和城乡建设部.冶金机械液压、润滑和气动设备工程施工规范：GB 50730-2011 [S].北京：中国计划出版社，2012.

山钢日照 2 050 mm 热轧工程超快冷系统调试技术与案例分析

中国二十冶集团有限公司 安 冬

【摘要】 随着层流冷却的不断发展,层流系统在冶金热轧生产线起到的作用也越来越大,其冷却速率已经严重影响钢带产品优劣。本文基于山钢日照 2 050 mm 热轧生产线为背景,阐述了东北大学开发的超快冷系统调试技术以及调试过程中遇到的问题和解决方法。调试技术包括电机调试、电动阀调试、气动阀调试、仪表调试等多项调试。

【关键词】 冷却 调试 系统

1 概述

山钢日照 2 050 mm 热轧项目每年建设产能 500 万 t,由山东省冶金设计院设计,设备由 SMS 提供,传动及控制系统由 TMEIC 负责,施工由中国二十冶和莱钢建设共同施工。

其工艺流程如下:连铸坯→加热→粗除鳞→定宽压力机→R1 两辊粗轧机→E2 立辊轧机→R2 四辊粗轧机→边部加热器→精除鳞→7 架精轧机→层流+超快冷→卷取→称重→喷号→入库。

该套工艺结合了多项国内外先进技术,借鉴了国内多条先进生产线的生产技术与经验。也正是因为这些先进技术使其从建设之初到达建设产能,仅仅历时 21 个月,其中东北大学的超快冷技术就起到了不可或缺的作用。

2 超快冷工艺的作用原理和意义

随着轧制技术的发展和对新钢种开发的不断追求,对控制冷却技术提出了更高的要求,发现超级钢在轧制时只有遵循低温、高压下及随后快速冷却的原则才能获得 3~5 μm 的细小晶粒,并且不降低材料的韧性。然而目前广为使用的层流冷却和水幕冷却装置,都是使用高温水箱,利用水的重力势能产生水流,水流连续稳定地落到钢板上进行冷却。但是,由于水的重力势能有限,水与钢板接触后会产生汽膜,导致精轧后的钢达不到快速冷却的效果,基于这样的考量,山钢热轧项目采用了东北大学设计的超快冷系统,其特点有:位置变换性强,可根据不同的需求改变其出现在机架间的顺序;有效降低冷却时产生的水雾对冷却速度的影响;冷却速度大;增加冷却水接触冷却效率;水量大,占地面积较小。

3 超快冷的调试技术

超快冷系统由高压水泵、高位水箱、集管组、挡辊、测喷嘴、短喷嘴等组成。从电气角度调试包含:高压水泵、电动阀门、电磁流量计、气动阀门、限位、液压阀台、温度计等多项电气设备调试。

3.1 高压水泵调试

超快冷高压水泵控制方式采用的是变频控制。首先单调电机:用双电桥测试直流电阻,确保电机线圈合格。然后按照电机铭牌确定接线方式,变频电缆的屏蔽按照电机外壳情况,冷却风机是否完好,外壳是否接地,编码器、温度线、冷却风机线路等按照原理图一一对应,确保接线牢固。电机单试前应在变频柜侧拆下电机线,使用兆欧表进行电机及线路绝缘监测,无误后按照电机名牌参数设置变频器程序,进行优化,优化无误后启动电机。确认电机方向,如方向需要更改电机方向。在电机运行方向为需要方向后,空载考核2h后,停机安装高压水泵轴,在接轴结束且水管注满水的情况下,再次启动水泵,无异常振动、异响,压力表正常则说明水泵调试完成。

3.2 电动阀门调试

电动阀门调试是比较复杂的,它需要和MCC柜、现场操作箱以及PLC密切配合,才能实现电动阀门的正常运转。在手动时,操作箱可以直接控制电动阀门,当达到开到位或者关到位时电机自动停止。当操作箱自动时,操作箱不能控制电动阀门,但是可以通过PLC程序控制电动阀门的启停,当达到开到位或者关到位时电机自动停止。

首先按照图纸正确连接 MCC 柜、操作箱、电动阀、PLC 四者之间的连线,然后检查电动阀门的绝缘情况、过热保护情况以及接地保护情况,最后开始上电调试。上电前,手动开启阀门至45°位置(防止过扭矩),然后送电调试阀门正反转,如反向需停电调整方向;接下来进行限位调整,观察阀门开到位和关到位限位动作阀门是否停止,如限位开关动作,阀门不停止,说明 MCC 柜接线错误,需要改正。改正后需要判断开到位与关到位限位是否是阀门真实位置,这需要反复试验,最终定位;最后测试阀门过热保护,由于阀门为非连续工作制,只需联系开启关闭阀门就可造成过热现象,观察 MCC 柜故障情况。

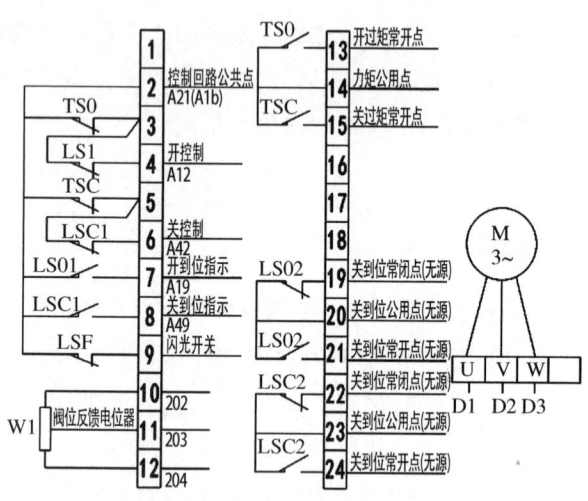

图 1 电动阀门电气端子图

3.3 气动阀门调试

气动阀门是通过电磁阀控制压缩空气管道通断,进而控制压缩空气推动执行机构通断,气通阀门开,气关阀门关,最终通过限位开关反馈到PLC。调试气动阀门首先按照电气原理图连接线缆,然后进行电磁阀单体测试,PLC输出,用铁器放置在电磁阀附近,观察是否有磁力。然后测试气源压力是否能够有效打开阀门,检验阀门无卡涩现象,最后调整限位,使最上部的限位与阀门实际开闭状态一致。反复测试几次则气动阀调试结束。

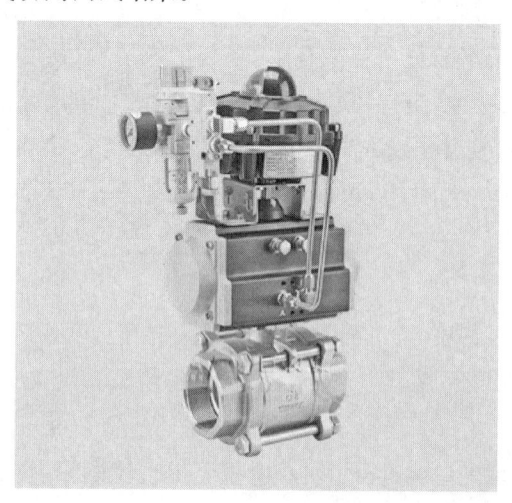 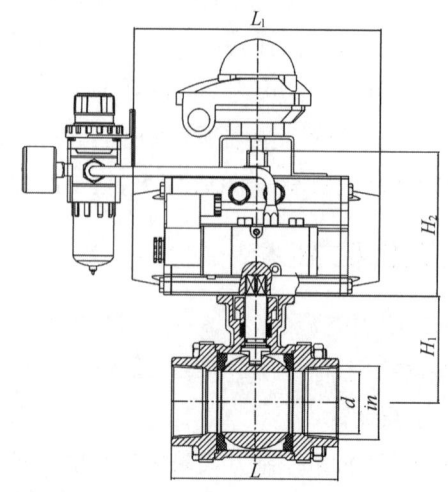

图 2 气动阀门外形图

3.4 仪器仪表调试

超快冷系统的仪器仪表主要有电磁流量计、差压变送器、PT100。仪器仪表调试分为 3 个步骤：

（1）单体仪表调校。

（2）PLC 调试。

（3）仪表回路调试。

仪表在安装前需要在有国家校准资质的校准机构进行校准，然后才能安装在生产线上。安装后要进行通过手操器进行仪表现场调零以及实际工作量程调整。调整后可使用 FLUKE773 对 PLC 输出 4～20 mA 电流信号，检查 PLC 模拟量板块的准确度，最后检查回路，确认仪表显示数值、实际数值和程序显示数值是否一致。一致则仪表调试完成。否则继续整改。

4 案例分析

调试是设备运行的前提，设备运行是检验系统流畅的试金石。超快冷系统调试也遇到了相应的问题。

（1）电磁流量计采用的是横河川仪分体式电磁流量计，在山钢集团日照基地 2 050 mm 热轧生产线超快冷调试中，在线路完成正确且屏蔽线接好，设备接地无误的情况下，怎么调试现场流量都与程序显示不一致。最终通过网上查找资料以及与流量计厂家共同研究，发现并确定这种问题是一次表与二次表配套混搭造成的。此套流量计必须配套使用，才能正常读取数值。由于项目中超快冷电磁流量计共计 155 块，安装人员没有把流量计一次表和二次表出厂编号一一对应，最终在安装人员和调试人员的共同努力下，一一对应后，流量计数值准确。

（2）电动阀门主要安装在管道干线上，项目超快冷系统电动阀安装在直径 1 000 mm 的冷却水主管道上。在调试此电动阀门时，在线路接好、电源正常的情况下发生了如下问题：

① 按启动按钮，MCC 主回路电源跳闸。

② 按启动按钮，MCC 主回路热继电器动作。

③ 按启动按钮，阀门不启动。

④ 阀门启动或停止不到位，有的转到 45°的位置就停止了。

⑤ 阀门只有一侧运行，反方向不能正常运行。

针对以上问题一一排查。判定解决方案如下：①故障主要是两种问题，电动阀短路或者阀门电机机械堵转，这就需要在调试前手动盘转阀门和测量电机绝缘。在满足试车要求的情况下进行调试；②故障主要就是阀门缺项所致，检查线路，看看有没有接通或者没有紧固的线缆。③—⑤的问题主要是控制回路问题，问题主要源于开关限位位置，开关扭矩限位位置，这就需要根据阀门现场实际状态调整限位位置。在调整限位位置前需要确认电机正反转。

（3）气动阀门是超快冷系统中最常见的电气设备，也是调试问题最多的电气设备。在项目气动阀调试过程中就遇到了阀门位置正确，反馈信号却相反，阀门实际到位了，反馈信号却没有的情况。针对这一情况，首先要判断阀门的好坏，既打开电磁阀，看看压缩空气是否正常喷出，喷出空气压力是否正常，阀门是否能够正常打开；在保证阀门能够正常

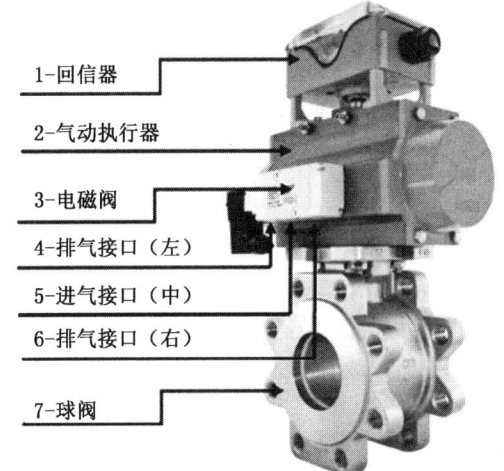

图 3　气动阀门结构图

1-回信器
2-气动执行器
3-电磁阀
4-排气接口（左）
5-进气接口（中）
6-排气接口（右）
7-球阀

打开的情况下,以阀门实际位置为标准调试限位拨片。由于限位拨片为2组(开到位和关到位),这就需要确认上下两组的定义。然后一个一个进行调整。先关闭气源,处于关到位,调整限位拨片使其关到位动作,然后打开电磁阀,调整开到位限位拨片,使其开到位动作,调整好后,反复开关3次,观察确定反馈信号与实际阀门位置一致,阀门调试结束。

5 结语

随着超快冷工艺的成熟与发展,超快冷调试技术也终将越来越成熟。山钢集团日照基地2 050 mm热轧的应用,是对超快冷技术的理论检查结果,在对其系统调试的过程中,虽然还有这样或那样的问题,但这绝不影响超快冷技术的发展,相信不久的将来,超快冷技术会更加先进、更加科学。

参考文献

[1] 彭良贵,刘相华,王国栋.超快冷却技术的发展[J].轧钢,2004,21(1):1-2.
[2] 周峰.超快冷工艺生产高钢级管线钢的研究[D].武汉:武汉科技大学,2014.
[3] 李振垒.热轧带钢超快速冷却控制系统的开发与应用[D].沈阳:东北大学,2010.

山钢日照轧钢工程·主厂房鸟瞰图

山钢日照3500mm炉卷工程 开工仪式（2018.3.13）

山钢日照3500mm炉卷工程 炉卷轧机主电机穿芯吊装

山钢日照3500炉卷工程牌坊液压顶升

山钢日照3500mm炉卷工程 液压提升法安装立辊轧机

山钢日照3500mm炉卷工程 热分段剪

山钢日照3500炉卷工程 热矫直机组

山钢日照3500mm炉卷工程 ACC超快冷机组

山钢日照3500mm炉卷工程 热矫直—冷床生产线

山钢日照3500mm炉卷工程 智能监控室

山钢日照3500mm炉卷工程 电气室盘柜安装整齐

山钢日照3500mm炉卷工程 冷床区60m吊车梁安装

山钢日照3500mm炉卷工程 炉卷轧机过钢

山钢日照2050mm热轧机组核心设备精轧机（自动可逆七连轧）

山钢日照2050mm热轧·加热炉烟囱基础绑筋

山钢日照2050mm热连轧工程 精轧机调试

山钢日照2050mm热连轧工程 精轧机调试

山钢日照2050mm热连轧工程 厂房排架结构

山钢日照2050mm热连轧工程 前置超快冷

山钢日照2050mm热连轧工程 R2粗轧机

山钢日照2050mm热轧工程 7m平台下电缆桥架

山钢日照2050热轧工程 热负荷联动试车仪式（2017.9.28）

山钢日照2050mm热轧工程 轧钢工程钢结构第一吊（2016.6.1）

山钢日照2050mm热轧工程 轧钢工程钢结构第一吊（2016.6.1）

山钢日照2030mm冷轧主厂房外景

山钢日照2030mm冷轧工程 环保效果显著

山钢日照2030mm冷轧工程 轧机五机架

山钢日照2030mm冷轧工程智能无人化成品库

山钢日照2030mm冷轧工程 毛化磨床设备

山钢日照2030mm冷轧 酸洗工艺段清水试车
（2017.12.1）

获得的荣誉

国家级：

1. "山钢集团日照钢铁精品基地项目轧钢工程"获国家优质工程金奖（2021）
2. "山钢集团日照钢铁精品基地项目轧钢工程（2050mm热轧、2030mm冷轧）"获鲁班奖（2020）
3. "山钢集团日照钢铁精品基地项目轧钢工程（2050mm热轧、2030mm冷轧）"获中国安装之星（2019）
4. "山钢集团日照钢铁精品基地项目3500mm炉卷工程（Ⅰ标段）"获中国安装之星（2020）

1. "山钢集团日照钢铁精品基地项目轧钢工程（2050mm热轧、2030mm冷轧）"获中国安装之星（2019）
2. "山钢集团日照钢铁精品基地项目3500mm炉卷工程（Ⅰ标段）"获中国安装之星（2020）

省部级：

1. "山钢集团日照钢铁精品基地项目轧钢工程（2050mm热轧、2030mm冷轧）"获中国安装之星（2019）
2. "山钢集团日照钢铁精品基地项目2030mm冷轧工程"获全国冶金行业工程质量优秀成果奖（2019）

3."山钢集团日照钢铁精品基地项目3500mm炉卷工程"获全国冶金行业工程质量优秀成果奖（2020）

4."山钢集团日照钢铁精品基地项目2050mm热连轧工程"（Ⅰ标段）获申安杯（2018）

5."山钢集团日照钢铁精品基地项目2030mm冷轧工程"（Ⅰ标段）"获申安杯（2019）

6."山钢集团日照钢铁精品基地项目3500mm炉卷工程"（Ⅰ标段）获申安杯（2020）

7."山钢集团日照钢铁精品基地项目2050mm热连轧工程（Ⅰ标段）"获绿色安装工程（2019）

8."山钢集团日照钢铁精品基地项目2030mm冷轧工程（Ⅰ标段）"获绿色安装工程（2019）

9."山钢集团日照钢铁精品基地项目3500mm炉卷工程（Ⅰ标段）"获绿色安装工程（2020）

10."山钢集团日照钢铁精品基地项目2050mm热连轧工程（Ⅰ标段）"获优秀焊接工程（2019）

11. "山钢集团日照钢铁精品基地项目2050mm热连轧工程（Ⅰ标段）"获金钢奖

12. "山钢集团日照钢铁精品基地项目2050mm热轧项目部"被评为先进集体

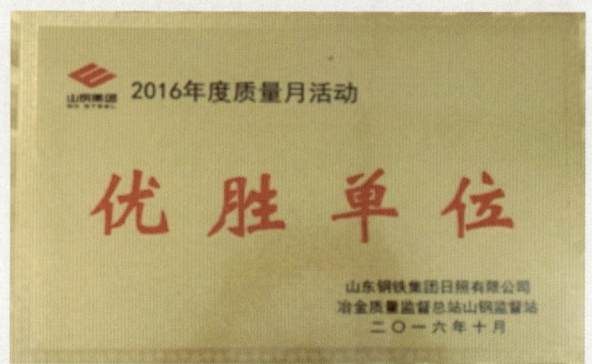

13. "山钢集团日照钢铁精品基地项目2050mm热轧、2030mm冷轧工程"获质量月活动优胜单位

14. "山钢集团日照钢铁精品基地项目2050mm热轧项目部"获工程安全质量标化示范单位

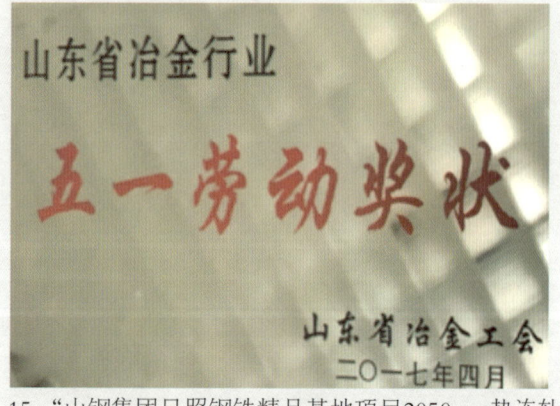

15. "山钢集团日照钢铁精品基地项目2050mm热连轧工程（Ⅰ标段）"获五一劳动奖

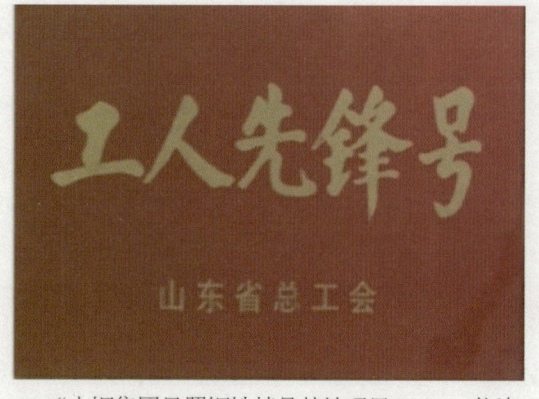

16. "山钢集团日照钢铁精品基地项目2050mm热连轧工程（Ⅰ标段）"被评为工人先锋号

17. "山钢集团日照精品基地项目"获"十三五"钢铁工业创新工程奖